9

Forum Geschichte

Sachsen-Anhalt

Vom Ersten Weltkrieg bis zu den Folgen der nationalsozialistischen Diktatur

Herausgegeben von
Nicky Born

 Dein Online-Angebot zum Lehrwerk findest du hier:
www.cornelsen.de/webcodes

Cornelsen

Forum Geschichte

Band 9 wurde erarbeitet von:
Dagmar Bäuml-Stosiek, Nicky Born, Hans-Joachim Cornelißen, Irene Hufschmid,
Steffi Jahn, Tim Lodemann, Robert Quast, Robert Rauh, Dr. Sonja Tophofen, Dirk Urbach,
Veronika Weidemann, Stefan Weißhampel, Kai Willig

Redaktion: Andreas Holy
Bildassistenz: Anne-Kathrin Dombrowsky, Berlin
Grafik: Erfurth Kluger Infografik GbR, Berlin; Elisabeth Galas, Bad Breisig
Illustration: Hans Wunderlich, Berlin
Karten: Carlos Borrell Eiköter, Berlin
Technische Umsetzung: zweiband.media, Berlin
Layoutkonzept und Umschlaggestaltung: Ungermeyer – grafische Angelegenheiten, Berlin
Umschlagbild: Blick in das Besucherzentrum des Holocaust Mahnmals, Berlin,
Foto von Arnd Wiegmann/Reuters/Corbis, 2005

www.cornelsen.de

Die Webseiten Dritter, deren Internetadressen in diesem Lehrwerk
angegeben sind, wurden vor Drucklegung sorgfältig geprüft.
Der Verlag übernimmt keine Gewähr für die Aktualität und den Inhalt
dieser Seiten oder solcher, die mit ihnen verlinkt sind.

1. Auflage, 2. Druck 2019

Alle Drucke dieser Auflage sind inhaltlich unverändert
und können im Unterricht nebeneinander verwendet werden.

Druck und Bindung: Livonia Print, Riga

ISBN 978-3-06-064421-6 (Schülerbuch)

ISBN 978-3-06-065233-4 (E-Book)

2 Etablierung, Gefährdung und Zerstörung der Demokratie

3 Fachpraktikum: Eine Geschichtsdokumentation prüfen

4 Grundlagen und Folgen der nationalsozialistischen Diktatur

Anhang

Umschlag

So arbeitest du erfolgreich mit Forum Geschichte

Hier bekommst du einige Hinweise, damit du dich in diesem Buch gut zurechtfindest: wie die Kapitel aufgebaut sind, was die unterschiedlichen Farben bedeuten oder welche Texte, Materialien und Aufgaben es gibt.

Fragen stellen und sich orientieren

Jedes Kapitel beginnt mit der **Auftaktseite**. Sie zeigt, worum es in dem Kapitel geht.

Auf der **Orientierungsseite** erfährst du mehr: Die Zeitleiste gibt dir den Zeitraum an, mit dem du dich beschäftigen wirst. Ereignisse, die in dem Kapitel vorkommen, sind fett gedruckt. Die anderen, nicht-fetten Einträge, verweisen auf Ereignisse davor und danach oder auf gleichzeitige Entwicklungen. Die Karte zeigt dir den Raum, um den es geht. Der Text führt dich in das Kapitelthema ein.

Ein Thema untersuchen

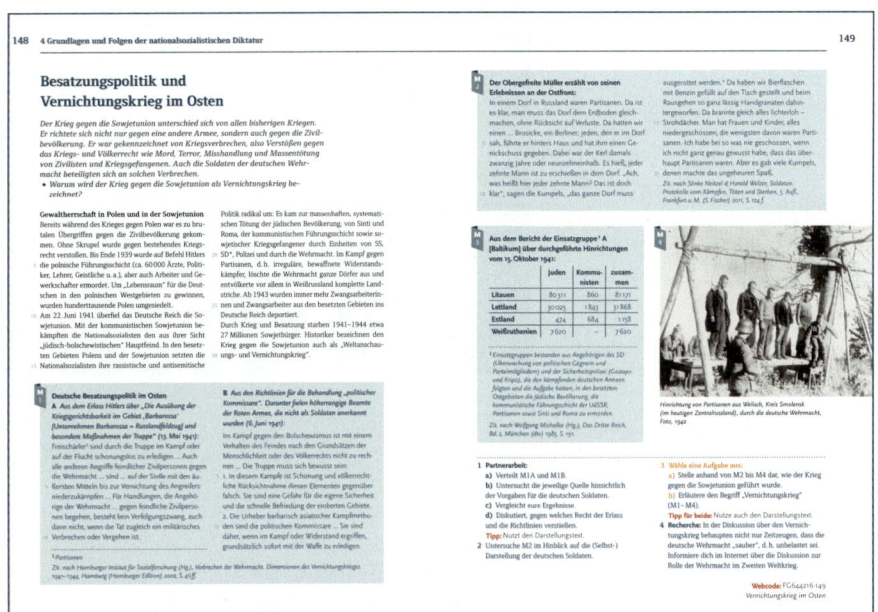

Auf den **Themenseiten** erklärt dir ein kurzer Text unterhalb der Überschrift, um welches Thema es auf der Doppelseite geht. Der Schulbuchtext (= Darstellungstext), die Abbildungen, die blau unterlegten „Quellentexte" oder Begriffserklärungen helfen dir, ein geschichtliches Thema zu untersuchen. Die Arbeitsaufträge sind vielfältig: Oft kannst du eine Aufgabe auswählen oder du findest Hinweise zu **Partner- oder Gruppenarbeit**.

Differenzierung: Unterschiedliche Lernwege auswählen

2 **Wähle eine Aufgabe aus:**
a) Die Lithographie M2 wird in vielen Museen ausgestellt. Verfasse den Text für einen Audioguide.
b) Entwirf eine fiktive Erzählung über die in M2 abgebildete Familie.

Auf vielen Seiten siehst du **„Wähle-aus-Aufgaben"**. Wie der Name schon sagt, darfst du hier **a** oder **b** auswählen. Die Aufgaben sind unterschiedlich, aber sie beziehen sich auf eine gemeinsame Frage.

3 Erarbeite, welche Haltungen zum Thema Ostpolitik in M3 und M4 deutlich werden.
Tipp: Nimm den Darstellungstext zu Hilfe.

Bei manchen Aufgaben findest du **Tipps** zur Lösung. Nutze sie, wenn du möchtest.

Zusatzaufgaben

zu S. 24/25:

Vitrinen in der Gedenkstätte von Verdun, 2016. Links: mobile Telefonanlagen zur Verständigung in den Schützengräben, rechts: Bein- und Armprothesen

1 Beschreibe die Ausstellungsstücke in M2. Nenne weitere Objekte, die du in der Gedenkstätte ausstellen würdest. Begründe deine Vorschläge.

Wenn du dich für weitere Aspekte eines Themas interessierst, findest du manchmal **Zusatzaufgaben** im Anhang. Du kannst sie entweder mit den Informationen der Doppelseite oder mit anderen Materialien lösen.

Wähle-aus-Seiten

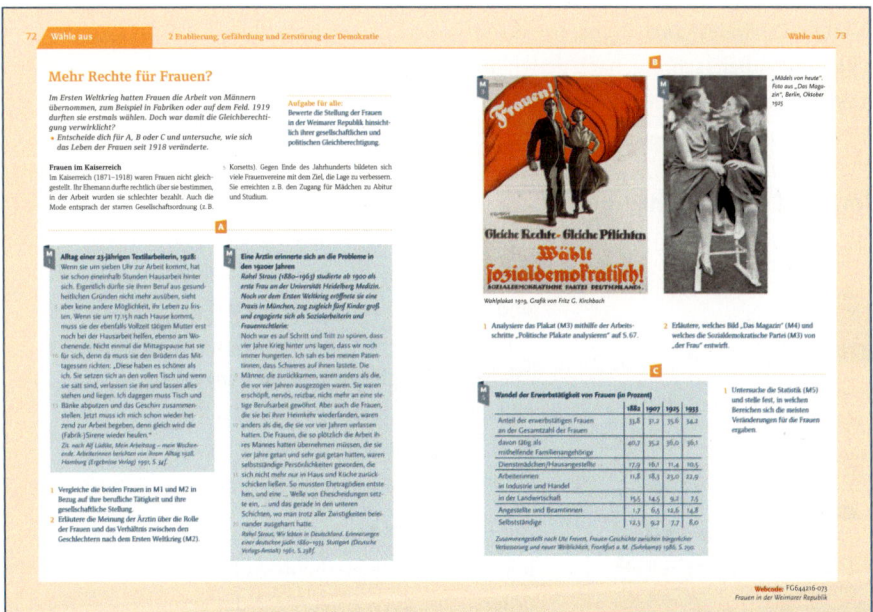

Historische Fragen lassen sich auf verschiedene Weise beantworten. Auf den orangefarbenen **Wähle-aus-Seiten** kannst du dich für ein Material entscheiden: Traust du dir zu, eine längere Textquelle zu bearbeiten? Oder arbeitest du lieber mit Bildquellen? Interessieren dich Zahlen und Statistiken? Wähle aus, was zu dir passt! Bei einer abschließenden **Aufgabe für alle** könnt ihr trotz unterschiedlicher Lösungswege zu einem gemeinsamen Ergebnis kommen.

Mit Methoden arbeiten

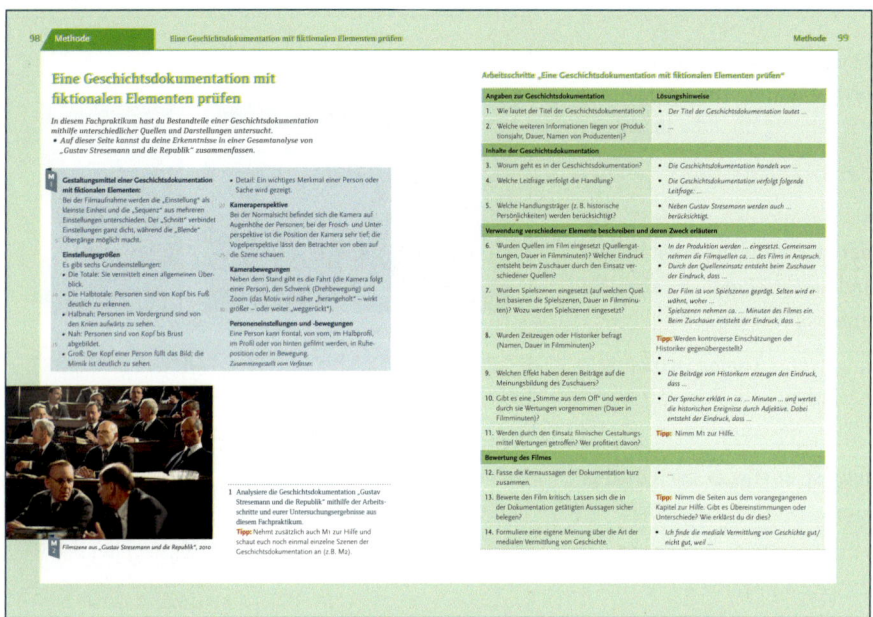

Auf den **Methodenseiten** lernst du, gegenständliche und schriftliche Quellen, Bilder oder Karten fachgerecht auszuwerten. Du findest auch Tipps, wie du Sachtexte gut verstehst. In der grünen Tabelle stehen links die Arbeitsschritte, nach denen du vorgehst. In der rechten Spalte gibt es Lösungshinweise zu dem Beispiel auf der Seite.

Geschichte darstellen und Geschichte heute

Auf den Geschichte-darstellen-Seiten und bei den Geschichte-darstellen-Aufgaben lernst du, wie du Ereignisse oder Handlungen aus der Vergangenheit mündlich oder schriftlich darstellen kannst – du lernst, Geschichte zu erzählen.

Auf den **Geschichte-heute-Seiten** und bei den **Geschichte-heute-Aufgaben** untersuchst du, wie heute mit der Vergangenheit umgegangen wird. Welche Spuren haben vergangene Ereignisse bis heute hinterlassen? Wie wird an bestimmte Ereignisse oder Personen erinnert?

Wiederholen und die eigenen Kompetenzen prüfen

Auf der **Zusammenfassungsseite** am Schluss des Kapitels fasst ein Text den Inhalt noch einmal zusammen. Die Zeitleiste hilft dir, die wichtigsten Daten zu wiederholen. Wenn du wissen möchtest, was du im Kapitel gelernt hast, solltest du die Aufgaben auf der Seite **Wissen und Kompetenzen prüfen** lösen. Falls du mit einzelnen Aufgaben Schwierigkeiten hast, liest du im Kapitel noch einmal nach. Lösungshilfen findest du im Anhang.

Hilfen im Anhang und im Umschlag

Der **Anhang** unterstützt dich bei der Arbeit.
Hier findest du:

- Zusatzaufgaben
- Lösungshinweise zu den Seiten „Wissen und Kompetenzen prüfen"
- ein Lexikon mit Erklärungen schwieriger Begriffe
- ein Register zum schnellen Nachschlagen
- Unterrichtsmethoden (z. B. Kurzvortrag, Lernplakat)

In den **Umschlagklappen** kannst du die „Operatoren" nachschlagen, die in den Arbeitsaufträgen verwendet werden.

Audiovisuelle Materialien

Passend zu diesem Buch gibt es Selbsteinschätzungsbögen, Filme, Tonquellen, virtuelle Museen und Archive im Internet. Du findest sie mithilfe der **Webcodes**, die auf den Schulbuchseiten abgedruckt sind, z. B.
FG644216-015
So geht es:

1. Gehe auf die Seite www.cornelsen.de/webcodes
2. Gib dort den Webcode ein und du findest ein passendes Internetangebot.

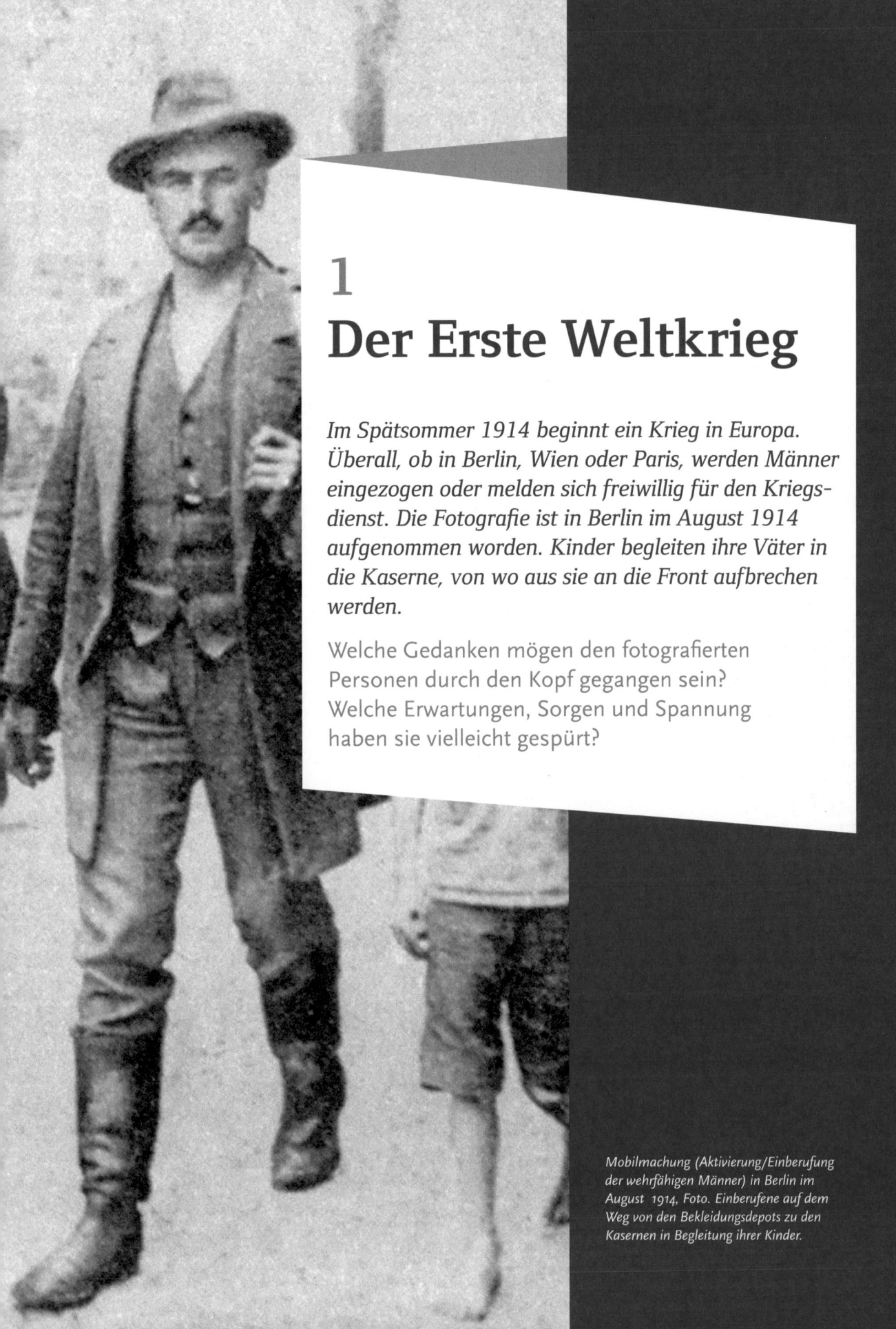

1
Der Erste Weltkrieg

Im Spätsommer 1914 beginnt ein Krieg in Europa. Überall, ob in Berlin, Wien oder Paris, werden Männer eingezogen oder melden sich freiwillig für den Kriegsdienst. Die Fotografie ist in Berlin im August 1914 aufgenommen worden. Kinder begleiten ihre Väter in die Kaserne, von wo aus sie an die Front aufbrechen werden.

Welche Gedanken mögen den fotografierten Personen durch den Kopf gegangen sein? Welche Erwartungen, Sorgen und Spannung haben sie vielleicht gespürt?

Mobilmachung (Aktivierung/Einberufung der wehrfähigen Männer) in Berlin im August 1914, Foto. Einberufene auf dem Weg von den Bekleidungsdepots zu den Kasernen in Begleitung ihrer Kinder.

1870	1880	1890

1880–1914 Zeitalter des Imperialismus

1873 Dreikaiserabkommen: Deutsches Reich – Österreich-Ungarn – Russland

1878 Berliner Kongress zur Lösung der Balkankrise

1879 Zweibund: Deutsches Reich – Österreich-Ungarn

1890 Entlassung Bismarcks;
„Neuer Kurs" Wilhelms II.

1871 Gründung des Deutschen Reichs

Der Erste Weltkrieg

Spannungen auf dem Balkan, Konflikte um Kolonien in Afrika sowie das Expansionsstreben europäischer Staaten führten dazu, dass um 1900 das Gleichgewicht Europas immer mehr aus den Fugen geriet. Dazu sorgten
5 komplizierte Bündnissysteme für eine politische Atmosphäre, die von nationalem Ehrgeiz, Ängsten, Misstrauen und Rivalität geprägt war. Sie glich einem Pulverfass, das jederzeit explodieren konnte. Den Funken, an dem sich letztlich der Erste Weltkrieg entzündete, bildete ein At-
10 tentat auf den österreichisch-ungarischen Thronfolger und seiner Frau in Sarajewo im Sommer 1914.
Der Erste Weltkrieg gilt als „Urkatastrophe des 20. Jahrhunderts". Zugleich war er einer der ersten „modernen" Kriege der Industriegesellschaft. Etwa 40 Staaten auf
15 allen Kontinenten waren in diesen globalen Krieg verwickelt, der rund 15 Millionen Menschen – Soldaten wie Zivilisten – das Leben kostete. Aufseiten der Briten

kämpften Soldaten aus dem gesamten Empire. Besonders viele kamen aus Indien. Frankreich setzte Afrikaner aus
20 den Kolonien ein. Im Osten kämpfte das Deutsche Reich gegen das Russische Reich. Frankreich, Russland und Großbritannien bildeten die sogenannte Triple Entente*. Besondere Bedeutung für die Ausweitung des Krieges außerhalb Europas hatte der Kriegseintritt des Osmani-
25 schen Reichs auf Seite der Mittelmächte*, da seine Gebiete fast ganz in Asien und Nordafrika lagen. Gekämpft wurde im Nahen Osten und in Ägypten. Der Kriegseintritt der USA und der lateinamerikanischen Staaten 1917 machte den Krieg zu einem weltumspannenden Konflikt. In diesem Kapitel untersuchst du folgende Fragen:
- Welche Ursachen hatte der Erste Weltkrieg?
- Welche Auswirkungen hatte der Krieg auf die Zivilbevölkerung?
- Welche Folgen hatte der Erste Weltkrieg?

Der Erste Weltkrieg 1914 bis 1918

1900		1910		1920

1904 Entente cordiale: britisch-französische Verständigung

1914–1918 Erster Weltkrieg

1917 Kriegseintritt der USA;
Revolutionen in Russland

1912/1913 Balkankriege

1919 Versailler Vertrag

1918–1933 Weimarer Republik

Deutsche Soldaten mit Flugabwehrgeschütz im Ersten Weltkrieg, Foto, 1915

Aufruf zum Sammeln von Obstkernen, Lithografie, um 1917

Versorgung der hungernden Bevölkerung mit einem warmen Mittagessen, Fotografie, Berlin 1918

1 Erkläre mithilfe von M1 den Begriff „Weltkrieg". Nimm auch den Darstellungstext zu Hilfe.

2 Erläutere anhand des Fotos M2 Unterschiede zwischen dem Ersten Weltkrieg und früheren Kriegen, wie zum Beispiel den Deutsch-Französischen Krieg 1870/71.

3 a) Wähle M3 oder M4 aus und beschreibe die Abbildung.
b) Stelle davon ausgehend Vermutungen über die Situation der Zivilbevölkerung während des Krieges an.

Das Kaiserreich und die ersten Krisen

Die Gründung des Deutschen Reichs 1871 veränderte das Mächtegleichgewicht in Europa entscheidend. Die europäischen Großmächte empfanden das wirtschaftlich und militärisch starke Reich als Bedrohung – Spannungen entstanden.
- *Wie konnte die Position des Deutschen Reichs in Europa gefestigt werden?*

Die deutsche Außenpolitik

Reichskanzler Otto von Bismarck sah seine wichtigste Aufgabe darin, das neu gegründete Reich zu sichern. Er war sich bewusst, dass Russland, Frankreich, Österreich-Ungarn und Großbritannien misstrauisch auf das Deut-
5 sche Reich schauten. Daher versicherte er immer wieder, das Deutsche Reich sei „saturiert" (gesättigt): Es hege keine Absicht, weitere Gebiete in Europa zu erobern und Kolonien in Übersee zu erwerben. Bismarck war überzeugt, dass Frankreich die Niederlage von 1870/71
10 nicht verschmerzt hatte und an Rache dachte. Deshalb war sein wichtigstes Ziel, Koalitionen zwischen Frankreich und anderen Staaten, vor allem Russland, zu verhindern. Niemand sollte sich gegen das Deutsche Reich verbünden. Bismarck war der Meinung, dass man einen

15 Zweifrontenkrieg gegen Frankreich und Russland nicht gewinnen konnte. Das Deutsche Reich schien besonders durch seine geografische Lage gefährdet: Da es von Großmächten umgeben war, wird von der „Mittellage" des Deutschen Reichs gesprochen.

Balkankrise und Berliner Kongress

20 In den 1870er Jahren zeichnete sich eine Krise auf dem Balkan* ab, der unter osmanischer und österreichischer Herrschaft stand. Gegen diese Fremdherrschaft begehrten die dort ansässigen Völker auf und strebten nach
25 nationaler Unabhängigkeit. Russland unterstützte seit Mitte der 1870er Jahre die Balkanvölker. Es verstand sich selbst als Schutzmacht aller Slawen („Panslawismus*"). Österreich-Ungarn, das Osmanische Reich und auch Großbritannien sahen ihre Interessen gefährdet.
30 Vor allem Großbritannien fürchtete wegen russischer Expansionsbestrebungen um seine Stellung als führende Seemacht, denn Russlands Pläne zur Schaffung eines souveränen bulgarischen Staates hätten den Zugang

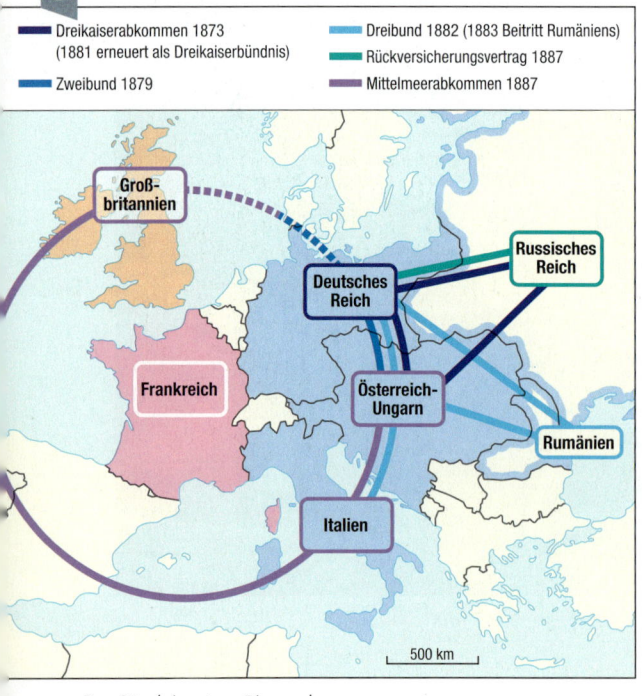

M 1

▬ Dreikaiserabkommen 1873 (1881 erneuert als Dreikaiserbündnis)
▬ Zweibund 1879
▬ Dreibund 1882 (1883 Beitritt Rumäniens)
▬ Rückversicherungsvertrag 1887
▬ Mittelmeerabkommen 1887

Das Bündnissystem Bismarcks

M 2

Karikatur aus der englischen Zeitschrift „Punch", 1878. Auf den herannahenden Zügen sieht man den Doppeladler (Symbol Russlands) und die britische Fahne. Auf dem Schild oben steht „Danger", rechts unten „Half Speed".

zum Schwarzen Meer versperrt und Russland gleichzeitig einen Zugang zum Mittelmeer ermöglicht. Daher unterstützte Großbritannien das Osmanische Reich. Das Deutsche Reich bekundete zu diesem Zeitpunkt als einzige Großmacht keine eigenen Interessen auf dem Balkan. Bismarck stellte sich in dieser Situation als „ehrlicher Makler" zur Verfügung. Er versammelte die führenden Staatsmänner 1878 auf dem Berliner Kongress. Unter seinem Vorsitz erzielten die Konfliktparteien einen Ausgleich. Ein Krieg wurde so verhindert.

Bismarcks Bündnissystem

Trotz der Ergebnisse des Berliner Kongresses blieb Bismarck besorgt, dass andere Mächte Bündnisse gegen das Deutsche Reich schließen könnten. Es gab weiterhin Spannungen auf dem Balkan. Russland war vom Ergebnis der Konferenz enttäuscht, sodass sich die deutsch-russischen Beziehungen abkühlten. Auch das Verhältnis zu Frankreich blieb angespannt. Zwar hatte Bismarck bereits 1873 ein „Dreikaiserabkommen" mit Russland und Österreich-Ungarn unterzeichnet, doch war dies kein formales Bündnis, sondern lediglich eine gemeinsame Interessensbekundung. Deshalb schloss Bismarck nun Bündnisse, in denen er mit mehreren Staaten vereinbarte, dass sie im Kriegsfall Hilfe leisten oder neutral bleiben sollten, wie 1887 den Rückversicherungsvertrag* mit Russland. Alles war darauf ausgerichtet, einen großen Krieg zu verhindern. Mit dem Bündnissystem gelang es ihm, Frankreich zu isolieren und gleichzeitig alle Großmächte einzubinden.

Bismarck skizziert außenpolitische Pläne im sogenannten „Kissinger Diktat" (1877):

Ein französisches Blatt sagte neulich von mir, ich hätte „le cauchemar des coalitions"[1]; diese Art Alp wird für einen deutschen Minister noch lange, und vielleicht immer, ein sehr berechtigter bleiben. Koalitionen gegen uns können auf westmächtlicher Basis mit Zutritt Österreichs sich bilden, gefährlicher vielleicht noch auf russisch-österreichisch-französischer; eine große Intimität zwischen zweien der drei letztgenannten Mächte würde der dritten unter ihnen jederzeit das Mittel zu einem sehr empfindlichen Drucke auf uns bieten. In der Sorge vor diesen Eventualitäten, nicht sofort, aber im Laufe der Jahre, würde ich als wünschenswerte Ergebnisse der orientalischen Krisis[2] für uns ansehen: 1. Gravitierung [= Schwerpunktverlagerung] der russischen und der österreichischen Interessen und gegenseitigen Rivalitäten nach Osten hin, 2. der Anlass für Russland, eine starke Defensivstellung im Orient und an seinen Küsten zu nehmen und unseres Bündnisses zu bedürfen, 3. für England und Russland ein befriedigender Status quo [= der gegenwärtige Zustand], der ihnen dasselbe Interesse an Erhaltung des Bestehenden gibt, welches wir haben, 4. Loslösung Englands von dem uns feindlich bleibenden Frankreich wegen Ägyptens und des Mittelmeers, 5. Beziehungen zwischen Russland und Österreich, welche es beiden schwierig machen, die antideutsche Konspiration [= Verschwörung] gegen uns gemeinsam herzustellen ... Wenn ich arbeitsfähig wäre, könnte ich das Bild vervollständigen und feiner ausarbeiten, welches mir vorschwebt: nicht das irgendeines Ländererwerbes, sondern das einer politischen Gesamtsituation, in welcher alle Mächte außer Frankreich unser bedürfen und von Koalitionen gegen uns durch ihre Beziehungen zueinander nach Möglichkeit abgehalten werden.

Zit. nach Michael Stürmer (Hg.), Bismarck und die preußisch-deutsche Politik 1871–1890, München (dtv) 1970, S. 100f. Bearb. v. Verf.

[1] „Alptraum der Bündnisse"
[2] gemeint ist die Balkankrise

---

1 Beschreibe die Grundsätze der deutschen Außenpolitik unter Bismarck (Darstellungstext, M1).
2 Erläutere, auf welches Ereignis sich M2 bezieht. Beachte Bildunterschrift und Gestaltungsmittel.
3 a) **Methode:** Analysiere M3 mithilfe der Arbeitsschritte auf S. 184.
   b) Charakterisiere die Strategie Bismarcks zur Einreichung seiner Ziele (M3).
4 Beurteile die außenpolitische Position des Deutschen Reichs unter Bismarck mithilfe der Materialien.

Webcode: FG644216-015
Bismarcks Bündnissystem

Neuer Kaiser – neuer Kurs?

Am 15. Juni 1888 bestieg Wilhelm II. den deutschen Kaiserthron. Der junge, impulsive Kaiser hatte seine eigenen Vorstellungen von der Zukunft Deutschlands. 1890 entließ er Reichskanzler Bismarck. Die Außenpolitik Deutschlands bekam einen neuen Kurs.

- *Warum ändert sich die Außenpolitik unter Wilhelm II.?*

M 1

Kaiser Wilhelm II., Gemälde von Max Koner, 1890. Ein französischer General kommentierte: „Das ist kein Porträt, sondern eine Kriegserklärung!"

Deutsche Weltpolitik unter Wilhelm II.

Bismarcks Entlassung im Jahr 1890 bedeutete eine Wende in der deutschen Außenpolitik. Kaiser Wilhelm II. wollte Deutschland zur Weltmacht führen. Für ihn war es im Gegensatz zu Bismarck wichtig, aktiv am
5 Wettlauf um die Kolonien teilzunehmen. Weite Teile der deutschen Öffentlichkeit unterstützten dieses Vorhaben. Besonders nationalistische Gruppen wie der Alldeutsche Verband* und der Deutsche Flottenverein* taten sich dabei hervor. Sie machten mithilfe von Postkarten, Pla-
10 katen und Vorträgen massiv Werbung für Wilhelms Politik. Wilhelm selbst schaltete sich immer wieder persönlich in die aktuelle Politik ein. Er galt als sprunghaft und unbeständig. Durch ungeschickte Äußerungen verstimmte er mehrfach die Weltöffentlichkeit. Wilhelm
15 war begeistert vom Bau einer mächtigen Kriegsflotte, die Deutschlands Machtanspruch durchsetzen sollte. 1898 drängte er den Reichstag dazu, dem Bau von Großkampfschiffen zuzustimmen. Das war eine Provokation Großbritannien gegenüber, der führenden See- und
20 Weltmacht dieser Zeit. Viele Briten fühlten sich durch die deutschen Flottenbaupläne zunehmend bedroht. Es begann ein kostspieliges und verhängnisvolles Wettrüsten zur See, das die beiden Nationen einander entfremdete.

25 **Wird Deutschland eingekreist?**

Auch diplomatische Entscheidungen brachten Deutschland in Konflikt mit anderen Großmächten. Die Reichskanzler, die auf Bismarck folgten, regierten mit der „Politik der freien Hand": Sie hielten nichts von Bis-
30 marcks kompliziertem Bündnissystem. Deutschland sollte sich seine Partner in einer Krise selbst aussuchen. Die anderen Großmächte seien sowieso viel zu zerstritten, um sich gegen Deutschland zu verbünden. Ausschlaggebend für diese Vorstellung waren die Konflikte Englands
35 und Frankreichs um ihre Einflussgebiete in Asien und Afrika. Die deutsche Regierung verzichtete aufgrund dieser Einschätzungen darauf, den Rückversicherungsvertrag mit Russland zu erneuern, was dazu führte, dass sich Russland und Frankreich annäherten. Fehlerhaft
40 war auch die Einschätzung der Beziehung zwischen Großbritannien und Frankreich. Großbritannien und Frankreich legten ihre Streitigkeiten 1904 wider Erwarten bei und schlossen sich zur Entente Cordiale (franz. „herzliches Einverständnis") zusammen. Durch Russ-
45 lands Beitritt 1907 wurde dieses Abkommen zur Triple Entente*. Deutschland war dadurch weitgehend isoliert. Ihm blieb als Verbündeter nur noch Österreich-Ungarn, das allerdings massive innenpolitische Probleme hatte – strebten doch viele seiner Völker nach Unabhängigkeit.
50 Deutschland empfand den Zusammenschluss der Entente als bedrohliche Einkreisung. Umgekehrt wurde Deutschland von den anderen Großmächten als unberechenbar und gefährlich angesehen. Es herrschte ein Klima des allgemeinen Misstrauens.

...otse geht ...rd", Kari-...us der eng-...Zeitschrift ...n" vom ...rz 1890

Deutschland und England (Zeichnung von Wilhelm Schulz)

„Wie sollen wir uns da die Hand geben?"

„Deutschland und England – wie sollen wir uns da die Hände geben?" Deutsche Karikatur, 1912

M4

Aus einer geheimen Absprache zwischen Frankreich und Russland (18. August 1892):

1. Falls Frankreich von Deutschland oder von Italien mit Deutschlands Unterstützung angegriffen wird, wird Russland alle seine verfügbaren Kräfte für einen Angriff auf Deutschland
5 einsetzen. Falls Russland von Deutschland oder von Österreich mit Unterstützung Deutschlands angegriffen wird, wird Frankreich alle seine verfügbaren Kräfte zum Kampf gegen Deutschland einsetzen ...
10 3. Die gegen Deutschland verfügbaren Streitkräfte ... werden mit Nachdruck und aller Schnelligkeit derart vorgehen, dass Deutschland zugleich sowohl nach Osten wie nach Westen hin zu kämpfen hat.

Zit. nach Friedrich Stieve, Deutschland und Europa 1890–1914, Berlin (Verlag für Kulturpolitik) 1928, S. 180f.

M5

— Zweibund 1879
— Dreibund 1882 (1883 Beitritt Rumäniens)
— französisch-russische Militärkonvention 1892
— französisch-russischer Zweibund 1894
— französisch-italienisches Kolonialabkommen 1902
— Entente cordiale 1904
— britisch-russischer Ausgleich 1907
— Balkanbund 1912

SB = Serbien, MT = Montenegro, BG = Bulgarien, GR = Griechenland

Die Bündnissysteme unter Kaiser Wilhelm II.

---

1 Erläutere die Wirkung, die von M1 ausgeht.
   Tipp: Beziehe den Kommentar des französischen Generals ein und schätze dessen Belegbarkeit ein.
2 Erkläre, wie sich die Außenpolitik Wilhelms II. von der Bismarcks unterschied (Darstellungstext).
3 **Methode:** Analysiere die Karikatur M2.
   Tipp: Nimm die Arbeitsschritte „Eine Karikatur analysieren" auf S. 186 zu Hilfe.
4 Vergleiche Karte M5 mit der Karte M1 auf S. 14.

---

5 **Wähle eine Aufgabe aus:**
   a) Beurteile ausgehend von M3 bis M5 die deutsche Außenpolitik Wilhelms II.
   b) Verfasse auf Basis von M3 bis M5 konkrete Ratschläge, die ein Berater Wilhelm II. diesem zur Vermeidung außenpolitischer Konflikte hätte geben können. Nimm S. 190 zur Hilfe (fiktionales Erzählen).

Zusatzaufgabe: siehe S. 170

Warum begann der Erste Weltkrieg?

Die Stimmung in Europa wurde zunehmend gereizter. Die Konkurrenz zwischen den Großmächten, die Konflikte um die Kolonien und die Spannungen auf dem Balkan verschärften sich. Es bedurfte scheinbar nur noch eines Funkens, um das „Pulverfass" zum Explodieren zu bringen.

- *Untersuche die Ursachen und den Anlass für den Ersten Weltkrieg.*

Staaten auf dem Balkan 1913

Konflikte und Krisen vor 1914

Imperialismus und auch Nationalismus führten seit Beginn des 20. Jahrhunderts zunehmend zu Konflikten zwischen den europäischen Großmächten, die schnell in einem Krieg hätten münden können. Besonders deut-
5 lich wurde dies durch die beiden Marokkokrisen (1905/06 und 1911), bei denen es zu Spannungen zwischen Deutschland und Frankreich wegen der jeweiligen Interessen und deren Einfluss in Afrika kam. Beide Male konnte die Krise noch auf diplomatischem Wege gelöst
10 und ein Krieg verhindert werden.

Einen weiteren Krisenschwerpunkt bildete der Balkan, wo viele verschiedensprachige Völker zusammenlebten. Noch immer stritten drei Großmächte in der Region um Einfluss: Russland, das schwache Osmanische Reich und
15 Österreich-Ungarn. Gleichzeitig strebten die Balkanvölker nach Freiheit und wollten eigene Nationalstaaten. Es gab bereits zwei Balkankriege, die zu schweren Auseinandersetzungen führten. Im ersten Balkankrieg (1912/13) bekämpften Serbien, Bulgarien, Montenegro
20 und Griechenland das Osmanische Reich, das anschließend nach dem Friedensvertrag von London (1913) auf fast alle europäischen Gebiete verzichten musste. Der Streit um diese Gebiete führte auch zum zweiten Balkankrieg (1913) zwischen den vormals verbündeten Bal-
25 kanstaaten. Neben diesen bewaffneten Auseinandersetzungen blieben die nationalistischen Spannungen bestehen. Die serbische nationale Bewegung forderte ein „Großserbien" und wurde dabei von Russland unterstützt.

30 ### Vom Attentat von Sarajewo …

Österreich-Ungarn hatte 1908 Bosnien annektiert (besetzt), in dem auch viele Serben lebten, die ein Großserbien forderten. Damit wurde eine weitere Krise ausgelöst, die eine wochenlange akute Kriegsgefahr mit sich
35 brachte. Russland protestierte heftig gegen die Annexion, gab jedoch schließlich nach. Die Lage beruhigte sich vorerst. Am 28. Juni 1914 erschoss jedoch ein serbischer Nationalist den österreichisch-ungarischen Thronfolger Franz Ferdinand und seine Frau in der bosnischen
40 Hauptstadt Sarajewo, die sich dort wegen eines Truppen-Manövers aufhielten. Die Morde sorgten international für Empörung und Bestürzung.

… zur „Julikrise"

Von den folgenden Entwicklungen, die als „Julikrise" be-
45 zeichnet werden, bekam die europäische Öffentlichkeit nichts mit: Die österreichische Regierung sah in dem Attentat die Gelegenheit, gegen Serbien kriegerisch vorzugehen. Das Deutsche Reich sicherte Österreich dabei bedingungslose Unterstützung zu. Dieser „Blankoscheck"
50 vom 5. Juli ermutigte Österreich-Ungarn zu einem harten Vorgehen. In den nächsten Wochen verfasste Österreich

Feldpostbrief des 20-jährigen Studenten Paul Boelicke, gefallen am 12.10.1918:

Verdun, ein furchtbares Wort! Unzählige Menschen, jung und hoffnungsvoll, haben hier ihr Leben lassen müssen, ihre Gebeine verwesen nun irgendwo, zwischen Stellungen, in Massengräbern, auf Friedhöfen.
5 Kommt der Soldat morgens aus seinem Granatloch (viele sind ganz voll Wasser), ... [packt ihn] ein Schütteln, wenn er seine Blicke rundum schickt: Hier hat der Tod seine Knochensaat ausgesät. Die Front wankt, heute hat der Feind die Höhe, morgen wir,
10 irgendwo ist hier immer verzweifelter Kampf. Mancher, der sich eben noch der warmen Sonne freute, hörte es schon irgendwo brüllen und heulend herankommen. Dahin sind alle Träume von Frieden und Heimat, der Mensch wird zum Wurm und sucht sich
15 das tiefste Loch. Trommelfelder-Schlachtfelder, auf denen nichts zu sehen ist als erstickender Qualm-Gas-Erd-Klumpen-Fetzen in der Luft, die wild durcheinanderwirbeln: Das ist Verdun.

Zit. nach http://www.planet-wissen.de/geschichte/deutsche_geschichte/verdun_die_hoelle_des_ersten_weltkriegs/ pwiefeldpostbriefe100.html (Stand: 17.3.2017).

Feldpostbrief des französischen Soldaten Pierre, Nachname und Todesdatum unbekannt (22.9.1916):

Meine liebe Edith,

das Leben hier ist ungeheuer hart. In den Schützengräben regiert der Geruch des Todes. Ratten laufen in Massen herum und Mücken zerstechen uns die
5 Haut. Wir leben im Schlamm. Ein eisiger Wind lässt die Knochen gefrieren. Unmöglich, nachts zu schlafen. Man muss immer bereit sein zu töten. Töten ist das wichtigste Wort, das man uns jeden Tag eintrichtert. Nur wer tötet, der überlebt. Jede Minute hier ist
10 die Hölle. Keine Hygiene. Kein Ausruhen. Keine Freude. Kein Leben. Auf dem Schlachtfeld draußen liegen die Leichen, arme Soldaten, die auf blutgetränkten Feldern verreckt sind. Granaten und Minen zerfetzen alles. Bäume, Häuser, das wenige Grün, alles ist zer-
15 stört. Dazwischen das Donnern der Kanonen und die Schreie der Soldaten. Montag war ich vorne an der Front. Ich bin am Bein getroffen worden. Eigentlich müsste ich schon wieder bei den anderen sein, die für unser Vaterland kämpfen. Aber unser Vaterland
20 hilft nicht wirklich. Die Leute in den Büros schicken Menschenmassen in den sicheren Tod.
Wie gerne würde ich einen Brief von dir lesen, Zeit mit unserem kleinen Sohn verbringen ... Was mich am Leben hält, ist die Kraft, eine Familie zu haben,
25 die auf mich wartet.

Racontemoi1418.fr (Stand: 16.3.2017).
Übers. v. Hans-Joachim Cornelißen.

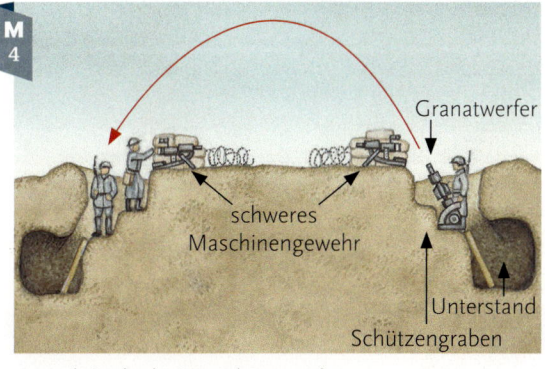

Querschnitt durch einen Schützengraben

1 **Methode:** Untersuche die Fotografie M1 mithilfe der Arbeitsschritte auf S. 187.
2 Beschreibe den Alltag der Soldaten (Darstellungstext).
3 **Partnerarbeit:** Einer wählt M2, einer M3.
   a) Arbeitet die persönliche Sicht der Soldaten heraus.
   b) Vergleicht eure Ergebnisse.
4 **Wähle eine Aufgabe aus:**
   a) Erkläre, warum die Situation in den Schützengräben für die Soldaten belastend war (Darstellungstext, M4).
   b) Erläutere die Folgen des Krieges für die überlebenden Soldaten (Darstellungstext, M2, M3).

Zusatzaufgaben: siehe S. 171

Motive von Feldpostkarten analysieren

Für die Soldaten an der Front war der Kontakt zu ihren Angehörigen ungeheuer wichtig. Allein von der deutschen Front gingen im Ersten Weltkrieg 11 Milliarden Sendungen in die Heimat und 17,7 Milliarden zurück; in Frankreich 10 Milliarden. Den größten Anteil hatten Postkarten und Briefe, für die kein Porto bezahlt werden musste. Die Postkartenmotive waren von der Militärführung vorgegeben.

Deutsche Postkarte, 1915

Französische Postkarte, 1915. Übersetzung: Nieder mit dem Deutschen, zu Pferd oder zu Fuß, ihn zu bekämpfen ist mein höchstes Ideal.

Feldpost: Propaganda und Trost

Das Zeitalter der modernen Massenheere erforderte auch die ständige „mentale Mobilisierung" der Soldaten. Dabei spielte die dauernde Verbindung mit den Angehörigen in der Heimat eine herausragende Rolle. Hin-
5 ter der Front entstanden riesige Postsammelstellen. Die militärische Führung wollte die Stimmungslage erkun-
den, daher wurden die Schreiben in beiden Richtungen kontrolliert. Militärische Geheimnisse und zu negative Darstellungen von der Fronterfahrung wurden durch
10 schwarze Farbe zensiert. Allerdings konnte die Zensur angesichts der großen Mengen an Post nur stichprobenartig kontrollieren.

Arbeitsschritte „Motive von Feldpostkarten analysieren"

Ersten Eindruck festhalten	Lösungshinweise zu M1
1. Wie wirkt die Postkarte auf dich? Was fällt dir unmittelbar auf?	• *Eine Postkarte mit vorgegebenem Text zeigt eine Familie ohne den Vater im Wohnzimmer ...* • *...*

Einzelne Bild- und Textelemente beschreiben	
2. Welche Personen/Gegenstände sind zu erkennen?	• *Drei Personen in „Sonntagskleidung": Die Mutter sitzt auf dem Sofa und strickt Socken für den Mann, die Tochter steht daneben, der Sohn mit einem Säbel links in der Hand steht gegenüber.*
3. Wie sind die Personen dargestellt (Haltung, Position, Nähe-Distanz, Gesten, Gesichtsausdruck, Blickrichtung, Blickkontakt, Kleidung, Accessoires)?	• *Der Text lautet ...*
4. Welche Umgebung, welcher Hintergrund wird gewählt?	• *Der obere Teil der Karte zeigt einen Soldaten in voller Ausrüstung ...*
5. Welchen Kartentext oder Kartentitel gibt es?	
6. Welche Elemente beziehen sich auf den Krieg?	

Zusätzliche Informationen heranziehen	
7. Welche Hinweise gibt die Bildunterschrift (Entstehungszeit, Anlass, Ort, Künstler, Auftraggeber, Adressat)?	• *Es wird auf kein besonderes Ereignis verwiesen.*

Aussage formulieren und Feldpostkarte deuten	
8. Welche Gesamtaussage lässt sich formulieren?	• *Die Karte soll Dankbarkeit für die behauptete „Verteidigung des Landes" erzeugen.*
9. Welchen Zweck verfolgt die Darstellung?	• *den Soldaten Mut machen, die Angehörigen trösten*
10. Wenn der Text des Kartenabsenders bekannt ist: Wie passen Darstellung auf der Vorderseite und Kartentext auf der Rückseite zusammen?	• *Ein Brieftext ist nicht bekannt.*

1 Analysiere die Postkarte M1 mithilfe der Arbeitsschritte und ergänze die Lösungshinweise.

2 Analysiere die Postkarte M2 mithilfe der Arbeitsschritte und vergleiche ihre Aussage mit M1.

3 **Partnerarbeit:** „Feldpostkarten zeigten den Krieg, wie er gesehen werden sollte." Diskutiert diese These.

Propaganda

gezielte Beeinflussung des Denkens, Handelns und Fühlens von Menschen. Anfang des 20. Jahrhunderts spielte die staatliche Propaganda während des Ersten Weltkrieges eine wichtige Rolle. Vor allem massenkulturelle Erzeugnisse wie Flugblätter, Postkarten, Plakate, Fotografien und – in geringerem Maße – der Film wurden in tausendfacher Auflage verbreitet. Sie dienten als Medium für die staatliche Propaganda.

Webcode: FG644216-029
Französische und deutsche Feldpostkarten

Die „Heimatfront":
Frauen und Kinder im Krieg

Der anhaltende Stellungskrieg zermürbte nicht nur die Soldaten an der Front. Er hatte auch weitreichende Folgen für die Angehörigen in der Heimat.
 • *Warum waren auch Frauen und Kinder vom Krieg betroffen?*

Arbeiterinnen stellen in einer deutschen Munitionsfabrik Granaten her. Koloriertes Foto, 1915

Versorgungskrise und Hunger

Die schlechte Versorgungslage war in allen kriegsführenden Ländern ein Problem. Deutschland, Österreich, Russland und Italien waren aber besonders hart betroffen. Im Jahre 1914 hatte das Deutsche Reich noch etwa
5 ein Drittel seiner Lebensmittel aus dem Ausland importiert. Infolge der britischen Seeblockade (siehe S. 22) entstand jedoch ein ernster Engpass. Da Millionen Männer und Pferde an die Fronten verlegt worden waren, fehlten Arbeitskräfte und Zugtiere in der heimischen
10 Landwirtschaft. Gleichzeitig stiegen durch die britische Seeblockade und schlechte Ernten („Kohlrübenwinter" 1916/17) die Preise für Lebensmittel an. Die Umverteilung der Lebensmittel zugunsten der Soldaten an der Front verschärfte die Lage zusätzlich. In der zweiten
15 Kriegshälfte gab es viele Nahrungsmittel nur noch gegen Lebensmittelkarten, wobei das, was auf den Lebensmittelkarten stand, oft nicht mehr zu haben war. Stundenlanges Schlange stehen vor Lebensmittelgeschäften wurde Normalität. Viele Familien, Kinder, Jugendliche
20 und Alte hatten nichts zu Essen. Rund 750 000 Menschen starben in Deutschland an den Folgen der Unterernährung.

Die Situation der Frauen

Die Soldaten an der Front erhielten einen geringen Sold,
25 mit dem sie die Familie in der Heimat nicht versorgen konnten. Deshalb mussten Frauen in der Industrie, in Dienstleistungsberufen und in der Landwirtschaft die Arbeit der abwesenden Männer übernehmen, denn ihre Einberufung bedeutete häufig auch eine Reduzierung
30 des Familieneinkommens. Allerdings mussten sie sich verpflichten, den „Männerarbeitsplatz" nach deren Rückkehr wieder zu verlassen. Dennoch sahen sich in den Städten viele Frauen dazu gezwungen, auf dem Schwarzmarkt, durch „Hamsterfahrten" aufs Land oder
35 durch Diebstahl an Nahrung zu kommen, um die Familie zu ernähren.
Die Abwesenheit der Männer wirkte sich auch auf die Geburtenrate aus, die drastisch abnahm. Schon während des Krieges rückten Kampagnen, nicht nur in Deutsch-
40 land, den hohen Stellenwert von Mutterschaft in den Blickpunkt des öffentlichen Interesses.

Wie erlebten die Kinder den Krieg?

Für die deutschen Schulkinder wurde der Krieg zum Alltag: durch die Propaganda schöngefärbt, hörten sie, dass
45 die deutschen Soldaten siegreich voranstürmten, bei bedeutenden Siegen gab es schulfrei, ihre Hausaufgaben, ihre Zeichnungen und ihre Spiele hatten oft den Krieg zum Thema. Fernhalten konnte man den Krieg sowieso nicht: Zahlreiche Väter, Onkel und Cousins – vor dem
50 Krieg die gewohnten erwachsenen Bezugspersonen – waren nur durch die Feldpost und den gelegentlichen Heimaturlaub vorübergehend in den Familien anwesend. Nicht zuletzt mussten viele Kinder die Erfahrung machen, den Vater nur noch verstümmelt oder gar nicht
55 mehr wiederzusehen.
Im Gegensatz zu Deutschland, machte die Schule in Frankreich den Krieg zum Bezugspunkt des gesamten Unterrichts. Es ist belegt, dass es französische Jungen und Mädchen gab, die von zu Hause wegliefen, um an
60 vorderster Front zu kämpfen oder als Krankenschwester zu arbeiten.

„Gefallen", Lithografie von Käthe Kollwitz, 1921

Ein deutscher Soldat auf Weihnachtsurlaub zu Hause – begrüßt von Frau und Kindern, Foto, 1914

Die Historikerin Ute Daniel über die Veränderungen für Frauen (2014):

Es verbietet sich von selbst, die vielfältigen und nicht selten widersprüchlichen Erfahrungen, die Frauen in den Jahren während des Weltkrieges gemacht haben, und deren Auswirkungen auf die Lebensgänge und
5 -entwürfe auf einen Nenner bringen oder gar insgesamt bewerten zu wollen ... Für manche Frau war die lange Abwesenheit des Ehemannes offensichtlich eine befreiende Erfahrung, für andere jedoch eine unerwünschte Herausforderung ... Ein neues Selbst-
10 bewusstsein mochte aus der Erfahrung gewachsen sein, als Hausfrau, Arbeiterin oder Bäuerin schwierige Aufgaben gemeistert zu haben ... In einigen vor dem Krieg ausschließlich „männlichen" Branchen, beispielsweise in der Metallindustrie war seit 1914
15 die Beschäftigung von Arbeiterinnen zum Normalfall geworden; doch verlief die geschlechtsspezifische Trennlinie, die bislang vor den Toren dieser Fabriken lagen, nunmehr durch sie hindurch: Innerhalb der Betriebe wurde im Zuge der Rationalisierung[1] scharf
20 zwischen „männlichen" und „weiblichen" Arbeiten geschieden und den Arbeiterinnen diejenigen ... Arbeitsprozesse zugewiesen, die auf der Qualifikations- und Lohnskala ganz unten lagen.

Ute Daniel, Frauen, in: Gerhard Hirschfeld, Gerd Krumeich & Irina Renz (Hg.), Enzyklopädie Erster Weltkrieg, 2. Auflage, Paderborn (UTB) 2014, S. 132 f.

[1] *Änderung der Arbeitsabläufe zur Senkung von Kosten und Aufwänden.*

1 Nenne die Gründe für die Versorgungskrise mit Lebensmitteln (Darstellungstext).

2 **Wähle eine Aufgabe aus:**
   a) Die Lithographie M2 wird in vielen Museen ausgestellt. Verfasse den Text für einen Audioguide.
   b) Entwirf eine fiktive Erzählung über die in M2 abgebildete Familie.

3 Erörtere mithilfe von M4, inwiefern der Krieg die Emanzipation (Selbstständigkeit/Selbstbewusstsein) der Frauen vorangetrieben hat.

4 **Geschichte darstellen:** Stelle mithilfe der Materialien in einer Nacherzählung dar, wie sich die Zivilgesellschaft im und durch den Krieg seit 1914 veränderte. Beziehe auch S. 26/27 ein und beachte die Verlaufsformen einer Erzählung (siehe S. 189 ff.).

5 Nimm Stellung zu dem seit dem Ersten Weltkrieg gebräuchlichen Begriff „Heimatfront".

Kriegspropaganda im In- und Ausland

Während des Ersten Weltkrieges spielte die staatliche Propaganda eine wichtige Rolle. Sie wurde zum ersten Mal als Mittel der Kriegsführung angewandt.
- *Mit welchen Zielen und Mitteln Propaganda in verschiedenen Ländern eingesetzt wurde, kannst du mithilfe von A, B, C oder D untersuchen.*

A

M1

Aufruf Wilhelms II. nach der Mobilmachung der deutschen Truppen, veröffentlicht am 6. 8. 1914 in verschiedenen Zeitungen:

An das deutsche Volk!

Seit der Reichsgründung ist es durch 43 Jahre Mein und Meiner Vorfahren heißes Bemühen gewesen, der Welt den Frieden zu erhalten und
5 im Frieden unsere kraftvolle Entwickelung zu fördern. Aber die Gegner neiden uns den Erfolg unserer Arbeit.

Alle offenkundige und heimliche Feindschaft von Ost und West, von jenseits der See haben wir bis-
10 her ertragen im Bewußtsein unserer Verantwortung und Kraft. Nun aber will man uns demütigen. Man verlangt, daß wir mit verschränkten Armen zusehen, wie unsere Feinde sich zu tückischem Überfall rüsten, man will nicht dulden,
15 daß wir in entschlossener Treue zu unserem Bundesgenossen stehen, der um sein Ansehen als Großmacht kämpft und mit dessen Erniedrigung auch unsere Macht und Ehre verloren ist.

So muß denn das Schwert entscheiden. Mitten
20 im Frieden überfällt uns der Feind. Darum auf! zu den Waffen! Jedes Schwanken, jedes Zögern wäre Verrat am Vaterlande.

Um Sein oder Nichtsein unseres Reiches handelt es sich, das unsere Väter sich neu gründeten.
25 Um Sein oder Nichtsein deutscher Macht und deutschen Wesens.

Wir werden uns wehren bis zum letzten Hauch von Mann und Roß. Und wir werden diesen Kampf bestehen auch gegen eine Welt von Fein-
30 den. Noch nie ward Deutschland überwunden, wenn es einig war.

Vorwärts mit Gott, der mit uns sein wird, wie er mit den Vätern war.

Zit. nach Hans Schwinger, Wie gefällt Dir die Soldaterei? Der 1. Weltkrieg in und um Schwebheim, Norderstedt (Book on Demand) 2015, S. 9.

1 Arbeite aus M1 heraus, wie Wilhelm II. den Kriegseintritt des Deutschen Reichs begründet.
2 Untersuche mithilfe einer Tabelle die zum Ausdruck kommende Charakterisierung der Deutschen sowie die der Gegner.

B

„Der Albtraum von Wilhelm II.", russische Postkarte aus dem 1. Weltkrieg, undatiert

1 Analysiere die Postkarte M2.
   Tipp: Verwende dazu auch die Arbeitsschritte „Eine Karikatur analysieren" auf S. 186.
2 Erkläre, warum es sich bei M2 um Propaganda handelt. Nimm den Kasten auf S. 29 zu Hilfe.

C

Französische Karikatur, 1915. Sie zeigt einen deutschen Soldaten mit Flammenwerfer und Gasmaske. Darüber steht: „20. Jahrhundert – Deutscher Soldat".

Eine Mitarbeiterin des Deutschen Historischen Museums in Berlin über Propaganda im Ersten Weltkrieg (2014):

Wie in der britischen und amerikanischen spielten auch in der französischen Kriegspropaganda die Deutschen als Feindbild die Hauptrolle. Sie waren vor allem für Frankreich die „Barbaren",
5 Frankreichs Rolle im Weltkrieg die des Verteidigers der Zivilisation gegen die Barbarei. Konzentriert in der Person von Kaiser Wilhelm II. und übertragen auf das ganze deutsche Volk, verbreiteten Zeitungen, Zeitschriften und Plakate das
10 Bild einer Rasse, die von Natur aus barbarisch, gefräßig, gewalttätig, grobschlächtig und militaristisch sei. Der deutsche Überfall auf das neutrale Belgien boten diesen in der französischen Öffentlichkeit schon vor dem Krieg verbreiteten
15 Stereotypen[1] neue Nahrung ... Mit den Bildern der „boches"[2] als mordlüsterne, barbarische Hunnen rechtfertigte die französische Propaganda den Kriegseinsatz.

Zit. nach https://www.dhm.de/lemo/kapitel/erster-welt-krieg/propaganda/franzoesische-kriegspropaganda.html (Stand: 25. 10. 2017).

[1] Vorurteil
[2] frz., herabsetzende Bezeichnung für Deutsche

1 Arbeite aus M4 die Merkmale französischer Propaganda während des Ersten Weltkrieges heraus.

2 Prüfe, inwiefern die in M4 genannten Merkmale in M3 nachweisbar sind.

D

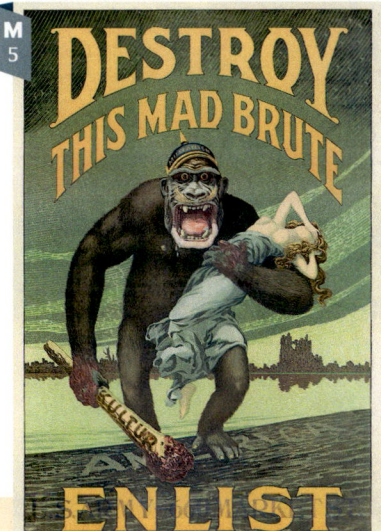

„Destroy this mad brute – Enlist", Plakat aus den USA, 1918 (engl. = Zerstöre dieses verrückte Tier. Verpflichte dich!) Auf dem Helm steht „militarism", das englische Wort für Militarismus.

1 Beschreibe das Plakat M5.
Tipp: Achte auf die Schriftzüge der einzelnen Bildelemente.

2 Erkläre, wen bzw. was die einzelnen Bildelemente darstellen sollen.

3 Verfasse den Text für ein begleitendes Flugblatt, welches die Botschaft des Plakates in wirkungsvolle Worte fasst.

Aufgabe für alle:

Fasst die Mittel der Propaganda während des Ersten Weltkrieges zusammen und vergleicht diese hinsichtlich ihrer jeweiligen Ziele.

Der Erste Weltkrieg im Computerspiel

Zum 100. Jahrestag des Kriegsbeginns 1914 wurde in Frankreich das Computer-spiel „Valiant Hearts: The Great War" entwickelt. In der Spielhandlung ver-mischen sich erfundene Geschichten mit realen Ereignissen und Personen.
Die Spielemacher möchten mit dem Spiel an den Ersten Weltkrieg erinnern.
- *Wie wird in diesem Spiel der Erste Weltkrieg dargestellt?*
- *Geht das überhaupt – ein Computerspiel als Ort der Erinnerung?*

Szene aus dem Computerspiel „Valiant Hearts". Deutsche Flugzeuge greifen britische Soldaten an.

September 1914, Schlacht an der Marne (Gebiet von Verdun)

Sich kreuzende Schicksale

Valiant Hearts The Great War™ erzählt von einer Welt, die in das Chaos des Ersten Weltkriegs gestürzt wurde, von schmerzhaf-ten Trennungen und sich vereinigenden Schicksalen. Emile, Karl, Freddie und Anna setzen alles daran, das Grauen der Schützengräben zu überleben.

Angeführt von Walt, ihrem treuen vierbeinigen Begleiter, ver-schmelzen ihre Leben im Verlauf dieser emotionalen Erzählung untrennbar miteinander. Aus dem Krieg ergibt sich eine bewe-gende Suche, in der jeder versucht, angesichts der Schrecken des Krieges seine Menschlichkeit zu bewahren.

Aus der Presse-Broschüre für das Computer-spiel

Die Hauptcharaktere des Spiels

Emile, Bauer in Lothringen, gerät zu Beginn des Krieges in deutsche Kriegs-gefangenschaft.

Freddy, Amerikaner, der als Söldner ge-gen die Deutschen kämpft. Der Hund Walt gehört zu einer deutschen Sanitäts-einheit an der Front.

Karl ist Deutscher, der in Frankreich lebt und mit seiner französischen Frau einen Sohn hat. Er wird in die deutsche Armee eingezogen.

Anna, Tochter einer belgischen Adelsfamilie, wird freiwillig Kranken-schwester.

Die Firma Ubisoft über „Valiant Hearts" (2014):

Ein animiertes Graphic-Novel-Abenteuer

Von den grünen Wäldern Frankreichs über düstere Schützengräben bis hin zu verschneiten Feldern rei-sen die Spieler in diesem emotionalen Abenteuer

5 mit einzigartiger Atmosphäre und Grafikstil zurück in die Vergangenheit.

Eine Mischung aus Action-, Erkundungs- und Rätselspiel

Spieler ziehen in den Kampf und helfen ihren Freun-

10 den, den Ersten Weltkrieg zu überleben, indem sie Rätsel lösen oder durch die feindlichen Linien schlei-chen. Sie erleben dabei ein ebenso rührendes wie heiteres Abenteuer.

Spieler verfolgen das Schicksal von 5 Soldaten ...

15 Inmitten der Schützengräben verkörpert man vier verlorene Seelen, deren Schicksale sich kreuzen.

Man erlebt den Alltag des Krieges und hilft einem jungen deutschen Soldaten, seine Liebe zu finden!

... und ihrem treuen vierbeinigen Begleiter

20 Spieler folgen der Witterung ihres treuen Hundes und schicken ihn durch Stacheldrahtverhaue und Granattrichter, um Rätsel zu lösen und Feinden aus dem Weg zu gehen ... sie müssen ihm vertrauen, denn dieser Hund ist ihr einziger Freund!

25 *Spieler erleben den 1. Weltkrieg von 1914 bis 1918*

Diese fiktive Geschichte entführt die Spieler in den Jahren 1914–1918 zu den berühmtesten Schauplät-zen des Krieges, wie Reims oder Montfaucon, und lässt sie an den historischen Schlachten der West-

30 front, wie der Schlacht an der Marne oder der Som-me, teilnehmen!

Deutsche Pressemitteilung von Ubisoft zum Spiel „Valiant Hearts", Düsseldorf 2014.

 Vorschläge zur Weiterarbeit:

1 Das Spiel anderen vorstellen: Welche Themen be-handelt das Spiel? Wer hat das Spiel entwickelt? Was ist das Ziel des Spiels? Welche Figuren und Per-sonen gibt es? Welche Aufträge muss man erledi-

5 gen? Ist das Spiel schwer/einfach? Macht das Spiel Spaß?

2 Die Gestaltung untersuchen: Mit welchen Mitteln sind die Personen und die Spielumgebung gestaltet? Welche Wirkung hat die grafische Umsetzung? Was

10 gefällt dir gut, was würdest du kritisieren?

3 Wie werden Musik und Ton eingesetzt?

4 Die Spielidee untersuchen: Welche Geschichte wird erzählt? Wann ist die Geschichte spannend? Kann man die Geschichte als Spieler verändern oder

15 beeinflussen?

5 Kommen historische Ereignisse, Personen oder Orte vor, die du bereits kennst? Was lässt sich über-prüfen?

6 Warum spielt der Hund eine wichtige Rolle?

20 **7** Lerne die Ziele der Spielentwickler kennen!

8 Was gefällt dir besser: Spiel oder Schulbuch?

In partnership with CENTENAIRE **APOCALYPSE** WORLD WAR I

The dogs of war

It is estimated that by 1918, the Germans had employed 30,000 dogs while the allies employed 20,000. Dogs were recruited from dog pounds and the police force, while many families also enlisted their pets. Dogs had a number of roles, as sentries and scouts, in postal liaison, and equipment transport, in locating casualties and explosives and as mascots. The main breeds deployed were German shepherds, Doberman Pinschers and Bouviers.

Lexikoneintrag in der englischen Fassung von „Valiant Hearts", 2014

1 Erkläre mithilfe von M1 bis M3, worum es in dem Spiel geht.

2 Nimm zu M4 Stellung: Was erscheint dir nachvoll-ziehbar, was unwahrscheinlich?

Tipp: Berücksichtige deine Kenntnisse über die Kriegserlebnisse der Soldaten.

3 Arbeite aus dem Entwicklervideo (siehe Webcode) die Ziele der Spielemacher heraus.

4 Wähle dir eine Fragestellung aus M5 heraus, die dich interessiert. Im Webcode findest du ein Entwickler-video, weitere Bilder und Informationen.

5 Stelle Vermutungen an, warum die Spielemacher Inhalte wie in M6 dargestellt im Spiel aufnehmen.

6 Diskutiert, inwiefern Spiele zum Ersten Weltkrieg eine angemessene Auseinandersetzung mit dem Krieg darstellen.

Webcode: FG644216-035

Valiant Hearts – Videos

Einen Comic zeichnen

Szene aus dem Spiel „Valiant Hearts", Foto

Auf der Grundlage von Quellen kann auch fiktional erzählt werden (siehe S. 190). Das Ergebnis sind dann in der Regel kürzere oder längere Erzählungen oder sogar Romane. „Fiktionales Erzählen" kann aber auch durch Comics erfolgen.

- *Zeichne einen Comic über den Ersten Weltkrieg. Die Arbeitsschritte leiten dich an.*

Arbeitsschritte „Einen Comic zeichnen"

Das Medium kennenlernen	Lösungshinweise
1. Schaue dir Beispiele für Comics an, entweder als ganzes Buch oder als Ausschnitt im Internet.	• **Tipp:** *Sucht im Internet nach passenden Comics.*
Das Thema finden und den Schwerpunkt festlegen	
2. Zu welchem Thema möchtest du einen Comic zeichnen? Welche Handlungsschwerpunkte soll er enthalten?	• *zum Beispiel „Heimaturlaub eines deutschen Solda-ten": Eisenbahnfahrt von der Front nach Hause, Ankunft am Bahnhof, Erzählungen am Familientisch …*
Informationen sammeln und gliedern	
3. Suche nach Materialien, die ausreichend Informationen zu dem Thema liefern. **Tipp:** *Achte auch auf zeitgenössische Architektur oder Kleidung.*	• *Nutze die Seiten 26–27 und 30–31. Recherchiert im Internet, wenn euch eurer Meinung bestimmte Fakten für euren Comic fehlen. Überlegt, welche fiktiven Elemente ihr hinzufügen möchtet.*
Ein Storyboard entwickeln	
4. Entwickle einen Plot (Handlung) für euren Comic.	• *Der Text sollte den Handlungsablauf sowie die Personen und Orte (historisch belegte und fiktive) verdeutlichen. Achte darauf, dass er den Fakten nicht widerspricht und berücksichtige die Nachweisbarkeit von Informationen! Achte auch auf historische Verläufe (siehe S. 190).*
5. Entwirf skizzenhafte Zeichnungen als Grundlage für die späteren Einzelbilder („Panels") des Comics.	• *Es sollte neben dem Inhalt deutlich werden, welche Dialoge (Sprechblasen) und/oder Begleittexte (Situationsbeschreibung) die Einzelbilder enthalten sollen.*
Den Comic zeichnen	
6. Zeichne deinen Comic. Füge die Einzelbilder anschließend zu einer Sequenz zusammen und präsentiere deine Ergebnisse.	• *Der Inhalt ist entscheidender als die künstlerische Ausgestaltung.*

1 Zeichne einen Comic zum Thema „Kriegsalltag der deutschen Gesellschaft". Nutze dazu das Material aus diesem Kapitel und die Arbeitsschritte.

Tipp: Konzentriere dich auf einen Personenkreis, z. B. Soldaten, Frauen, Kinder.

Webcode: FG644216-036
Comics über den Ersten Weltkrieg

Das Epochenjahr 1917

*Drei Jahre nach Kriegsbeginn änderte sich der Kriegsverlauf entscheidend:
Russland schloss nach zwei Revolutionen mit dem Deutschen Reich 1918 einen
Separatfrieden und schied damit als Kriegsgegner aus. Die USA hingegen traten
auf der Seite der Entente (siehe S. 14) in den Krieg ein.*
- *Welche Ursache hatten die Revolutionen in Russland und welchen Verlauf
nahmen sie?*
- *Warum gaben die USA 1917 endgültig ihre Neutralität auf?*

Russland: Die Februarrevolution

Nach anfänglichen militärischen Erfolgen Russlands
häuften sich die Niederlagen im Ersten Weltkrieg. Immer
mehr Bauern wurden ohne richtige Ausbildung an die
Front geschickt, um die Verluste bei der Truppe auszu-
5 gleichen. Die Produktion landwirtschaftlicher Güter
stockte. Kleine Unternehmer machten Bankrott. Die
Kriegskosten führten zur Geldentwertung. Anfang 1917
brach die Versorgung der Städte mit Lebensmitteln und
Brennholz zusammen. Demonstranten forderten Frie-
10 den, Brot und gerechte Löhne. Da sich die Soldaten des
Zaren weigerten, auf die Demonstranten zu schießen,
konnten diese die staatlichen Waffenkammern, das
Staatsgefängnis und den Sitz der Geheimpolizei stür-
men. Die liberalen Abgeordneten des Parlaments (Duma)
15 zwangen den Zaren zum Rücktritt. Eine „Provisorische
Regierung" übernahm die Amtsgeschäfte der neuen russischen Republik. Ab sofort galten im Land Grundrechte
wie Meinungs-, Presse- und Versammlungsfreiheit.

Die Zeit der Doppelherrschaft

20 Die „Provisorische Regierung" bestand aus liberalen
Politikern aus dem Bürgertum, den „konstitutionellen
Demokraten" oder „Kadetten". Die Militärführung unterstützte die neue Regierung unter der Bedingung, dass
sie den Krieg gegen die Mittelmächte fortsetzte. Doch
25 während der Unruhen hatten sich in vielen Städten
Sowjets* (Räte) als zweites Machtzentrum gebildet. In
diesen Sowjets saßen vorrangig Soldaten und Arbeiter.
Sie berieten und beschlossen neue Gesetze und übernahmen Regierungsaufgaben. Der Sowjet der Stadt
30 Petrograd (heute Sankt Petersburg) forderte einen sofortigen Frieden ohne Gebietsabtretungen und Kriegs-
entschädigungen. Die „Provisorische Regierung" lehnte
das Rätesystem* ab, weil es ihrer Meinung nach Russland militärisch und wirtschaftlich schwäche. Die Feb-
35 ruarrevolution hatte zu einer Doppelherrschaft im Lande
geführt.

Die Oktoberrevolution der Bolschewiki*

Im April erreichte der kommunistische Revolutionär
Wladimir Iljitsch Lenin Petrograd. Die deutsche Regie-
40 rung hatte seine Reise aus dem Exil in der Schweiz ermöglicht, da sie sich durch Unruhestifter wie ihn eine
Schwächung des Kriegsgegners Russland erhoffte. Zusammen mit Leo Trotzki formte Lenin aus der bis dahin
unbedeutenden Gruppierung der Bolschewiki eine
45 schlagkräftige Partei von Revolutionären. Am 25. Oktober 1917 gelang der Putsch der Bolschewiki gegen die
„Provisorische Regierung": Sie wurde für abgesetzt erklärt und die Sowjets übernahmen die Macht. Der Zar
und seine Familie wurden hingerichtet. In späteren
50 Jahren wurde der Putsch als „glorreiche sozialistische
Oktoberrevolution" verherrlicht. Zahllose Filme und
Bücher verbreiteten diese Sichtweise in der Sowjetunion
und im Ausland.

Sozialismus

(von lat. socius = Genosse) Im ausgehenden 19. Jahrhundert vertraten Arbeiterparteien und Gewerkschaften
den demokratischen Sozialismus. Durch allmähliche
Veränderungen sollten die Lebensverhältnisse der
Menschen verbessert werden. In Deutschland entstand
aus dieser Bewegung die SPD. Der revolutionäre
Sozialismus in Russland hingegen betonte den gewaltsamen Umsturz der bestehenden Verhältnisse. Er verstand sich als Übergangsstadium zum Kommunismus.

Kommunismus

(von lat. communis = gemeinsam) Lehre von Karl Marx
und Friedrich Engels. Im Idealfalle gehören alle Produktionsmittel (Land, Häuser, Geräte, Maschinen, Tiere,
Arbeitskraft) allen Menschen. Das gemeinsam Produ-
zierte soll gerecht verteilt werden, damit alle Menschen
über gleiche Lebenschancen verfügen. In kommunistischen Ländern führten und führen diese Ideen jedoch
zu Ungerechtigkeiten, Terror und Verfolgung.

Webcode: FG644216-037
Russische Revolutionen

ТОВ. ЛЕНИН ОЧИЩАЕТ ЗЕМЛЮ ОТ НЕЧИСТИ.

„Genosse Lenin reinigt die Erde vom Müll", zeitgenössisches Plakat, 1920

M 2 Lenin über die Diktatur des Proletariats, August 1917:

Die Diktatur des Proletariats[1] bringt zunächst eine Reihe von Freiheitsbeschränkungen für die Unterdrücker, die Ausbeuter, die Kapitalisten*. Die müssen wir niederhalten, um die Menschheit
5 von der Lohnsklaverei zu befreien. Ihr Widerstand muss mit Gewalt gebrochen werden. Es ist klar, dass es da, wo es Gewalt gibt, keine Demokratie gibt ... Erst in der kommunistischen Gesellschaft, wenn der Widerstand der Kapitalisten endgültig
10 gebrochen ist, wenn es keine Klassen mehr gibt, erst dann hört der Staat auf zu bestehen und kann von Freiheit die Rede sein. Erst dann ist eine vollkommene Demokratie ... möglich.
Zit. nach Oskar Anweiler (Hg.), Die Russische Revolution 1905–1925 (= Quellen und Arbeitshefte für den Geschichtsunterricht), 3. Aufl., Stuttgart (Klett) 1971, S. 39f.

....

[1] *besitzlose Arbeiter*

Der Frieden von Brest-Litowsk im März 1918

Angesichts der katastrophalen Lage in Russland schlossen die Revolutionäre einen sofortigen Frieden. Deutschland diktierte seine Bedingungen, jedoch hatte der Vertrag durch die deutsche Kriegsniederlage wenige
5 Monate später keine Bedeutung mehr.

Die Bolschewiki errichteten 1922 mit der Gründung der „Union der Sozialistischen Sowjetrepubliken" (UdSSR) einen völlig neuartigen Staat nach kommunistischen Ideen, in dem auf der Grundlage des Sozialismus die
10 klassenlose Gesellschaft verwirklicht werden sollte. Die UdSSR, oder auch Sowjetunion, existierte bis 1991.

USA: Unterstützung der Entente

Als in Europa 1914 der Krieg ausbrach, waren die USA zunächst ihrem außenpolitischen Grundsatz treu geblie-
15 ben, sich nicht in europäische Kriege einzumischen. Der US-Präsident Woodrow Wilson hatte unmittelbar nach Kriegsbeginn die Neutralität seines Landes verkündet. Drei Jahre später traten die USA im Frühjahr 1917 gegen Deutschland und die Mittelmächte an der Seite der alli-
20 ierten Westmächte in den Krieg ein. Die Entscheidung der US-Regierung für diese Parteinahme erfolgte aus mehreren Gründen. Die Amerikaner standen den alliier-

ten Westmächten näher als dem Deutschen Reich oder Österreich-Ungarn, die aufgrund ihrer monarchischen
25 Staatsform als autoritär und antidemokratisch galten. Zudem sprachen wirtschaftliche Gründe für eine Unterstützung der Alliierten. Bereits vor dem Krieg war Großbritannien der wichtigste Handelspartner der USA gewesen, Deutschland ihr größter Konkurrent. Außerdem
30 hatten die USA bereits nach Kriegsbeginn Frankreich und Großbritannien Kredite für Kriegsmaterial und Nahrungsmittel gewährt.

Gründe für den Kriegseintritt

Der Hauptgrund für den Kriegseintritt der USA war der
35 uneingeschränkte Unterseebootkrieg der deutschen Marine. Zahlreiche Handels- und Passagierschiffe, auch neutraler Nationen, wurden ohne Vorwarnung versenkt. So torpedierte am 7. Mai 1915 ein deutsches U-Boot das englische Passagierschiff „Lusitania" vor der irischen
40 Küste. Unter den etwa 1200 Toten befanden sich auch 128 Amerikaner. Anfang Februar 1917 nahmen die Deutschen den uneingeschränkten U-Bootkrieg, den sie 1915 eingestellt hatten, ungeachtet amerikanischer Warnungen wieder auf. Dies und die sogenannte „Zim-
45 mermann-Depesche" können als letzte Anstöße für die

B.-H. = Bosnien-Herzegowina, Dalm. = Dalmatien
—— Staatsgrenzen von 1914   ● Hauptstadt   400 km

⊙ Konfliktzonen
—— Staatsgrenzen von 1920   ● Hauptstadt   400 km

Südost- und Ostmitteleuropa vor Kriegsbeginn 1914 und nach den Pariser Friedenskonferenzen 1919/20

Wilsons Friedensprogramm, die sogenannten 14 Punkte, Januar 1918:

1. Öffentliche Friedensverträge und Abschaffung der Geheimdiplomatie
2. Freiheit der Meere für die Schifffahrt
3. Aufhebung aller wirtschaftlichen Schranken
5   4. Abrüstung aller Nationen auf ein Mindestmaß
5. Unparteiische Regelung aller Kolonialfragen
6. Räumung Russlands von deutschen Truppen
7. Wiederherstellung eines unabhängigen Belgien
8. Rückgabe von Elsass-Lothringen an Frankreich
10   9. Grenzen Italiens nach dem Nationalstaatsprinzip

10. Selbstständigkeit der Völker Österreich-Ungarns
11. Wiederherstellung Rumäniens, Serbiens und Montenegros
15   12. Selbstständigkeit der nicht türkischen Völker des Osmanischen Reichs, freie Durchfahrt durch Bosporus und Dardanellen
13. Gründung eines unabhängigen polnischen Staates mit Zugang zur Ostsee
14. Gründung eines Völkerbundes als Friedensgarant

Zit. nach Bruno Gebhard, Handbuch der deutschen Geschichte, Bd. 4, hg. von Herbert Grundmann, 9. Aufl., Stuttgart (Klett-Cotta) 1978, S. 137. Vom Verf. vereinfacht.

....

1 Erläutere, wie die USA dauerhaft Frieden und Wohlstand in Europa erreichen wollten (M4, Darstellungstext).

2 Stelle Vermutungen an, wie die Bewohner der Stadt Reims (M2) zu den 14 Punkten von Wilson standen und diese beurteilten.
Tipp: Berücksichtige auch M1.

3 **Wähle eine Aufgabe aus:**
a) Beschreibe, welche neuen Staaten auf dem Balkan aus der Auflösung Österreich-Ungarns und des Osmanischen Reichs entstanden (M3).
b) Erläutere, aus welchen Gebieten sich die neue Republik Polen zusammensetzte (M3).

4 **Recherche:** Die Karte M3 rechts zeigt die Konfliktzonen nach der Friedenskonferenz. Wähle eine aus und zeige Gründe und Verlauf der Krise auf.
Tipp: Suchbegriffe: Südtirol, polnischer Korridor, Sudetenland

Die Versailler Friedensordnung

Auf der Pariser Friedenskonferenz wurde nicht nur Europa neu geordnet, sondern auch über die Friedensverträge mit den besiegten Mittelmächten verhandelt.
- *Unter welchen Bedingungen fanden die Verhandlungen statt?*
- *Welche Bestimmungen enthielt der Vertrag mit Deutschland?*

M 1 Die Unterzeichnung des Friedensvertrags, Gemälde von William Orpen, um 1925. Der deutsche Politiker Johannes Bell unterzeichnet den Vertrag am 28. Juni 1919. Ihm sitzen die Vertreter der Siegermächte gegenüber.

Friedensverhandlungen in Versailles

Am 18. Januar 1919 wurde in Versailles die Pariser Friedenskonferenz eröffnet. Tag und Ort wurden von den Siegermächten bewusst gewählt, da dort am 18. Januar 1871 das Deutsche Reich gegründet worden war. An den Verhandlungen nahmen 27 Siegerstaaten teil. Die zentralen Fragen wurden im „Rat der Vier" (Frankreich, Großbritannien, USA, Italien) abgestimmt. Die besiegten Staaten, wie Deutschland und Österreich, nahmen nicht an den Beratungen teil und durften lediglich in schriftlichen Erklärungen zu den Ergebnissen Stellung nehmen. Bis 1920 wurden fünf Friedensverträge für die Verlierer der Ersten Weltkrieges verhandelt – je einer für Deutschland, Österreich, Bulgarien, Ungarn und das Osmanische Reich.

Die Friedensbedingungen für Deutschland

Die USA wollten einen milden Frieden auf Basis der „14 Punkte" des US-Präsidenten Wilson. Frankreich, vertreten durch Georges Clemenceau, hingegen wollte eine größtmögliche Schwächung Deutschlands erreichen und setzte sich für hohe Reparationszahlungen* und Gebietsabtretungen Deutschlands ein. Großbritannien, vertreten durch David Lloyd George, sah sich in der Vermittlerrolle. Es unterstützte Frankreichs Ansprüche zwar, warnte aber wegen der Wahrung der Stabilität in Europa vor zu harten Bestimmungen. Nachdem die Verhandlungen abgeschlossen waren, wurde der Versailler Vertrag am 28. Juni 1919 von der deutschen Regierung im Spiegelsaal des Schlosses unterzeichnet. Er forderte von Deutschland Gebietsabtretungen, Reparationszahlungen, Sachleistungen und eine deutliche Reduzierung der Truppenstärke. Die Luftwaffe wurde ganz verboten. Dem Deutschen Reich wurde die alleinige Kriegsschuld zugewiesen (Artikel 231).

Der Völkerbund

Mit dem Ziel, weiterhin den Frieden zu sichern, wurde während der Pariser Friedenskonferenz die Gründung des Völkerbundes* beschlossen. Die Idee dafür war bereits in Wilsons 14-Punkteprogramm vom Januar 1918 formuliert worden. Er schlug zwei Maßnahmen vor, um künftige Kriege zu verhindern: die Abschaffung von Geheimverträgen zwischen Staaten und die Errichtung eines Völkerbundes als überstaatlicher Schiedsrichter. Der Völkerbund trat am 15. November 1920 zum ersten Mal in Genf (Schweiz) zusammen. Mitglieder des Völkerbundes waren die 32 Siegerstaaten des Ersten Weltkrieges, später kamen weitere neutrale Staaten hinzu. Die USA und die Sowjetunion gehören nicht dazu, deshalb galt der Bund von Beginn als politisch geschwächt. Deutschland durfte zunächst nicht beitreten – anders als Österreich, das bereits 1920 aufgenommen wurde. Zu den Aufgaben des Völkerbundes gehörten u. a. die Verwaltung der ehemaligen deutschen Kolonien, die Schlichtung von Grenzstreitigkeiten und die Einrichtung eines Internationalen Gerichtshofes.

**Auszug aus der Besprechung im „Rat der Vier"
am 27. März 1919:**

Clemenceau: Man darf den Deutschen, sagt Präsident Wilson, nicht das Gefühl geben, ungerecht behandelt zu werden. Einverstanden! ... [Aber] verstehen Sie bitte meine Haltung, wie ich mich
5 bemühe, die Ihrige zu verstehen. Amerika ist fern, geschützt durch den Ozean. England konnte nicht einmal von Napoleon getroffen werden. Sie sind alle gleich geschützt. Wir sind es nicht! ... Es gibt ein Gefühl für Gerechtigkeit unter Alliierten, dem man
10 Genüge tun muss. Würde dieses Gefühl in Frankreich oder in England schwer verletzt, dann könnte daraus eine große Gefahr entstehen. Es ist gut, den Besiegten zu schonen, aber man darf auch nicht die Interessen der Sieger aus dem Auge verlieren.

Zit. nach Günter Schonbrunn (Hg.), Geschichte in Quellen, Bd. 5, München (bsv) 1980, S. 121f. Bearb. v. Verf.

David Lloyd George über seine Vorstellungen eines Friedenvertrages (März 1919):

Die größte Gefahr, die ich in der gegenwärtigen Situation sehe, ist die, dass Deutschland sich mit dem Bolschewismus zusammentut und seine Ressourcen, seine Intelligenz und seine enorme Orga-
5 nisationskraft den revolutionären Fanatikern zur Verfügung stellt, die davon träumen, die Welt gewaltsam für den Bolschewismus zu erobern ... Wenn wir klug sind, bieten wir Deutschland einen Frieden an, der, obwohl gerecht, eine Alternative zum Bolsche-
10 wismus darstellt, die alle vernünftigen Männer vorziehen werden ... Es scheint mir daher aus jeder Sicht, dass wir danach streben sollten, eine Friedensregelung zu entwerfen, als seien wir unvoreingenommene Gebieter, und die Passionen[1] des
15 Krieges zu vergessen.

Zit. nach Hagen Schulze & Ina Ulrike Paul (Hg.), Europäische Geschichte, München (bsv) 1994, S. 226f. Übers. v. Martina Pohl.

....

[1] *Leiden*

Aus dem Versailler Friedensvertrag (1919):

Art. 42 Es ist Deutschland untersagt, auf dem linken Ufer des Rheins und auf dem rechten Ufer westlich einer 50 km östlich des Stroms verlaufenden Linie Befestigungen beizubehalten oder anzulegen ...
5 **Art. 51** Die ... 1871 an Deutschland abgetretenen Gebiete sind mit Wirkung vom Zeitpunkt des Waffenstillstands, vom 11. November 1918 an, wieder unter die französische Staatshoheit getreten ...
Art. 160 Spätestens am 31. März 1920 darf das
10 deutsche Heer ... die gesamte Iststärke des Heeres der Staaten, die Deutschland bilden, nicht einhunderttausend Mann überschreiten ...
Art. 231 Die alliierten und assoziierten Regierungen erklären und Deutschland erkennt an, dass Deutsch-
15 land und seine Verbündeten als Urheber für die Verluste und Schäden verantwortlich sind, die die alliierten und assoziierten Regierungen ... infolge des ihnen durch den Angriff Deutschlands und seiner Verbündeten aufgezwungenen Krieges erlitten
20 haben ...

Zit. nach http://www.versailler-vertrag.de/vv-i.htm (Stand: 12.2.2018).

....

1 Beschreibe die Wirkung des Gemäldes M1.
 Tipp: Beachte die Sitzanordnung der Beteiligten.
2 Fasse die wesentlichen Bestimmungen des Versailler Vertrages zusammen (M4 und M1 auf S. 52).
3 Beurteile aus Sicht eines neutralen Beobachters der Konferenz, inwiefern die Bestimmungen des Vertrages gerechtfertigt sind.

4 **Recherche:** Erstelle einen Steckbrief zum Völkerbund (Ziel, Gründung, Sitz, Mitglieder, Aufgaben, Funktionsweise). Nutze den Darstellungstext und den **Webcode**.

Webcode: FG644216-045
Versailler Friedensvertrag und Völkerbund

1870	1880	1890

1880–1914 Zeitalter des Imperialismus

1873 Dreikaiserabkommen: Deutsches Reich – Österreich-Ungarn – Russland

1878 Berliner Kongress

1879 Zweibund: Deutsches Reich – Österreich-Ungarn

1882 Dreibund: Deutsches Reich – Österreich-Ungarn – Italien

1890 Entlassung Bismarcks; „Neuer Kurs" Wilhelms II.

1892 französisch-russisches Militärabkommen

Der Erste Weltkrieg

Deutsche Außenpolitik 1871–1914

Nach der Gründung des deutschen Kaiserreichs erklärte Reichskanzler Bismarck das Deutsche Reich für „saturiert" („gesättigt"). Damit begegnete er dem Misstrauen der anderen europäischen Mächte gegenüber Deutsch-
5 land. Ziel seiner Außenpolitik war es, Bündnisse zu verhindern, die sich gegen das Deutsche Reich richten könnten. Vor allen Dingen wollte er Frankreich außenpolitisch isolieren. Durch seine Rolle als Streitschlichter (Berliner Kongress 1878) sowie ein kompliziertes Bünd-
10 nissystem konnte er seine Ziele erreichen. Mit der Thronbesteigung Wilhelms II. im Jahr 1888 änderte sich die deutsche Außenpolitik. Der neue Kaiser entließ 1890 Bismarck als Reichskanzler und bestimmte von nun an im hohen Maße die Außenpolitik. In der Folge
15 zerbrach das Bündnissystem Bismarcks und das gegenseitige Misstrauen in Europa nahm zu.

„Pulverfass" Balkan und Julikrise

Ein ständiger Krisenherd Europas war der Balkan. Hier lebte eine Vielzahl von Völkern mit unterschiedlichen
20 Sprachen und Religionen, teils im Machtbereich Österreich-Ungarns, teils unter osmanischer Herrschaft. Im Zeitalter des Nationalismus strebten diese Völker zunehmend nach Selbstständigkeit. Verschärfend kam hinzu, dass sich Russland auf dem Balkan einmischte. Es ver-
25 stand sich als Schutzmacht aller slawischen Völker. So wurde der Balkan ein regelrechtes „Pulverfass". Es explodierte, als der Thronfolger Österreich-Ungarns 1914 von einem serbischen Nationalisten erschossen wurde. Deutschland sagte Österreich daraufhin seine bedin-
30 gungslose Unterstützung gegen Serbien zu („Blanko-

scheck"). Mit der österreich-ungarischen Kriegserklärung an Serbien begann am 28. Juli 1914 der Erste Weltkrieg.

Der Verlauf des Ersten Weltkrieges

35 Im Ersten Weltkrieg standen sich zwei Parteien gegenüber: die Mittelmächte (Deutschland, Österreich-Ungarn, das Osmanische Reich und Bulgarien) und die Triple Entente (Frankreich, England und Russland). Der Triple Entente schlossen sich immer mehr Länder auf der
40 ganzen Welt an. Die Hoffnung auf einen schnellen Sieg wurde bald enttäuscht. Im Westen scheiterte der deutsche Plan einer schnellen Bezwingung Frankreichs. Die Fronten erstarrten hier zu einem Stellungskrieg. Beide Seiten verharrten in Schützengräben. Es gab nur noch
45 wenige Gebietsgewinne. Mörderische Materialschlachten kosteten Millionen Menschen das Leben. Als Deutschland wegen der britischen Seeblockade den uneingeschränkten U-Boot-Krieg erklärte, traten die USA 1917 auf der Seite der Entente in den Krieg ein. Das
50 veränderte die Machtverhältnisse entscheidend. Daran änderten auch die Erfolge des Deutschen Reichs im Osten nichts. In Russland gab es im Februar und im Oktober 1917 jeweils eine Revolution, an deren Ende die Monarchie gestürzt wurde und der Sozialismus einge-
55 führt wurde. Die neue russische Regierung schloss 1918 einen Vertrag mit dem Deutschen Reich. Im Westen war die Lage dagegen aussichtslos und die deutsche Oberste Heeresleitung drängte auf einen Waffenstillstand. Ein Matrosenaufstand in Kiel führte schließlich im Novem-
60 ber 1918 zur Revolution.

1900	1910	1920

1904 Entente cordiale: britisch-französische Verständigung

1905/1911 Marokko-Krisen: deutsch-französische Konfrontation

1907 Triple Entente: Großbritannien, Frankreich und Russland

1912/1913 Balkankriege

1914 Attentat auf das österreichisch-ungarische Thronfolgerehepaar in Sarajewo; Beginn des Ersten Weltkrieges

1917 Kriegseintritt der USA; Revolutionen in Russland

1918 März: Friede von Brest-Litowsk; November: Waffenstillstand und Ende des Ersten Weltkrieges

1919 Juni: Vertrag von Versailles

Die „Heimatfront"

Nicht nur für die Soldaten an der Front stellte der Krieg eine ungeheure Belastung dar. Auch die Zivilbevölkerung hatte zu leiden. Die katastrophale Versorgungslage,
65 die durch die britische Seeblockade und schlechten Ernteerträgen verschärft wurde, forderte auch unter Zivilisten hohe Opferzahlen. Viele Frauen übernahmen nun die Arbeitsplätze der abwesenden Männer oder arbeiteten in der Kriegsindustrie. Nach dem Krieg wurden die meis-
70 ten Arbeitsplätze jedoch wieder von den Männern eingenommen. Der Krieg prägte auch das Leben der Kinder. Sie waren im Alltag ständig mit ihm konfrontiert. Oft kehrten die männlichen Familienangehörigen nicht aus dem Krieg zurück. Durch das Sterben und die Abwesen-
75 heit der Männer gingen die Geburtenraten dramatisch zurück. Da die Frauen oft Arbeiten und die Familie versorgen mussten, waren sie körperlich hohen Belastungen ausgesetzt, weshalb auch viele Fehlgeburten zu beklagen waren.

Propaganda als Mittel der Kriegsführung
80
Vom Alltag an der Front erfuhren die Frauen und Kinder durch Feldpostkarten und Feldpostbriefe. Die Motive der Feldpostkarten dienten in der Regel dazu, die Menschen in der Heimat und an der Front von der Notwenig-
85 keit des Krieges zu überzeugen und sie zum Durchhalten zu bewegen. Auch Plakate, Fotografien, Flugblätter und Reden sollten die Menschen in den kriegsführenden Ländern motivieren, sich in den Dienst des Krieges zu stellen. Hierbei wurde in der Regel von der Rechtmäßig-
90 keit des eigenen Handelns ausgegangen („Verteidigungskrieg") und mithilfe von Feindbildern gegen die Kriegsgegner mobilisiert. Heute erinnern Kriegerdenkmäler an die Gefallenen.

Die Neuordnung Europas nach 1918
95 Im Januar 1918 verkündete der US-amerikanische Präsident Woodrow Wilson sein 14-Punkte-Programm. Darin formulierte er die amerikanischen Vorstellungen für einen dauerhaften Frieden nach dem Ersten Weltkrieg. Auf den Pariser Friedensverhandlungen machte
100 sich die amerikanische Delegation dafür stark, die Welt durch den Aufbau demokratischer Nationalstaaten nach dem Prinzip des „Selbstbestimmungsrechts der Völker" und der Einrichtung eines Völkerbundes sicherer zu machen. Mit diesen Vorstellungen stieß Wilson im eigenen
105 Land auf Vorbehalte. Die USA selbst traten dem Völkerbund nicht bei. In den Folgejahren beschränkten sie sich darauf, Wirtschaftshilfe zu leisten und Kredite zu vergeben. Der Völkerbund trat 1920 in Genf erstmalig zusammen. Weil einflussreiche Staaten wie die USA ihm nicht angehörten, blieb er von Anfang an eine schwache
110 internationale Organisation.

Der Versailler Vertrag

Der Versailler Vertrag forderte von Deutschland Gebietsabtretungen, Reparationszahlungen, Sachleistungen und eine deutliche Reduzierung der Truppenstärke. Die Luft-
115 waffe wurde ganz verboten. Begründet wurden diese Maßnahmen damit, dass man dem Deutschen Reich und seinen Verbündeten die alleinige Kriegsschuld zuwies (Artikel 231). Auch wenn die Fläche des Reichs beschnitten worden war, so blieb Deutschland als souveräner
120 Staat erhalten. Damit setzten sich Briten und Amerikaner gegen die Forderungen der Franzosen durch, ihr Land bis an den Rhein auszudehnen und Deutschland mit noch höheren Zahlungen für die Kriegsverwüstungen zu belasten.

In diesem Kapitel konntest du folgende Kompetenzen erwerben:

- die Auswirkungen des Ersten Weltkrieges auf die deutsche Zivilgesellschaft bewerten
- auf Basis verschiedener Quellen und Darstellungen Veränderungen der deutschen Zivilgesellschaft im und durch den Krieg darstellen
- auf der Grundlage massenkultureller Erzeugnisse Ziele und Mittel der Propaganda und Mobilisierung multiperspektivisch analysieren

- Feldpostbriefe auswerten und dabei die persönliche Sicht auf das Geschehen herausarbeiten
- ein Kriegerdenkmal der Region ideologiekritisch untersuchen und Vorschläge für einen angemessenen Umgang mit dem Gedenken an den Ersten Weltkrieg entwickeln
- **Methode:** Kriegerdenkmäler erkunden
- **Methode:** Motive von Feldpostkarten analysieren

Folgende Begriffe hast du kennengelernt:
- Bündnissystem
- Blankoscheck
- Materialschlachten und Stellungskrieg
- Heimatfront
- Kriegspropaganda und Feldpost
- Kriegerdenkmal
- Sozialismus – Kommunismus
- Versailler Friedensordnung

1 Charakterisiere den Ersten Weltkrieg mithilfe von drei Begriffen und verbinde diese schlüssig in einer Darstellung.

Postkarte von 1914: „Der deutsche Aar (Adler), in Ehre neu geboren, entfaltet nun die Schwingen hehr und rein, ,Gott ist mit uns' – wir haben nichts verloren. Die Drachenbrut muss nieder! – So soll's sein!" Die Postkarte wurden vom Staat herausgegeben.

Ein französisches Schulbuch (1917):
Deutschland und Österreich-Ungarn wollten den Krieg. Die Regierungen in Berlin und Wien haben den Krieg der Welt aufgezwungen. Auch die tieferen Ursachen des Krieges liegen eindeutig in der
5 Verantwortung Deutschlands und Österreich-Ungarns. Seit 1871 haben Frankreich, England und Russland Engelsgeduld, Friedenswillen und Nachgiebigkeit gegenüber Deutschland und Österreich-Ungarn gezeigt. Dies wurde uns als
10 Zeichen der Schwäche ausgelegt. Alle Provokationen kamen ausnahmslos aus Berlin und Wien. Wenn es von 1871 bis 1914 eine Zeit des Friedens gegeben hat, dann trotz der Deutschen und trotz der Österreicher und der Ungarn. Durch ihre Feh-
15 ler tobt seit 1914 der Krieg. Möge das ganze vergossene Blut auf die Verbrecher an der Spitze Deutschlands und Österreichs zurückfallen!
Zit. nach Jules Toutain, L'Europe et la France de 1871 à 1914, Paris (Belin) 1917, S. 90f. Übers. vom Autor.

Ein deutsches Schulbuch (1916):

Der furchtbare Weltkrieg, der am 1. August 1914 ausbrach, hat sich langsam vorbereitet. Seine Hauptur-
sache war der glänzende Aufstieg Deutschlands, der
den Neid und Hass der anderen Völker hervorrief.
5 England beneidete und hasste uns, weil wir es im
Handel und im Gewerbe zu überflügeln begonnen
hatten. Frankreich brannte vor Rachedurst wegen
des Verlustes von Elsass-Lothringen. Russland war
erfüllt von Eroberungsgier. Da es in einem Kriege
10 gegen Japan eine schwere Niederlage erlitten hatte
und seine Absichten in Ostasien aufgeben musste,
wandte es sich gegen Deutschland und Österreich
und sah im Deutschtum den verhassten Feind seines eigenen Volkstums. Die Feindschaft Englands
15 wurde unter der Regierung König Edwards VII. offen-
barer und stärker. Das Ziel dieses Königs war die
„Einkreisung" Deutschlands.

*Zit. nach Harry Brettschneider, Hilfsbuch für den Unterricht,
Geschichte an höheren Lehranstalten, Halle (Weisenhaus)
1916, S. 81.*

**Aus Feldpostbriefen eines 24-jährigen Soldaten.
Er starb am 24. September 1914:**

7. August: Lieber Vater, gute Mutter, ... es wird gut
sein, wenn ihr Euch schon jetzt voll tapferen Mutes
und fester Selbstbeherrschung mit dem Gedanken
vertraut macht, dass ihr mich ... nicht wiederseht ...
5 Jedenfalls habe ich die Absicht, draufzugehen „wie
Blücher"[1]. Das ist jetzt einfach unsere Pflicht. Und
die Stimmung ist jetzt allgemein so unter den Soldaten. Es ist eine Lust, mit solchen Kameraden zu
ziehen. Wir werden siegen! Das ist möglich ... Seid
10 stolz, dass Ihr in solcher Zeit und solchem Volke lebt
und dass Ihr auch mehrere Eurer Lieben in diesem
stolzen Kampf mitsenden dürft ...
Im Eisenbahnzug: Diese Stunde, die selten schlägt
im Leben der Völker, ist so gewaltig und so ergrei-
15 fend, dass sie allein viele Anstrengungen und Entbehrungen aufwiegt.

9. September: Immer noch diese fürchterliche
Schlacht nun schon den vierten Tag ... [Ich] schreibe
in einem grabartigen, etwa 40 cm tiefen selbstge-
20 schaufelten Lager der Schützenlinie. Die Granaten
schlugen vor und hinter und so häufig ein, dass man
es als ein Geschenk Gottes betrachten muss, wenn
man heil davonkommt.

20. September: Ich kann es selbst noch nicht recht
25 fassen ..., ich bin [verwundet] auf dem Wege zu Euch
und zur Heimat. Oh, was bin ich glücklich, wieder eine lichtere Welt zu sehen als diese Welt des
Schreckens ...

*Zit. nach Heinz Dieter Schmid (Hg.), Fragen an die
Geschichte 3, Frankfurt a. M. (Hirschgraben) 1981, S. 318.
Bearb. v. Verf.*

....

[1] *entschlossenes und energisches Handeln*

Methoden- und Interpretationskompetenz

1 Analysiere die Postkarte M2 mithilfe der Arbeitsschritte auf S. 29.
2 **Partnerarbeit:**
   a) Einer untersucht M1, der andere M3.
   b) Vergleicht eure Ergebnisse.
   c) Erklärt die Ursachen für die unterschiedlichen
   Darstellungen des Kriegsausbruchs.
   d) Diskutiert: Handelt es sich um Kriegspropaganda?
3 Erkläre, weshalb Kriegerdenkmäler ideologiekritisch
   untersucht werden sollten. Nimm S. 40/41 zu Hilfe.
4 Arbeite aus den Feldpostbriefen (M4) die persönliche Sicht des Soldaten auf das Geschehen heraus.

Geschichte darstellen (narrative Kompetenz)

5 Wähle eine Aufgabe aus:
   a) Beschreibe in einer Erzählung im ursprünglichen
   Sinn, wie sich das Leben der Zivilgesellschaft vor
   allem in den Jahren 1915–1917 veränderte.
   b) Stelle in einem Brief an einen Soldaten an der
   Westfront als fiktive Erzählung dar, wie sich das
   Leben der Jugendlichen seit Kriegsbeginn bis 1918
   verändert hat und was aktuell in Deutschland
   passiert.

Geschichte heute (geschichtskulturelle Kompetenz)

6 Diskutiere, ob Kriegerdenkmäler heute erhalten oder
   abgerissen werden sollen.

Revolution oder Reform?

Die neue Regierung musste drängende Fragen lösen, darunter die Organisation der Rückkehr der deutschen
40 Soldaten, die Umstellung der Wirtschaft von Kriegs- auf Friedensproduktion und die Sicherung der Lebens- mittelversorgung. Zur Wiederherstellung der öffent- lichen Ordnung verbündete sich die revolutionäre Regierung mit den alten Führungsschichten des Kaiser-
45 reichs aus Militär, Verwaltung und Wirtschaft. Dazu ver- abschiedete Ebert in Absprache mit den Militärs eine Vereinbarung zur Aufrechterhaltung der inneren Ord- nung („Ebert-Groener-Pakt"*). Darüber hinaus schlos- sen der Gewerkschaftsführer Carl Legien und der Groß-
50 industrielle Hugo Stinnes einen Pakt: Unternehmen sollten nicht enteignet werden, eine zentrale Forderung der Sozialisten. Im Gegenzug wurden die Gewerkschaf- ten als Vertreter der Arbeiterschaft anerkannt und der Achtstundentag eingeführt. Die Sozialisten und Kom-
55 munisten wollten diese Kompromisse nicht hinnehmen. Während die MSPD die parlamentarische Demokratie einführen wollte, forderten die Linken eine Räterepublik nach russischem Vorbild. In den Betrieben sollten Arbei- ter und in den Kasernen Soldaten gewählt werden, die
60 über regionale Arbeiter- und Soldatenräte den Reichs- kongress der Räte bestimmten. Dieses Organ sollte die Gesetze erlassen und zugleich ausführen.

 Philipp Scheidemann ruft am 9. November 1918, 14 Uhr die deutsche Republik aus:

Arbeiter und Soldaten! ... Der unglückselige Krieg ist zu Ende. Das Morden ist vorbei. Die Folgen des Kriegs, Not und Elend, werden noch viele Jahre lang auf uns lasten. Die Niederlage, die wir
5 unter allen Umständen verhüten wollten, ist uns nicht erspart geblieben, weil unsere Verständi- gungsvorschläge sabotiert wurden, wir selbst wurden verhöhnt und verleugnet. Die Feinde des werktätigen Volkes, die wirklichen „inneren Fein-
10 de", die Deutschlands Zusammenbruch verschul- det haben, sind still und unsichtbar geworden ... Prinz Max von Baden hat sein Reichskanzleramt dem Abgeordneten Ebert übergeben. Unser Freund wird eine Arbeiterregierung bilden, der
15 alle sozialistischen Parteien angehören werden ... Große und unübersehbare Arbeit steht uns bevor. Alles für das Volk. Alles durch das Volk ... Das Alte und Morsche, die Monarchie ist zusammen- gebrochen. Es lebe das Neue. Es lebe die deut-
20 sche Republik.

Zit. nach Wolfgang Lautemann & Manfred Schlenke (Hg.), Geschichte in Quellen, Bd. 5, Weltkriege und Revolutionen 1914–1945, 2. Aufl., München (bsv) 1975, S. 114.

 Karl Liebknecht proklamierte die „freie sozialistische Republik" am 9. November 1918, 16 Uhr:

Der Tag der Revolution ist gekommen. Wir haben den Frieden erzwungen. Der Friede ist in diesem Augenblick geschlossen. Das Alte ist nicht mehr. Die Herrschaft der Hohenzollern, die in diesem
5 Schloss jahrhundertelang gewohnt haben, ist vor- über ... Parteigenossen, ich proklamiere die freie sozialistische Republik Deutschland, die alle Stämme umfassen soll, in der es keine Knechte mehr geben wird, in der jeder ehrliche Arbeiter
10 den ehrlichen Lohn seiner Arbeit finden wird. Die Herrschaft des Kapitalismus, der Europa in ein Leichenfeld verwandelt hat, ist gebrochen ... Wir müssen alle Kräfte anspannen, um die Regierung der Arbeiter und Soldaten aufzubauen und eine
15 neue staatliche Ordnung des Proletariats zu schaffen, eine Ordnung des Friedens, des Glücks und der Freiheit unserer deutschen Brüder und unserer Brüder in der ganzen Welt.

Zit. nach Wolfgang Lautemann & Manfred Schlenke (Hg.), Geschichte in Quellen, Bd. 5, Weltkriege und Revolutionen 1914–1945, 2. Aufl., München (bsv) 1975, S. 115.

1 **Wähle eine Aufgabe aus:**
   a) Beschreibe die Situation Deutschlands bei Kriegsende (Darstellungstext, Infokasten).
   b) Erstelle eine Zeitleiste mit allen wichtigen politischen und gesellschaftlichen Ereignissen in den Jahren 1918/19 (Infokasten, Darstellungstext).
2 **Methode:** Interpretiere die Karikatur M1 mithilfe der Arbeitsschritte auf S. 186.

3 Analysiere M2 und M3. Beantworte folgende Fragen: **a)** An welche Bevölkerungsgruppen wenden sie sich? **b)** Wie werden der vergangene Krieg und die Monarchie beschrieben? **c)** Welche Erwartungen und Absichten sind zu erkennen? **d)** Wie lassen sich die Unterschiede erklären?
   Tipp: Beachte die jeweils zugrundeliegende Ideologie.

Die politische Ordnung der Weimarer Republik

Im November 1918 beauftragte Reichskanzler Friedrich Ebert den liberalen Staatsrechtler Hugo Preuß, eine demokratische Verfassung auszuarbeiten. Aufgrund von Straßenkämpfen in Berlin zog die verfassungsgebende National-versammlung in die Kulturstadt Weimar in Thüringen um, daher sprechen wir auch von der „Weimarer Republik".

- *Wie war die neue Verfassung aufgebaut?*

Die parlamentarische Republik entsteht

Die neue Verfassung wurde nach mehrmonatigen Beratungen am 31. Juli 1919 durch die National-versammlung angenommen, und zwar mit 262 gegen 75 Stimmen aus USPD*, DVP* und DNVP*. Friedrich
5 Ebert wurde mit über 70 Prozent zum Reichspräsi-denten gewählt. Mit seiner Unterschrift wurde Deutsch-land am 11. August 1919 zu einer parlamentarischen Republik.

Im Gegensatz zur Verfassung des Kaiserreichs war Wei-
10 mar ein Parteienstaat, in dem die Regierung erstmals von einem Parlament, dem Reichstag, abhängig war. Der Reichstag wurde vom Volk gewählt, hatte Einfluss auf die Regierungsbildung und die Besetzung wichtiger Funktionsstellen. Ein derartiges politisches System, bei
15 dem ein aus Wahlen hervorgegangenes Parlament eine zentrale Funktion im Staat einnimmt, bezeichnet man als Parlamentarismus*. Alle Parteien schickten je nach erreichtem Stimmenanteil Abgeordnete ins Parlament.

Eine Mindestanzahl wie im heutigen Deutschland
20 („Fünf-Prozent-Hürde") gab es nicht, da der Reichstag den Volkswillen exakt abbilden sollte. So konnten an-ders als heute auch kleinere Parteien ins Parlament ein-ziehen.

In der neuen Verfassung wurde an dem schon aus dem
25 Kaiserreich bekannten Prinzip des Föderalismus* fest-gehalten und die Ländereinteilung blieb größtenteils bestehen. Den 18 Ländern der Republik wurde größt-mögliche politische Eigenständigkeit zugesichert, auch wenn die eigentliche Macht von der Regierung ausging.
30 In der Verfassung findet sich der Föderalismus durch die Institution des Reichsrates wieder, dessen Befugnisse aber im Vergleich zum Kaiserreich deutlich geschrumpft waren. Jedes Land besaß ein eigenes Länderparlament und eine Länderregierung, in denen die Volksvertreter
35 der einzelnen Länder saßen.

Durch die Weimarer Verfassung waren Frauen in Deutschland erstmals politisch gleichberechtigt.

Friedrich Ebert (1871–1925)

Nach seiner Ausbildung engagierte er sich in der SPD und war seit 1912 Reichstagsabgeordneter, ab 1913 Parteivorsitzender. Er trat für die Gründung einer parlamentari-schen Demokratie ein. Am 9. November 1918 wurde er Reichs-kanzler. Um den Weg zur parlamentarischen Republik zu sichern, verbündete er sich mit der Führung der Reichswehr (Ebert-Groener-Pakt*). Er war von Februar 1919 bis zu seinem Tod Reichspräsident. Seine Leistung bestand darin, einen Ausgleich zwischen dem gemäßig-ten Teil der Arbeiterbewegung und bürgerlichen Partei-en herbeigeführt zu haben. Kritiker warfen ihm und der SPD vor, sich zu stark auf die alten Führungskräfte des Kaiserreichs verlassen zu haben, statt diese auszu-tauschen.

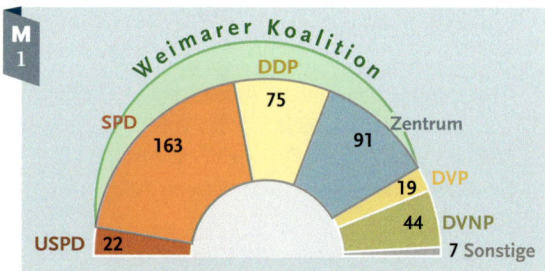

Sitzverteilung nach der Wahl zur neuen Nationalversammlung am 19. Januar 1919. Am 6. Februar 1919 traten die Abgeordne-ten erstmals zusammen. Die Regierung bestand aus der sogenannten „Weimarer Koalition".*

Webcode: FG644216-056
Die Weimarer Verfassung 1919

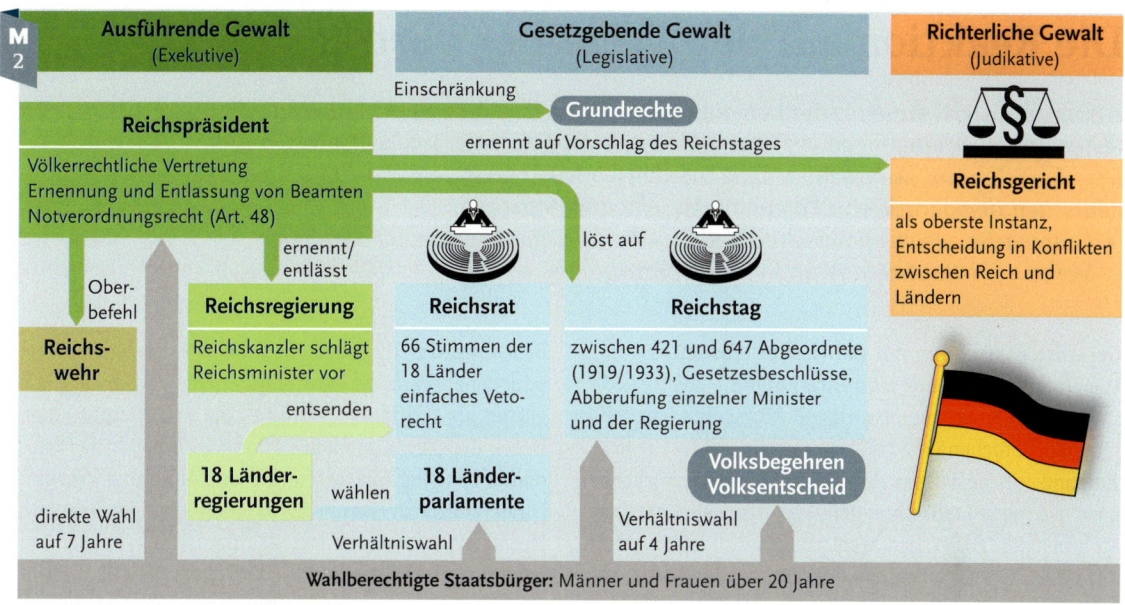

Die Verfassung von Weimar 1919

Auszüge aus dem Text der Reichsverfassung (1919):

Artikel 1 Das Deutsche Reich ist eine Republik. Die Staatsgewalt geht vom Volke aus.

Artikel 21 Die Abgeordneten sind Vertreter des ganzen Volkes. Sie sind nur ihrem Gewissen unter-
5 worfen und an Aufträge nicht gebunden.

Artikel 22 Die Abgeordneten werden in allgemeiner, gleicher, unmittelbarer und geheimer Wahl von den über zwanzig Jahre alten Männern und Frauen nach den Grundsätzen der Verhältniswahl gewählt ...

10 **Artikel 25** Der Reichspräsident kann den Reichstag auflösen, jedoch nur einmal aus dem gleichen Anlass. Die Neuwahl findet spätestens am sechzigs-ten Tage nach der Auflösung statt.

Artikel 48 Der Reichspräsident kann, wenn ... die
15 öffentliche Sicherheit und Ordnung erheblich gestört oder gefährdet wird, ... Maßnahmen treffen, erforder-lichenfalls mithilfe der bewaffneten Macht einschrei-ten. Zu diesem Zwecke darf er vorübergehend die ... Grundrechte [z. B. Art. 118, 123] ... außer Kraft setzen
20 ... Die Maßnahmen sind auf Verlangen des Reichs-tags außer Kraft zu setzen ... Das Nähere bestimmt ein Reichsgesetz.

Artikel 109 Alle Deutschen sind vor dem Gesetz gleich. Männer und Frauen haben grundsätzlich die-
25 selben staatsbürgerlichen Rechte und Pflichten.

Artikel 118 Jeder Deutsche hat das Recht, ... seine Meinung ... frei zu äußern.

Artikel 123 Alle Deutschen haben das Recht, sich ... unbewaffnet zu versammeln.

*Zit. nach http://www.documentarchiv.de/wr/wrv.html
(Stand: 12. 2. 2018).*

---

1 **Methode:** Werte das Verfassungsschaubild M2 mit-hilfe der Arbeitsschritte auf S. 186 aus.
   Tipp: Wie ist die Gewaltenteilung umgesetzt?

2 Der Reichspräsident wurde auch als „Ersatzkaiser" bezeichnet. Überprüfe diese Aussage mithilfe von M2.

3 Der Reichskanzler verfügt nicht über die absolute Mehrheit im Reichstag. Erkläre, wie der Reichspräsi-dent ihn unterstützen kann (M2, M3).

4 **Partnerarbeit:** Diskutiert Stärken und Schwächen der Weimarer Verfassung (Darstellungstext, M2, M3).
   Tipp: Orientiert euch an folgenden Begriffen: Föderalismus, Parlamentarismus, Wahlrecht, Stellung von Reichspräsident und Reichskanzler.

5 Nimm Stellung: Die Politik Eberts war zugleich eine Politik der Kontinuität und der Revolution (M1, M2, Biografiekasten, Darstellungstext).
   Tipp: Kläre die Begriffe Kontinuität und Revolution.

Die Reaktion auf den Versailler Vertrag

Als im Juni 1919 die deutsche Delegation den Versailler Vertrag unterzeichnete, lösten dessen Bedingungen in Deutschland heftige Empörung und Entsetzen aus. Der als „Schmach" wahrgenommene Friedensvertrag bereitete der noch jungen deutschen Demokratie von Beginn einen schweren Start.
- *Untersuche, welche politischen und gesellschaftlichen Folgen der Versailler Vertrag für Deutschland und Europa hatte.*

Geschichtsfälschung mit politischer Absicht: Die Dolchstoßlegende und ihre Folgen

Die für den Krieg verantwortliche Monarchie war zusammengebrochen und der Kaiser geflohen. Die Verantwortung für die Folgen der Kriegsniederlage mussten jetzt die demokratischen Politiker übernehmen. Die
5 Mehrheit der Deutschen reagierte empört, als im Mai 1919 die Friedensbedingungen für Deutschland bekannt wurden. Die deutsche Regierung weigerte sich, den Vertrag zu unterschreiben, und trat zurück. Einige Stimmen forderten die Wiederaufnahme der Kriegshandlungen.
10 Die Alliierten drohten mit der Besetzung und Zerschlagung Deutschlands. Am 28. Juni 1919 unterschrieben die Vertreter der Folgeregierung aus Sozialdemokraten, Zentrum und Liberalen den Friedensvertrag (siehe S. 44/45). Die innenpolitischen Auseinandersetzungen
15 über den von vielen Zeitgenossen bezeichneten „Schandfrieden von Versailles" wurden zu einer großen Belastung der Weimarer Republik. Nationalisten verschiedener Parteien beschimpften die Regierungsmitglieder als „Erfüllungspolitiker", die sich kampflos dem
20 Druck der Sieger gebeugt hätten. Noch bevor der Friedensvertrag in Kraft trat, sorgte eine Äußerung Paul von Hindenburgs für Unruhe. Der frühere Chef der Obersten Heeresleitung behauptete, das deutsche Heer sei „im Felde unbesiegt". Schuld an der Niederlage seien allein
25 die Sozialisten und Demokraten. Sie seien dem Heer in den Rücken gefallen und hätten es durch Hetzaktionen und Streiks „von hinten erdolcht". Deutschland hätte den Krieg noch gewinnen können, doch die Demokraten hätten das durch Friedensgespräche zunichtegemacht.
30 Obwohl diese „Dolchstoßlegende" nicht den Tatsachen entsprach, beeinflusste sie die politische Stimmung in Deutschland enorm und wurde immer wieder propagandistisch missbraucht, um gegen die Weimarer Demokratie Stimmung zu machen.

M 1 **Der Historiker Eberhard Kolb über den Versailler Vertrag (2002):**

Bei der Beurteilung des Versailler Vertrags im historischen Rückblick müssen heute vor allem zwei Gesichtspunkte hervorgehoben werden, die im Deutschland der Zwischenkriegszeit angesichts der
5 nahezu einmütigen, emotionsgeladenen Ablehnung des „Diktatfriedens" nicht ausreichend berücksichtigt wurden, sehr zum Schaden der deutschen Politik. Erstens: Gewiss ist zuzugeben, dass das Vertragswerk eine extreme Belastung für die junge Demokra-
10 tie darstellte, und es kann bezweifelt werden, ob die Sieger sehr klug handelten, wenn sie die Folgen der Niederlage gerade jenen deutschen Politikern und Parteien aufbürdeten, die sich zu Wilsons Ideen einer Völkerverständigung bekannten. Aber so harte
15 Bedingungen Deutschland auch auferlegt wurden – einzelne Bestimmungen des Friedensvertrags waren doch weniger rigoros ausgefallen, als es während der Verhandlungen im Bereich der Möglichkeiten gelegen hatte. Der Vertrag besaß tatsächlich einen Kom-
20 promisscharakter, er war zwar nicht jener milde „Wilson-Friede", den man in Deutschland erträumt hatte – und den Wilson in dieser Form gar nicht beabsichtigte: „Der ‚Betrug' Wilsons war in Wirklichkeit der Selbstbetrug der Deutschen über den tatsächli-
25 chen Ausgang des Krieges" (Manfred Berg); aber er war auch nicht ein „karthagischer Friede"[1], wie ihn einflussreiche Politiker und große Teile der öffentlichen Meinung in den Siegerstaaten forderten. Zweitens: Trotz des Versailler Vertrags behielt das
30 Deutsche Reich den Status einer europäischen Großmacht und besaß auf längere Sicht die Möglichkeit, wieder einen aktiven Part in der europäischen Politik zu spielen.

Eberhard Kolb, Die Weimarer Republik, 6. Aufl., München (Oldenbourg) 2002, S. 36 f.

....

[1] *Gemeint ist hier die Zerstörung Karthagos durch die Römer 146 v. Chr.*

Aus dem Parteiprogramm der NSDAP (1920):

2. Wir fordern die Gleichberechtigung des deutschen Volkes gegenüber anderen Nationen, Aufhebung der Friedensverträge von Versailles ...

5 **3.** Wir fordern Land und Boden (Kolonien) zur Ernährung unseres Volkes und Ansiedlung unseres Bevölkerungsüberschusses.

4. Staatsbürger kann nur sein, wer Volksgenosse ist. Volksgenosse kann nur sein, wer

10 deutschen Blutes ist ... Kein Jude kann daher Volksgenosse sein.

23. Zeitungen, die gegen das Gemeinwohl verstoßen, sind zu verbieten. Wir fordern den gesetzlichen Kampf gegen eine Kunst und

15 Literaturrichtung, die einen zersetzenden Einfluss auf unser Volksleben ausübt.

25. Zur Durchführung alles dessen fordern wir: die Schaffung einer starken Zentralgewalt des Reichs.

Zit. nach http://www.documentarchiv.de/wr/1920/ nsdap-programm.html (Stand: 5. 1. 2018).

Auszug aus Hitlers Schlussrede vor Gericht am 27. März 1924:

Deutschlands Schicksal liegt nicht in der Republik oder in der Monarchie. Was ich bekämpfe, ist nicht die Staatsform, sondern der schmähliche Inhalt. Wir wollen in Deutschland die Voraussetzungen

5 dafür schaffen, die alleine es möglich machen, dass die eiserne Faust unserer Feinde von uns genommen wird ... Und da frage ich Sie: Ist das, was wir gewollt haben, Hochverrat? Endlich: Wir wollten, dass unser Volk zum Aufbäumen

10 gebracht werde gegen die drohende Versklavung ... Wir sind der Strafe verfallen, weil das Unternehmen misslungen ist. Die Tat des 8. November ist nicht misslungen. Sie wäre misslungen dann, wenn eine Mutter gekommen wäre

15 und gesagt hätte: Herr Hitler, Sie haben auch mein Kind am Gewissen. Aber das darf ich Ihnen versichern, es ist keine Mutter gekommen. Im Gegenteil. Tausende andere sind gekommen und haben sich in unsere Reihe gestellt.

Zit. nach Fridolin Wimmer, Der Hitler-Ludendorff-Putsch, in: Geschichte lernen, Heft 77, 2000, S. 42.

Adolf Hitler (1889–1945)

stammte aus einer kleinbäuerlichen Familie aus Niederösterreich. Er verließ die Realschule ohne Abschluss und scheiterte mit seinen Bewerbungen an der Wiener Kunstakademie. Als Kriegsfreiwilliger wurde er im Ersten Weltkrieg mehrfach verwundet. 1919 trat er in München in die Deutsche Arbeitspartei ein. Im Juli 1921 übernahm er den Vorsitz der neugegründeten NSDAP und wurde in Bayern zur Schlüsselfigur der

nationalistischen Gruppen. Nach dem gescheiterten Putschversuch vom 9. November 1923 wurde er zu fünf Jahren Haft verurteilt, durfte aber nach neun Monaten das Gefängnis verlassen. Am 30. Januar 1933 wurde er zum Reichskanzler ernannt, ein Jahr später wurde er Reichspräsident. Unter seiner Führung wurde ein beispielloses Terrorsystem aufgebaut. Hitler beging kurz vor Ende des Zweiten Weltkrieges am 30. April 1945 Selbstmord.

1 Wähle eine Aufgabe aus:

a) Fasse in einem Schaubild die Gegner der Weimarer Republik, ihr Vorgehen und ihre Ziele zusammen (Darstellungstext).

b) Fasse in einer Tabelle zusammen, welche Gruppen aus welchen Motiven die junge Republik bekämpften (Darstellungstext).

2 a) Erkläre, inwiefern die Ideologie der NSDAP durch Antisemitismus und Nationalismus sowie durch Ablehnung der Demokratie gekennzeichnet war (M2).

b) Bewerte das Parteiprogramm der NSDAP aus heutiger Sicht (M2). Nutze das Grundgesetz der Bundesrepublik und die geltenden Grundrechte.

3 Beurteile die Haltung der Angeklagten zu Justiz und Staat anhand der Darstellung durch den Fotografen (M1).

4 a) Arbeite anhand von M3 die Argumentation Hitlers zum Putschversuch heraus.

b) Beurteile die Aussage Hitlers, dass sein Handeln kein Hochverrat gewesen sei.

Zusatzaufgaben: siehe S. 173

Webcode: FG644216-063

Hitlerputsch 1923

Deutsche Außenpolitik nach Versailles

Der Versailler Vertrag hatte die Rückkehr Deutschlands in die internationale Gemeinschaft erschwert, aber nicht unmöglich gemacht.
- *Welche außenpolitischen Chancen boten sich der deutschen Regierung und wie wurden sie genutzt?*

Stresemann als Retter Deutschlands und Schutzengel des deutschen Michel: „Er schaut nach rechts, er schaut nach links – er wird mich retten." Titelblatt der Satirezeitschrift „Simplicissimus" vom 14. Mai 1923, Karikatur von Karl Arnold. Der deutsche Michel symbolisiert seit dem 19. Jahrhundert die Deutschen.

Rückkehr in die Völkergemeinschaft

Ziel der deutschen Außenpolitik nach 1919 war es, die Friedensbedingungen von Versailles abzumildern. Sie wurden von der Bevölkerung als zu hart empfunden (siehe S. 52/53). Auch Politiker im übrigen Europa erkann-
5 ten, dass es keinen dauerhaften Frieden geben konnte, wenn sie gegenüber Deutschland auf reine Machtpolitik setzten – wie etwa 1923 bei der Besetzung des Ruhrgebiets. Auf deutscher Seite engagierte sich Gustav Stresemann (Außenminister 1923–1929) für eine Annäherung
10 der Kriegsgegner Deutschland und Frankreich. Stresemann war von August bis November 1923 Reichskanzler. In dieser Zeit trug er maßgeblich zur Beendigung der Ruhrkrise und der Hyperinflation bei.

Stresemann wollte, dass Deutschland wieder ein gleich-
15 berechtigter Partner unter den europäischen Mächten wird. Dazu war es notwendig, die Reparationsleistungen zu senken, militärische Gleichberechtigung durchzusetzen und Grundlagen für einen wirtschaftlichen Wiederaufstieg zu schaffen. Mit der Beendigung der Ruhrkrise
20 und der Einführung der Rentenmark hatte Stresemann erste Erfolge erzielt. Seine Bemühungen führten zur Erholung des Wirtschaftslebens.

Als Außenminister war er um eine Aussöhnung mit Frankreich bemüht. Diese Annäherung war wichtig für
25 die Neuregelung der Höhe der Reparationsleistungen ab 1924, die Deutschland wirtschaftlich tatsächlich verkraften konnte.

Deutsche Außenpolitik 1922–1929:
16. April 1922 Vertrag von Rapallo zwischen Deutschland und Sowjetrussland: außenpolitische und wirtschaftliche Annäherung; gegenseitiger Verzicht auf Ersatz von Kriegsschäden.
5 **29. August 1924** Dawes-Plan (nach dem amerikanischen Banker Dawes): Festlegung von Höhe und Laufzeit der deutschen Reparationen; damit verbunden frühzeitige Räumung des Rheinlandes.
10 **5. bis 16. Oktober 1925** Konferenz von Locarno: Anerkennung der Grenzen von Frankreich und Belgien durch Deutschland, wie in Versailles festgelegt; Verzicht auf Gewalt; keine außenpolitische Isolierung.
15 Aufgrund des Vertrages mit Frankreich stieg das internationale Ansehen Deutschlands.
8. September 1926 Beitritt zum Völkerbund.
21. August 1929 Youngplan (nach dem amerikanischen Unternehmer Young): Neuregelung der
20 Reparationen. Durch Gewährung eines Zahlungsaufschubes vonseiten des US-Präsidenten Hoover (1931) und das Lausanner Abkommen (1932) wurden die Zahlungen ausgesetzt.
Vom Autor zusammengestellt.

Verhältnis zu Polen

Während Deutschland unter Stresemann vor allem eine
30 Verständigungs- und Revisionspolitik verfolgte und im
Vertrag von Locarno 1925 die neue deutsche Westgren-
ze gemäß Versailler Vertrag anerkannte, blieb das Verhältnis zur neu entstandenen Republik Polen schwierig.
Deutschland verzögerte die Anerkennung der polni-
35 schen Grenzen mit der Begründung, dass sonst hunderttausende Mitglieder der deutschsprachigen Minderheit
Polen verlassen würden. Deutschland hielt sich im Vertrag von Locarno auch die Möglichkeit offen, die Grenze
zu Polen zu revidieren.

M4 **General von Seeckt, Chef der Heeresleitung von 1920 bis 1926, äußerte am 11. September 1922 über die deutsche Ostpolitik:**

Eine Verbindung Deutschlands mit Russland ist
der erste und bisher fast einzige Machtzuwachs,
den wir seit dem Friedensschluss erreichten …
Mit Polen kommen wir nun zum Kern des Ost-
5 problems. Polens Existenz ist unerträglich … Es
muss verschwinden … Polen ist für Russland
noch unerträglicher als für uns … Mit Polen fällt
eine der stärksten Stützen des Versailler Friedens,
die Vormachtstellung Frankreichs.

Der Monat, Nr. 2, 1948/49, S. 44ff. Zit. nach Geschichte in Quellen, Bd. 5, München (bsv) 1961, S. 180f.

M3 **Aus der Reichstagsdebatte über den Vertrag von Locarno, 24. November 1925, die mit einer klaren Zustimmung zu den Verträgen endete:**

Otto Wels (SPD): Die west- und mitteleurop-
äischen Staaten sind wirtschaftlich und politisch
heute so eng miteinander verbunden, dass jede
politische, jede wirtschaftliche Erschütterung in
5 einem derselben in ihren Folgewirkungen allgemein schwer empfunden wird … Was … in
Europa fehlte, das Bedürfnis nach europäischer
Solidarität, das ist heute ein sichtbares Bedürfnis
aller europäischen Völker geworden.
10 *Kuno Graf von Westarp (DNVP):* Die Grundge-
danken unseres Widerspruchs gegen … Locarno:
Jeder Verzicht auf deutsches Land, jede erneute
freiwillige Anerkenntnis des Versailler Diktats
sollte durch … Verträge ausgeschlossen sein …
15 Wir müssen uns die Handlungsfreiheit nach
Osten freihalten, auch im Hinblick auf die öst-
lichen Grenzen Deutschlands.

Verhandlungen des Reichstags. Stenographische Berichte, Bd. 368, Berlin, 1925, S. 4485ff.

....

1 Fasse zentrale Ziele der deutschen Außenpolitik
unter Stresemann zusammen (Darstellungstext, M2).
2 Vergleiche die in M3 vorgetragenen Positionen.
3 Erarbeite, welche Haltungen zum Thema Ostpolitik
in M3 und M4 deutlich werden.
Tipp: Nimm den Darstellungstext zu Hilfe.
4 a) **Methode:** Analysiere die Karikatur M1 mithilfe
der Arbeitsschritte auf S. 186.
b) Überprüfe die Aussage der Karikatur M1 mit
Blick auf die Politik Stresemanns im Jahr 1923
(Darstellungstext).
5 Erarbeite die Motive für die Gegnerschaft der DNVP
gegen das Vertragswerk von Locarno (M3, M5,
Darstellungstext).

Wahlplakat der DNVP, 1928. Das Plakat zeigt den Rhein und das Gebiet Elsass-Lothringen. Der Vertrag von Locarno spaltete die deutsche Öffentlichkeit zutiefst: Für die Konservativen und Nationalisten war er eine „Unterwer-fung unter Frankreich". Der abgebildete Soldat spielt auf die Tatsache an, dass in der französischen Armee viele Soldaten aus den afrikanischen Ländern Dienst taten.

Webcode: FG644216-065
Deutsche Außenpolitik

Politische Plakate analysieren

Politische Plakate, insbesondere bildhaft gestaltete Wahlkampfplakate, erlebten während der Weimarer Republik eine erste Blüte. Erstmalig unterlag diese Werbung keiner Zensur. Der politische Wettbewerb sorgte seit 1918 für die zugespitzte Darstellung politischer Positionen.
- *Auf dieser Doppelseite kannst du historische Wahlplakate zur Reichstagswahl 1928 analysieren. Die Arbeitsschritte leiten dich an.*

Welche Rolle spielten Wahlplakate?

In der Weimarer Republik gewann das politische Plakat zunehmend an Einfluss. Zu dieser Zeit standen den Parteien kaum moderne Medien, wie heute beispielsweise Twitter, zur Verfügung, um auf die eigenen Positionen

5 aufmerksam zu machen. Für die Werbung um die Gunst der Wähler wurden Plakate genutzt. Das Ziel eines politischen Plakates ist es, die Wünsche, Bedürfnisse und Ängste der Menschen anzusprechen und dabei eine große Anzahl von Personen zu erreichen. Daher sind politi-

10 sche Plakate meist auffallend und ansprechend gestaltet. Sie zeigen die politischen Programme und Botschaften einer Partei und deren Kandidaten in verkürzter und plakativer Weise. Oftmals sind sie auch durch einen An-

griff auf den politischen Gegner und seine Position ge-

15 kennzeichnet. Die Botschaft der Plakate soll ins Auge springen, schnell zu verstehen sein und möglichst lange in Erinnerung bleiben.

Neben der älteren Form des Schriftplakates setzten die neueren Bildplakate seit dem 20. Jahrhundert moderne

20 Mittel der Werbepsychologie ein. Farbgebung, Symbolik und vereinfachte Texte zielten darauf ab, die Wahrnehmung des Betrachters zu lenken. Somit erkennen wir durch die Untersuchung historischer Wahlplakate nicht nur die Positionen der einzelnen Parteien, sondern er-

25 fahren auch viel über die Mentalität der Menschen und der Gesellschaft der jeweiligen Zeit.

Wahlplakat NSDAP zur Reichstagswahl 1928

Wahlplakat KPD zur Reichstagswahl 1928

Arbeitsschritte „Politische Plakate analysieren"

Ersten Eindruck festhalten	Lösungshinweise zu M1
1. Wie wirkt das Plakat auf dich? Wie wirkte es vermutlich auf die Zeitgenossen?	• *Notiere Ideen und Gedanken, die dir spontan einfallen.*

Einzelne Bild- und Textelemente beschreiben	
2. Welche Personen, Symbole, Gebäude oder Gegenstände erkennst du? Achte auf die Art der Darstellung (groß, klein, Vordergrund, Hintergrund, farbliche Gestaltung).	• *Bildmitte: zu sehen ist ein starker, großer Mann mit blonden Haaren, der ein Tragetuch voller Getreide am Körper trägt. Der Gesichtsausdruck des Mannes …*
3. Welcher Hintergrund wird gewählt?	• *Der Hintergrund auf diesem Plakat ist weiß.*
4. Welche Textelemente gibt es? Wie erscheint der Text (Schriftart und Größe?) Wo steht der Text?	• *Auf dem Plakat steht …* • *Der Text wirkt hier auch als Blickfang und soll die Wünsche und Bedürfnisse möglicher Wähler ansprechen, weil …*
5. In welchem Verhältnis stehen Bild und Text?	• *Auf dem Plakat ist ein Bauer abgebildet, der oben und unten von großen Schriftzügen umrahmt wird. Dadurch wird besonders die Botschaft des Plakats deutlich, die besagt …*

Zusätzliche Informationen zur Entstehung des Plakats heranziehen	
6. Wann ist das Plakat entstanden? Wer hat es entworfen und ist der Auftraggeber bekannt?	• *Es handelt sich um ein Wahlplakat der NSDAP aus dem Jahr …*
7. Was lässt sich über das dargestellte Ereignis sagen? Wer sind die Personen auf dem Plakat? Was ist der Anlass der Darstellung?	• *Der Mann auf dem Plakat steht stellvertretend für einen deutschen Bauern.* • *Überlege, warum die NSDAP ausgerechnet die Worte „Arbeit, Freiheit und Brot" für ihr Wahlplakat wählte.*

Aussagen formulieren und Absicht deuten	
8. Welche Gesamtaussage zum Plakat kannst du treffen, ist es z. B. – aggressiv, feindselig, appellierend oder sachlich, – nachprüfbar, wahr oder unwahr, – typisch für seine Zeit oder für eine bestimmte Partei?	• *Bildsprache und Tonfall des Plakats sind aggressiv und …* • *…*
9. Welche Botschaft enthält das Plakat? Welche politische Auseinandersetzung ist erkennbar?	• *Das Plakat wird von einem nach nationalsozialistischer Anschauung „arischen" Bauern dominiert. Durch diese Präsenz wird …*
10. Welche Wirkung soll erzielt werden?	• *Mit dem Plakat soll erreicht werden, …*

1 Analysiere M1 mithilfe der Arbeitsschritte. Ergänze die Lösungshinweise an den jeweiligen Stellen (…).

2 Analysiere M2 mithilfe der Arbeitsschritte.

3 Begründe, warum historische Wahlplakate auch Aussagen zur Mentalität der jeweiligen Zeit enthalten.

4 **Partnerarbeit:** Diskutiert folgende Behauptung: Ein guter Blickfang ist dem Plakatgestalter wichtiger als die politische Aussage (M1, M2).

Welche Ziele hatten die Parteien der Weimarer Republik?

In der Weimarer Republik gab es eine große Parteienlandschaft. Einige Parteien unterstützten die Demokratie, andere aber arbeiteten gegen sie.
- *Welche Folgen hat dies für die demokratische Stabilität der Republik?*

Die Parteien der Weimarer Republik

Kommunistische Partei Deutschlands (KPD)
- Ablehnung der parlamentarischen Demokratie
- Rätediktatur nach sowjetischem Vorbild
- Aufbau des Sozialismus (Enteignung von Großgrundbesitz, Banken und Privatunternehmen)

Sozialdemokratische Partei Deutschlands (SPD)
- parlamentarische Demokratie
- gegen den Einfluss monarchistischer und militärischer Kreise
- Räte nur im wirtschaftlichen Bereich (Betriebsräte)
- für sozialen Ausgleich und staatliche Einheitsschulen

*Deutsche Zentrumspartei,
in Bayern: Bayerische Volkspartei (BVP)*
Partei der deutschen Katholiken aller Schichten
- parlamentarische Demokratie
- Schutz des Privateigentums, des Mittelstands und der Bauern; für sozialen Ausgleich
- nach Konfessionen getrennte Schulen

Deutsche Demokratische Partei (DDP)
Partei der Liberalen
- parlamentarische Demokratie
- für Privatwirtschaft (gegen Verstaatlichung)
- Schutz des Individuums
- Schutz von Handwerk und Mittelstand
- gegen Konfessionsschulen

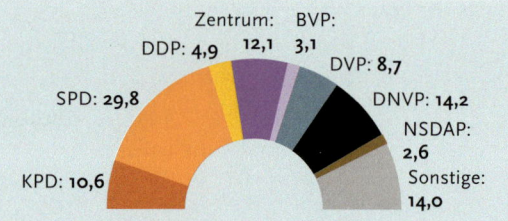

Die Zusammensetzung des Reichstags 1928 (in Prozent)

Deutsche Volkspartei (DVP)
ehemalige „Nationalliberale" im Kaiserreich
- Ablehnung der parlamentarischen Demokratie, aber verantwortliche Mitarbeit im Parlament
- für eine konstitutionelle Monarchie
- Förderung des Mittelstands

Deutschnationale Volkspartei (DNVP)
- Ablehnung der parlamentarischen Demokratie
- für eine Monarchie mit starker Exekutive*
- für ein „starkes deutsches Volkstum", nationalistisch

Nationalsozialistische Deutsche Arbeiterpartei (NSDAP), seit 1920
- gegen Demokratie; auch mit Gewalt auf der Straße
- Aufbau eines „Führerstaates"
- streng antisemitisch und extrem nationalistisch
- antikommunistisch und antikapitalistisch
- für einen starken Mittelstand

Vom Autor zusammengestellt.

1 a) **Gruppenarbeit:** Wählt ein Plakat (M2–M5) aus und analysiert es mithilfe der Arbeitsschritte auf S. 67. Nehmt die Informationen aus M1 zu Hilfe:
- Welche Positionen vertritt die Partei?
- Unterstützt oder bekämpft sie die Demokratie?
- Wo ordnet ihr sie im Parteienspektrum ein?
- Welche Parteien könnten am ehesten eine Regierungskoalition miteinander bilden?
- mit welchen politischen Inhalt wird sich auf den Plakaten auseinandergesetzt?

b) Präsentiert eure Ergebnisse der Klasse.
2 Wähle eine Aufgabe aus:
a) Beurteile, ob die Parteien der Weimarer Republik eine Belastung für die Demokratie waren (M1).
b) Nimm Stellung zum Ausspruch Weimar sei eine „Demokratie ohne Demokraten" gewesen (M1).

M2 *Wahlplakat der Zentrumspartei 1919*

M3 *Wahlplakat der DVP, 1926*

Wahlplakat der SPD, 1930

Wahlplakat der KPD, 1932

Die „Goldenen Zwanziger": Stabilität und Veränderung

Die Weimarer Republik hatte von Beginn an mit großen Herausforderungen zu kämpfen. Besonders die wirtschaftlichen und politischen Entwicklungen wirkten destabilisierend auf die junge Republik. Dennoch werden die Jahre zwischen 1923 und 1928/29 als die „Goldenen Zwanziger" bezeichnet.
* *Welche Veränderungen prägten die Zwanzigerjahre?*

Die Bauhaussiedlung Dessau-Törten, Foto, 1930

Radiohören im Jahr 1925. Übertragungen wurden sehr populär. 1924 gab es in Deutschland 10 000 Geräte, 1928 bereits zwei Millionen. Foto, 1925

Wirtschaft und Alltag nach 1923

Die deutsche Wirtschaft erholte sich von den Kriegsfolgen dank der ausländischen Kredite. Technische Fortschritte in der Autoindustrie und Kommunikationstechnik veränderten Arbeitsprozesse und Infrastruktur. Der Staat in-
5 vestierte viel Geld in die Forschung, aber auch in die Modernisierung des Verkehrswesens. In vielen Bereichen erlangten deutsche Produkte wieder die Spitzenposition aus der Zeit vor dem Krieg. Viele Investitionen flossen in den Bau neuer Wohnungen. Staatliche Maßnahmen ver-
10 besserten die sozialen Leistungen für die Arbeiter und versuchten, die rechtliche Gleichstellung der Frauen durchzusetzen.
In der Kunst entstanden neue Ausdrucksweisen: der Architekturstil des Bauhaus und der Malstil der „Neuen
15 Sachlichkeit". Telefon und Radio wurden zu Massenmedien, Schallplatte und Tonfilm erlebten ihren Durchbruch. Rund zwei Millionen Menschen strömten täglich in die Kinos. Es entstanden Varietés und Tanzlokale; neue Tänze wie der Charleston und neue Musikrichtungen wie Jazz
20 wurden populär. Viele Menschen drückten auch ihr Un-

behagen angesichts der neuen Wirtschaftsblüte aus. Experten warnten vor einer Scheinblüte durch weitgehend auf US-Kredit finanzierte Ausgaben.

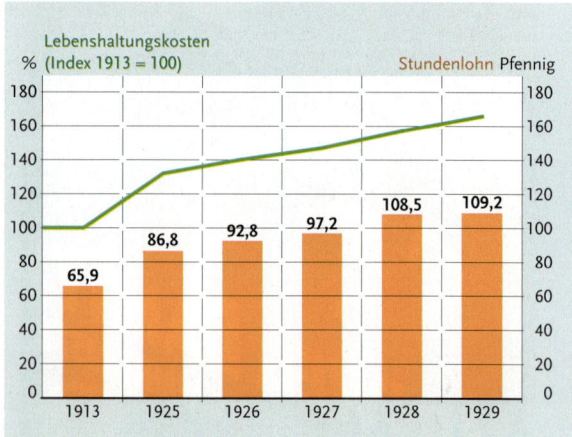

Löhne und Lebenshaltungskosten 1913 bis 1929

Die Wahlergebnisse der NSDAP nach Berufsgruppen (Angaben in % der Wahlberechtigten):

Reichstagswahlen	NSDAP insg.	Arbeiter	Angestellte/ Beamte	Selbst- ständige	Arbeitslose	Hausfrauen
1928	2	2	2	2	2	2
1930	15	13	14	15	22	17
1932 Juli	31	27	23	35	46	31
1932 November	27	24	18	30	40	27
1933	39	33	28	47	53	37

Nach: Jürgen W. Falter, Warum die deutschen Arbeiter während des „Dritten Reichs" zu Hitler standen. Einige Anmerkungen zu Gunther Mais Beitrag über die Unterstützung des nationalsozialistischen Herrschaftssystems durch Arbeiter, in: Geschichte und Gesellschaft 13, Göttingen (Vandenhoeck & Ruprecht) 1987, S. 217–231, 229.

Joseph Goebbels über die sogenannte „Legalitätstaktik" der NSDAP (1928):

Wir gehen in den Reichstag hinein, um uns im Waffenarsenal der Demokratie mit deren eigenen Waffen zu versorgen. Wir werden Reichstagsabgeordnete, um die Weimarer Gesinnung mit ihrer
5 eigenen Unterstützung lahm zu legen. Wenn die Demokratie so dumm ist, uns für diesen Bärendienst Freifahrkarten und Diäten zu geben, so ist das ihre eigene Sache ... Uns ist jedes gesetzliche Mittel recht, den Zustand von heute zu revolutio
10 nieren. Wenn es uns gelingt, ... sechzig bis siebzig Agitatoren [= Hetzer] unserer Partei in die verschiedenen Parlamente hineinzustecken, so wird der Staat selbst in Zukunft unseren Kampfapparat ausstatten und besolden ... Wir kommen als
15 Feinde! Wie der Wolf in die Schafherde einbricht, so kommen wir. Jetzt seid ihr nicht mehr unter euch! Ich bin kein Mitglied des Reichstags. Ich bin ein IDI. Ein IdF. Ein Inhaber der Immunität [= Schutz vor Strafverfolgung], ein Inhaber der
20 Freifahrkarte [= kostenlose Nutzung der Bahn] ... Ein IDI hat freien Eintritt zum Reichstag, ohne Vergnügungssteuer zahlen zu müssen. Er kann ... unsachgemäße Zwischenfragen stellen, zum Beispiel, ob es den Tatsachen entspricht, dass ...
25 Stresemann Freimaurer [= ein Geheimbund] und mit einer Jüdin verheiratet ist.

Zit. nach Wolfgang Michalka & Gottfried Niedhardt (Hg.), Die ungeliebte Republik. Dokumente zur Innen- und Außenpolitik Weimars 1918–1933, München (dtv) 1980, S. 251. Bearb. v. Verf.

Politik der Präsidialkabinette:
- Reichskanzler Heinrich Brüning (Zentrum), April 1930 bis Mai 1932:
  Vom Reichspräsidenten eingesetzte Regierung mit einer Parlamentsmehrheit nur bei Tolerie
  5 rung durch die SPD. Fehlt diese, dann Regierung mit Notverordnungen (Artikel 48). Sparmaßnahmen in den öffentlichen Haushalten, Senkung der Beamtengehälter, Erhöhung von Steuern; duldet Verschärfung der Wirtschafts
  10 krise. Sturz durch Hindenburg nach politischen Intrigen von Interessenverbänden; SA-Verbot
- Reichskanzler Franz von Papen (Zentrum), Juni bis November 1932:
  „Kabinett der Barone" (so genannt wegen zahl
  15 reicher adliger Minister); Aufhebung des SA-Verbots; dadurch Zunahme blutiger Straßenkämpfe; 20. Juli 1932 „Preußenschlag": Sturz der von der SPD geführten Koalitionsregierung in Preußen, einer starken Stütze der parlamen
  20 tarischen Demokratie, durch Verordnung des Reichspräsidenten; Ernennung von Papens zum Reichskommissar für Preußen; Scheitern der Politik mit Notverordnungen; Entlassung Papens durch Hindenburg.
  25 • Reichskanzler General Kurt von Schleicher (parteilos), Dezember 1932 bis Januar 1933:
  Ziel: Spaltung der NSDAP und Herstellung einer parlamentarischen Mehrheit durch die bürgerlichen Parteien und die SPD. Rücktritt
  30 nach Scheitern der Pläne. Hindenburg ernennt am 30. Januar 1933 Adolf Hitler zum Reichskanzler.

Vom Autor zusammengestellt.

Der Parteienforscher Jürgen W. Falter zu den Wahlerfolgen der NSDAP:

Es handelt sich bei der NS-Bewegung immer um eine sozial gemischte, sowohl für Arbeiter als auch für Mittel- und Oberschichtenzugehörige ... attraktive Partei. Von der Sozialstruktur ihrer

5 Mitglieder und Wähler her ... ist sie ... bemüht, ... Angehörige aller Sozialschichten anzusprechen, was ihr auch stärker als den anderen politischen Parteien gelungen zu sein scheint ... Vergleicht man die NSDAP mit anderen Parteien, so ist fest-

10 zuhalten, dass sie – abgesehen von der Konfession – auf Kreisebene ein sehr viel ausgegliche-neres Sozialprofil aufwies als die Parteien des linken und des bürgerlich-protestantischen Wählerblocks; dies kann als weiteres Indiz für den

15 Charakter als moderne („Volks")partei angesehen werden ... Angesichts der ... Komplexität der sozialen Zusammensetzung und parteipolitischen Herkunft ihrer Anhänger lässt sich die NSDAP zwischen 1928 und 1933 als eine Partei

20 charakterisieren, die wie andere moderne Integra-tionsparteien für ihre Anhänger Unterschied-liches bedeutet hat: Für die Oberschicht ... fun-gierte sie als Bollwerk gegen eine damals wohl tatsächlich als real empfundene kommunistische

25 Gefahr; für die Mittelschichten diente sie als Sammelpartei des sozialen und wirtschaftlichen Protests; für Teile der Arbeiterschaft als nationale Alternative zu den beiden sozialistischen Partei-en; für die besonders unter der Arbeitslosigkeit

30 leidenden Jungwähler, die zumindest unter den NSDAP-Mitgliedern weit überdurchschnittlich vertreten waren, stellte sie eine Art Aufbruchs-bewegung in eine bessere Zukunft dar; für die völkisch-antisemitischen Gruppen schließlich,

35 die zwar die Parteielite stellten, innerhalb der nationalsozialistischen Wählerschaft aber ver-mutlich nur eine kleine Minderheit ausgemacht haben dürften, bildete sie die Speerspitze deutschen Herrenbewusstseins.

Zit. nach Karl Dietrich Bracher, Manfred Funke und Hans-Adolf Jacobsen (Hg.), Die Weimarer Republik 1918–1933. Politik, Wirtschaft, Gesellschaft, Düsseldorf (Bundeszentrale für politische Bildung) 1988, S. 484ff.

Die Wahlergebnisse der Reichstagswahlen 1930 bis 1933 nach Geschlechtern (in %):

Partei	1930		1932 (Juli)		1933	
	m	w	m	w	m	w
KPD	12,5	7,3	15,2	9,1	12,2	7,1
SPD	29,0	23,8	26,0	22,1	23,9	19,2
Zentrum	21,8	35,8	22,6	35,7	20,5	32,1
NSDAP	18,9	14,2	29,2	25,6	36,2	34,4

Zusammengestellt nach Jürgen Falter, Thomas Lindenberger & Siegfried Schumann, Wahlen und Abstimmungen in der Weimarer Republik, München (C.H. Beck) 1986, S. 85.

1 **a)** Arbeite Faktoren heraus, die das Ende der Weimarer Republik herbeiführten (Darstellungstext).
   b) Nennt mithilfe des Kapitels weitere Gründe für das Scheitern der Republik.
2 Erläutere, welche Gefahr die Notverordnungen für die Gewaltenteilung darstellten (M4, Darstellungstext).
3 Beschreibe die Wahlergebnisse der NSDAP zwischen 1930 und 1933 (M2).
4 Nimm Stellung zu der These, dass die Weltwirtschaftskrise hauptsächlich für den Aufstieg der NSDAP verantwortlich sei.
5 Erkläre mithilfe von M6, warum der Parteienforscher in M5 die NSDAP als „moderne Volkspartei" bezeichnet.
6 **a)** Fasse die in M3 von Joseph Goebbels formulierte „Legalitätstaktik" zusammen.
   b) Beurteile, inwiefern diese Taktik damals legal war.
   c) Bewerte, inwiefern solch eine Position heute legal wäre.
7 **Geschichte darstellen:** Verfasse eine Nacherzählung, in der du die politische Entwicklung Weimars von 1923 bis 1933 erklärst.
   Tipp: Nutze die entsprechenden Seiten aus dem Kapitel und verwende in deiner Nacherzählung die dir bekannten Verlaufsformen (S. 189 ff.). Berück-sichtige folgende Punkte: Putschversuche, Weltwirt-schaftskrise, „Goldene Zwanziger", Ursachen für den Aufstieg der NSDAP.

Zusatzaufgaben: siehe S. 174

Webcode: FG644216-080
Ursachen für den Aufstieg der NSDAP

Der Historiker Horst Walter Blanke über den Einsatz von nachgestellten Spielszenen in Geschichtsdokumentationen (2015):

Knopp scheut nicht davor zurück, in den Fällen, in denen er über keine bewegten Bilder verfügt, einzelne Szenen nachzustellen (Er selbst nennt das ein „szenisches Zitat") ... Zum Verständnis der ge-
5 schichtlichen Abläufe sind diese Verbildlichungen nicht nur nicht notwendig, sondern geradezu überflüssig, ja, dysfunktional[1]: „Es ist der bislang auffälligste Versuch, historisches Bewusstsein durch kollektive Nervenreizung zu vernichten." ... Die reiße-
10 rische Zuspitzung einzelner Szenen, die nicht selten einhergeht mit dem bereits angesprochenen Nachstellen einzelner Szenen, weckt, schürt und verstärkt Emotionen – und verhindert so eine Reflexion auf das Präsentierte. Sie ist insofern kontraproduktiv.

Horst Walter Blanke, Die Rolle von „Zeitzeugen" in G. Knopps Fernsehdokumentationen, in: Vadim Oswalt & Hans-Jürgen Pandel (Hg.), Geschichtskultur. Die Anwesenheit von Vergangenheit in der Gegenwart, Schwalbach (Wochenschau Verlag) 2015, S. 70ff.

....

[1] *unpraktisch*

Der Historiker Rainer Wirtz schätzt den Einsatz unterschiedlicher Medien in Geschichtsdokumentationen ein (2008):

Heutzutage geht es um ein Massenpublikum. Um dies zu erreichen, bedarf es der Aufbereitung des vorliegenden dokumentarischen Materials nach den Regeln des Fernsehens, die für dieses Medium gelten:
5 Quote, Spannung, Unterhaltung. Genau eine solche Aufbereitung zieht die Einwände der ... Historiker reflexartig auf sich ... In diesem Prozess werden dann nach oft sehr aufwendiger Recherche die unterschiedlichsten Filmelemente zusammengemischt, Spiel-
10 und Dokumentarfilmszenen, Zeitzeugen, Nachdreh oder mit dem Computer hergestellte Bilder. Kritiker ... monieren nun, dass es völlig unerklärbar bleibe, wo-
her die Bilder eigentlich stammen. Diese vielfach geäußerte Kritik ist gleichsam der alte Typus, der in Vari-
15 ationen vorgetragen und zusammenfassend salopp Verschnipselung genannt wird. Diese Kritik greift aber zu kurz, denn sie blendet von vornherein die eigenen Regeln des Mediums Fernsehen aus, ohne deren Respektierung es Geschichte im Fernsehen nicht so
20 erfolgreich gäbe ... Gerade mit etwas Medienkompetenz stellt sich die Frage: Wie viel von geschichtswissenschaftlicher Erkenntnis kann noch übrig bleiben, wenn man sich diesen Regeln der Fernsehproduktion unterwirft?

Reiner Wirtz, Alles authentisch: so war's, in: Thomas Fischer & Rainer Wirtz (Hg.), Alles authentisch? Popularisierung der Geschichte im Fernsehen, Konstanz (UVK Verlagsgesellschaft mbH) 2008, S. 12.

....

Authentizität

Der Begriff Authentizität wird verwendet, wenn etwas der Echtheit oder Wahrheit entspricht und deshalb glaubwürdig ist. Der Inhalt einer authentischen historischen Darstellung ist durch Quellen sicher belegt.

Eine authentische Darstellung in einer Geschichtsdokumentation stützt sich demnach auf sicher belegbare Quellen ohne fiktive Ergänzungen.

....

1 **a)** Arbeite aus dem Darstellungstext und M4 die verschiedenen Filmelemente in Histotainment-Produktionen sowie ihre jeweilige Funktion heraus.
   b) Ordne M1 und M2 den Elementen zu.
   c) Begründe deine Entscheidung.
2 Stelle Vor- und Nachteile von Spielszenen in Histotainment-Produktionen gegenüber (M3, M4).
3 **Partnerarbeit:**
   a) Arbeitet die Bildanteile für eingeblendete originale Bild- und Filmquellen in „Gustav Stresemann

und die Republik" in Minuten und Sekunden heraus. Stoppt mit einer Uhr die jeweiligen Bildanteile und schreibt den Inhalt der Szene nieder. Verwendet die Filmelemente aus Aufgabe 1.
   b) Haltet anschließend auch die Bildanteile für nachgestellte Spielszenen in Minuten und Sekunden fest.
4 Überprüfe, inwiefern sich die Kritikpunkte aus M3 auf „Gustav Stresemann und die Republik" übertragen lassen.

Der Hintergrundkommentar:
Eine triftige historische Erzählung?

*Den „roten Faden" in Geschichtsdokumentationen bildet der Hintergrundkommentar. Filmquellen, eingeblendete Bild- und Textquellen, Interviews
mit Zeitzeugen und Historikern werden in eine durchgängige Erzählung
eingebunden.*

- *Arbeite heraus, was dabei zu beachten ist.*

Hans Mittermüller, die „Stimme aus dem Off" in der Serie
„Die Deutschen", Foto, undatiert

„Sagen, wie es eigentlich gewesen ist"

Im Jahr 1824 stellte Leopold von Ranke (1795–1886)
den Anspruch an sich selbst und andere Historiker, zu
„sagen, wie es eigentlich gewesen" sei. Seine Vorstellungen prägten lange den Anspruch von Historikern an ihre
5 eigene Arbeit. Von diesem Anspruch, die einzig wahre
Geschichte zu zeigen, distanzieren sich heutige Historiker. Sie sehen ihn als unrealisierbar an. Erstens wurden
Ereignisse schon in der Vergangenheit von unterschiedlichen Menschen ganz verschieden wahrgenommen und
10 festgehalten. Zweitens müssen Quellen interpretiert und
miteinander verglichen werden, um ihnen Sinn zu entnehmen. Dabei kommen Historiker zu ganz unterschiedlichen Deutungen des Quellengehalts. Sie nutzen verschiedene Methoden, haben verschiedenes Vorwissen
15 und zum Teil ganz andere Fragestellungen. Es entstehen
Erzählungen, die verschiedenen Erzählweisen folgen.
Häufig widersprechen sich Darstellungen von Historikern zum gleichen Thema sogar. Dies wird als Kontroverse bezeichnet.

20 **Die Stimme „aus dem Off"**

Auch der Kommentar einer Geschichtsdokumentation,
die sogenannte „Stimme aus dem Off", ist eine Erzählung
(Darstellung), die in der Regel von Historikern verfasst
wird. Ein Sprecher liest diese Erzählung dann vor. Die
25 Qualität einer solchen Erzählung hängt von mehreren
Faktoren ab: Wie offen gehen die Produzenten damit um,
dass ihr Text nur eine mögliche Geschichte von vielen ist?
Wo sind ihre Deutungen strittig? Wie sicher belegt sind
ihre Aussagen? Werden die Quellen als Grundlage der
30 Erzählungen offengelegt? In manchen Dokumentationen
vermitteln die Filmemacher mit ihren Hintergrundkommentaren aber auch heute noch den Eindruck, sie wüssten ganz genau, was passierte und warum sich Dinge
genau so entwickelt haben, wie sie es taten.

**Auszug aus dem Hintergrundkommentar von
„Gustav Stresemann und die Republik",
gesprochen von Hans Mittermüller (2010):**

Im Berliner Reichstag ... wird er aufgebahrt. Sein
Tod sei „mehr als ein Verlust", er sei: ein „Unglück", lautet ein Zitat jener Tage. Der Staatsakt
wird zum Volksbegräbnis. Hätte Stresemann das
5 Scheitern der Republik verhindern können? Sicher
hätte er die Demokratie nicht kampflos preisgegeben ... Wenige Jahre nach seinem Tod triumphieren seine Feinde über die Republik. Als der
Reichstag 1933 brennt, ist die Demokratie längst
10 zerstört. Als am Ende des von Hitlerdeutschland
entfesselten Krieges die Sieger die Trümmer
erstürmen, ist dies Ende und Anfang ... Zunächst
erhält nur ein Teil der Deutschen die zweite
Chance für einen demokratischen Neubeginn.
15 Erst mit dem Zusammenbruch der kommunistischen Diktaturen werden Ziele wahr, die Stresemann erhofft hat ... Ein geeintes Deutschland in
Freiheit und Frieden mit seinen Nachbarn.

*Zit. nach Stefan Brauburger & Friedrich Scherer, Die
Deutschen II, Folge 10: Gustav Stresemann und die Republik – Sendetext, Köln (Gruppe 5 Filmproduktion) 2010.*

4
Grundlagen und Folgen der nationalsozialistischen Diktatur

Nach der Ernennung Adolf Hitlers zum Reichkanzler am 30. Januar 1933 unternahmen die Nationalsozialisten alles, um jeden Bereich der Gesellschaft zu vereinnahmen. Ziel war es, neben den politischen Strukturen auch die sozialen Bedingungen radikal zu verändern. Dabei spielte auch das Schulwesen eine wesentliche Rolle.

Wie wirkt die dargestellte Szene auf dich? Welche Unterschiede zum heutigen Schulleben bestehen? Diskutiert, warum die Nationalsozialisten von Beginn an großen Wert darauf legten, Kinder und Jugendliche zu beeinflussen.

Schülerinnen und Schüler in einer Berliner Volksschule. Rechts neben dem Lehrer steht ein Volksempfänger – ein Radio, in dem eine Rede Hitlers übertragen wurde, die die Schülerschaft gemeinsam hören sollte. Foto, November 1933

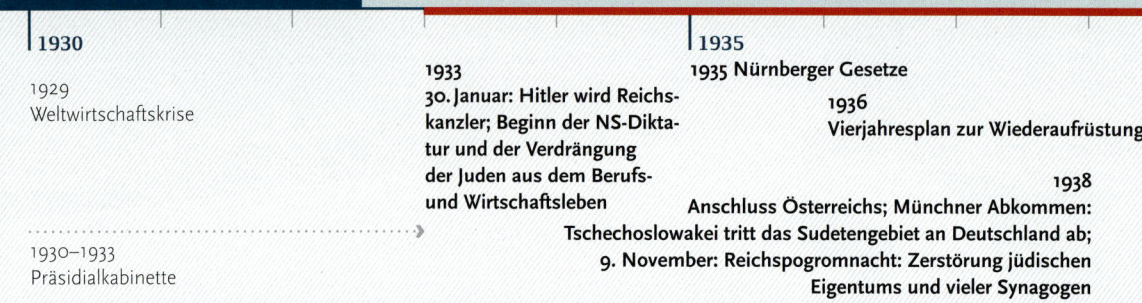

1930

1929
Weltwirtschaftskrise

1930–1933
Präsidialkabinette

1933
30. Januar: Hitler wird Reichskanzler; Beginn der NS-Diktatur und der Verdrängung
der Juden aus dem Berufs-
und Wirtschaftsleben

1935
1935 Nürnberger Gesetze

1936
Vierjahresplan zur Wiederaufrüstung

1938
Anschluss Österreichs; Münchner Abkommen:
Tschechoslowakei tritt das Sudetengebiet an Deutschland ab;
9. November: Reichspogromnacht: Zerstörung jüdischen
Eigentums und vieler Synagogen

Grundlagen und Folgen der nationalsozialistischen Diktatur

Ab dem Zeitpunkt der Regierungsübernahme durch die Nationalsozialisten 1933 veränderte sich die deutsche Innen- und Außenpolitik radikal. Die durch Adolf Hitler und seine Gefolgschaft eingeführte totalitäre* Diktatur
5 basierte auf verschiedenen ideologischen Ansätzen und verfolgte eine Vielzahl von aggressiven Zielen. Dieser Herrschaft fielen Millionen Menschen durch Terror, Krieg und Völkermord zum Opfer. Einerseits fand Hitler für seine Politik in der Mehrheit der deutschen Bevölke-
10 rung viele überzeugte Unterstützer sowie Mitläufer. Auf der anderen Seite gab es aber auch Menschen, die gegen das NS-Regime Widerstand leisteten.

Kein Zeitraum der Geschichte ist in der Wissenschaft so intensiv untersucht und in der Öffentlichkeit diskutiert
15 worden wie die zwölf Jahre der NS-Herrschaft von 1933 bis 1945. Obwohl die Quellenlage eindeutig ist, halten sich bis in die Gegenwart Mythen, Verharmlosungen, aber auch Verherrlichungen bezüglich der Zeit des Nationalsozialismus aufrecht.

20 In diesem Kapitel setzt du dich unter anderem mit folgenden Fragen auseinander:

- Durch welche ideologischen Ausrichtungen ist der Nationalsozialismus gekennzeichnet?
- Warum stieß die Herrschaft der Nationalsozialisten
25 auf eine breite Unterstützung in der deutschen Bevölkerung?
- Wie konnte es zum Zweiten Weltkrieg kommen und welche Folgen hatte er?
- Wie wurde der Völkermord an den europäischen
30 Juden gerechtfertigt?

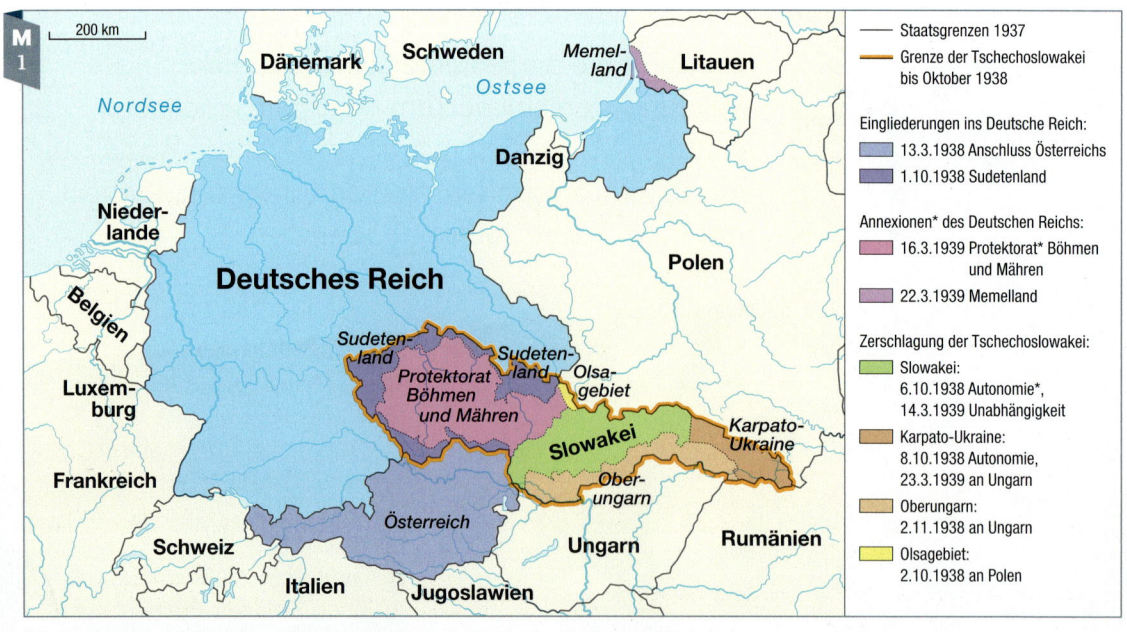

Die Erweiterung des deutschen Machtbereichs bis zum Beginn des Zweiten Weltkrieges 1939

1939 **März: Deutsche Truppen marschieren in die Tschecho-slowakei ein**
1. September: deutscher Über-fall auf Polen; Beginn Zweiter Weltkrieg
Oktober 1939: Beginn der Mordaktion an behinderten Menschen

1940

1941 **Juni: Überfall auf die Sowjetunion**
ab Herbst: Deportation der europäischen Juden aus allen Gebieten unter deutscher Kontrolle in die Konzentrationslager

20. Juli 1944 **Attentat auf Hitler**

1945

1945 **Mai: Kapitulation der Wehrmacht**
Flucht und Vertreibung der Deutschen aus dem Osten

August: Atombomben auf Hiroshima und Nagasaki

M2

Nach der Befreiung des Konzentrationslagers Auschwitz. Unter den Überlebenden befanden sich 180 Kinder. Foto, 1945

M3

Friedhof in Schwerin. Hier wurden die Grabsteine mit Hakenkreuzen und SS-Runen* beschmiert. Foto, 1996

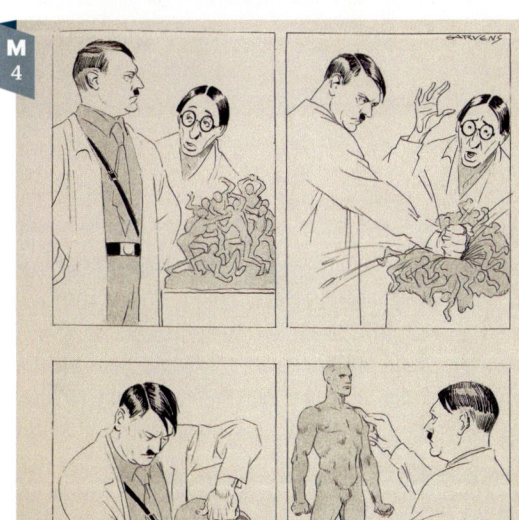

M4

„Der Bildhauer Deutschlands", Karikatur von Oskar Garvens aus dem „Kladderadatsch" vom 30. Januar 1933

1 **a)** Beschreibe die territorialen Veränderungen Deutschlands seit der Machterlangung durch die Nationalsozialisten bis zum Ausbruch des Zweiten Weltkrieges 1939 (M1).
b) Erkläre, welche Einstellung der Nationalsozialisten zu den Regelungen des Versailler Vertrages deutlich wird.
c) Formuliere Fragen, die sich für dich nach der Analyse der Karte ergeben.

2 **a)** Fasse die Wirkung der beiden Fotografien (M2 und M3) auf dich zusammen.
b) Partnerarbeit: Diskutiert, warum solche Beschmierungen in M3 nicht zu dulden sind und bestraft werden sollten.

3 Erkläre anhand vom M4,
a) wie Hitler und die Nationalsozialisten mit der Freiheit der Kunst verfuhren,
b) welche Position Hitler und die Nationalsozialisten gegenüber einer vielfältigen Gesellschaft hatten,
c) welches Idealbild des Menschen dem Nationalsozialismus zugrunde liegt.
d) Stelle Vermutungen über die Ursachen sowie Folgen dieser Haltungen und Positionen an.

Was kennzeichnet den Nationalsozialismus als Ideologie?

Das Handeln der Nationalsozialisten ist nur zu verstehen, wenn die darin liegenden Anschauungen über Menschen, über politische Ideen sowie Ziele und über die Herrschaft erkannt werden.
- *Untersuche auf dieser Doppelseite den Nationalsozialismus als Ideologie und arbeite dessen Kernideen und Schlüsselbegriffe heraus.*

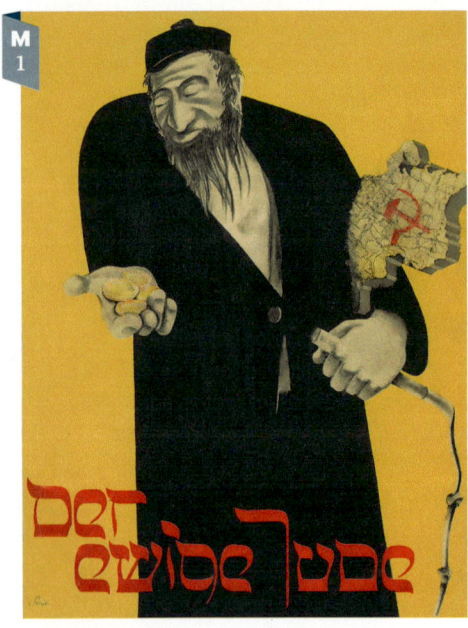

NS-Plakat mit der Aufschrift „Der ewige Jude" für die gleichnamige Ausstellung im Deutschen Museum in München, 1937

NS-Propagandaplakat „Es lebe Deutschland!", Entwurf von Karl Stauber, 1930er Jahre

Die Partei und ihr „Führer"

Die Nationalsozialisten hatten keine klar definierte Weltanschauung. Vielmehr speiste sich diese Ideologie aus radikalen, antidemokratischen, rassistischen, völkischen*, imperialistischen und antisemitischen Einflüs-
5 sen des 19. und 20. Jahrhunderts.

Bis 1930 hatte die NSDAP nur etwa 130 000 Mitglieder. Im Mai 1933 waren es bereits über 1,6 Millionen. Hitlers Weltanschauung und die Ziele der Nationalsozialisten lassen sich aus zwei zentralen Quellen herausarbeiten.
10 Eine dieser Quellen ist das Parteiprogramm der NSDAP. Die 25 Punkte des Programms (siehe S. 63), die Hitler schon im Februar 1920 im Münchener Hofbräuhaus verkündete, wurden bis zum Ende der Partei 1945 nicht mehr verändert.
15 Die zweite Quelle ist Hitlers Buch „Mein Kampf", das er hauptsächlich während seines Gefängnisaufenthaltes verfasst hatte und 1925/26 in zwei Bänden erschien. In dem Buch legte Hitler dar, wie er sich die Zukunft Deutschlands vorstellte. Er definierte darin, wer zur
20 deutschen „Volkgemeinschaft*" (siehe S. 128/129) gehöre und wer nicht. In diesen Ausführungen wird sein rassistisches und antisemitisches Weltbild deutlich. Im Hinblick auf die deutsche Außenpolitik stellt er klar, dass diese als imperialistische „Lebensraumpolitik" zu
25 verstehen sei. Auch werden unmissverständlich die Rolle der NSDAP sowie seine Rolle als Führer in Deutschland dargelegt.

Hitlers Ideen bilden die Grundlage der nationalsozialistischen Ideologie und bestimmten im Wesentlichen die
30 NS-Politik. Die Auflage des Buches „Mein Kampf" lag 1933 bei 290 000 Exemplaren und schnellte bis Ende 1933 um rund eine Million in die Höhe. Die Gewinne aus dem Buchverkauf machten Hitler zu einem wohlhabenden Mann.

B

Reichskanzler Adolf Hitler verabschiedet sich vor der Garnisonkirche in Potsdam von Reichspräsident Paul von Hindenburg. Foto, 21. März 1933

Schutzpolizisten und Angehörige von SA und SS versuchen, die Menschenmassen zurückzuhalten. Foto, 21. März 1933

1 **a)** Fasse in Adjektiven die Wirkung der Fotos M3 und M4 auf dich zusammen.
b) Beschreibe und deute beide Fotografien. Achte dabei auf Mimik, Gestik, Körperhaltung und Symbolkraft. Nutze auch den Darstellungstext.

2 Unklar ist, ob die Zuschauer in M4 auf die Szene in M3 reagieren. Wenn dies aber angenommen wird, erkläre die möglichen Ursachen für diese Reaktion.

C

Aus der Rundfunkübertragung des Reporters Eberhard Freiherr von Medem (1933):

(Glockenläuten) ... Deutsche Hörer an allen Stellen des Reiches! Ich stehe jetzt mit Euch zusammen an einem hohen Fenster am Südportal der Garnisonkirche ... (Orgelspiel) Wir treten ein in die Kirche ...
5 Hört, was das neue Deutschland in Ehrfurcht und Selbstbesinnung am Grabe Friedrichs des Großen der Welt zu sagen hat.
Reichspräsident Generalfeldmarschall von Hindenburg: ... Der Ort, an dem wir uns heute versammelt
10 haben, mahnt uns zum Rückblick auf das alte Preußen, das in Gottesfurcht durch pflichttreue Arbeit, nie verzagenden Mut und hingebende Vaterlandsliebe groß geworden ist und auf dieser Grundlage die deutschen Stämme geeint hat. Möge der alte

15 Geist dieser Ruhmesstätte auch das heutige Geschlecht beseelen, möge er ... in nationaler Selbstbestimmung und seelischer Erneuerung zusammenführen zum Segen eines in sich geeinten, freien, stolzen Deutschlands!
20 Reichskanzler Adolf Hitler: ... Diesem jungen Deutschland haben Sie, Herr Generalfeldmarschall, am 30. Januar 1933 in großherzigem Entschluss die Führung des Reiches anvertraut ... Wir erheben uns vor Ihnen ... Sie erlebten einst des Reiches Werden,
25 sahen vor sich noch des großen Kanzlers [Bismarck] Werk, den wunderbaren Aufstieg unseres Volkes ... Heute lässt Sie die Vorsehung Schirmherr sein über die neue Erhebung unseres Volkes.

Zit. nach Michael Sauer (Hg.), Geschichte lernen, Sammelband Nationalsozialismus, Velber (Friedrich) 2000, S. 12.

1 Arbeite heraus, welche Vorstellungen von einem „neuen Deutschland" bei den Sprechern deutlich werden (M5, Darstellungstext).
2 Vergleiche die Weltanschauungen beider in M5 zu Wort kommenden Akteure.

Aufgabe für alle:
a) Diskutiert, ob Hitler mit dem „Tag von Potsdam" „gezähmt" werden konnte.
b) Diskutiert das Vorhaben, dass die Garnisonkirche in Potsdam heute wiederaufgebaut werden soll. Nehmt den Webcode zu Hilfe.

Der Prozess der Machtetablierung

Nach seiner Ernennung zum Reichskanzler hatte Hitler die Neuwahl des Reichstags am 5. März 1933 durchgesetzt. Er verfolgte im Vorfeld sowie nach den Wahlen die Zielsetzung, den Reichstag komplett unter seine Kontrolle zu bringen, um auf scheinbar legalem Weg die nationalsozialistische Diktatur zu errichten.
- *Welches waren die zentralen Schritte der Machtetablierung?*

Von den Notverordnungen zum „Ermächtigungsgesetz"

Seit März 1930 wurde in Deutschland mit Notverordnungen regiert (siehe S. 78). Als am 27. Februar 1933 der Reichstag brannte, beschuldigte Hitler zielgerichtet die Kommunisten der Brandstiftung. Der junge Kommunist Marinus van der Lubbe wurde verhaftet, ohne gesetzliche Grundlage zum Tode verurteilt und hingerichtet. Bis heute ist die Tat nicht vollständig aufgeklärt. Mit bereits vorbereiteten Gesetzen sollte Reichspräsident Hindenburg die Politik Hitlers gegen einen „kommunistischen Umsturz" durchsetzen. Die Notverordnung „Zum Schutz von Volk und Staat" („Reichstagsbrandverordnung") hob alle demokratischen Grundrechte auf. Nun konnte jeder unter dem Vorwurf des „Hochverrats am deutschen Volk" willkürlich verhaftet und ohne Gerichtsurteil eingesperrt werden. Allein in Preußen inhaftierten und folterten die Nationalsozialisten bis April 1933 rund 35 000 Gegner, vor allem Kommunisten, aber auch Sozialdemokraten und Gewerkschafter. Viele von ihnen wurden ermordet oder wurden in den zu dieser Zeit entstehenden Konzentrationslagern* inhaftiert. Diese Umgehung des Parlaments ging den Nationalsozialisten aber noch nicht weit genug. Bei den Reichstagswahlen am 5. März erreichte die NSDAP nicht die erhoffte absolute Mehrheit. So blieben sie und Hitler weiterhin vom Reichstag abhängig. Am 23. März legte dieser den Abgeordneten das „Ermächtigungsgesetz*" zur Abstimmung vor. Es gab der Regierung das Recht, Gesetze ohne Zustimmung des Parlamentes zu erlassen. Zur Verabschiedung des Gesetzes mussten mindestens zwei Drittel der 647 Reichstagsmitglieder dafür stimmen. Die 81 KPD-Abgeordneten wie auch 26 Sozialdemokraten waren entweder in „Schutzhaft*" genommen worden oder untergetaucht und daher nicht anwesend. Die Zustimmung des katholischen Zentrums und der ihm nahestehenden Bayerischen Volkspartei (BVP) hatte sich Hitler gesichert. Hitlers Annäherung an die katholische Kirche gab trotz innerer Zerrissenheit der Fraktionen und grundsätzlicher Vorbehalte gegenüber der Hitler-Regierung den entscheidenden Ausschlag. Das Gesetz wurde mit 444 Ja-Stimmen gegen 94 Nein-Stimmen der Sozialdemokraten angenommen. Es trat sofort für die Dauer von vier Jahren in Kraft. Durch Verlängerungen galt es bis zum Ende der NS-Herrschaft.

M 1 **Aus der Notverordnung zum „Schutz von Volk und Staat" vom 28. Februar 1933:**

Aufgrund des Artikels 48 Absatz 2 der Reichsverfassung wird zur Abwehr kommunistischer staatsgefährdender Gewaltakte folgendes verordnet:
§ 1 Die Artikel 114, 115, 117, 118, 123, 124 und 153 der Verfassung des Deutsches Reiches werden bis auf weiteres außer Kraft gesetzt. Es sind daher Beschränkungen der persönlichen Freiheit, des Rechts der freien Meinungsäußerung, einschließlich der Pressefreiheit, des Vereins- und Versammlungsrechts, Eingriffe in das Brief-, Post-, Telegraphen- und Fernsprechgeheimnis, Anordnungen von Haussuchungen und von Beschlagnahmen, sowie Beschränkungen des Eigentums auch außerhalb der sonst hierfür bestimmten gesetzlichen Grenzen zulässig ...

Zit. nach http://www.documentarchiv.de/ns/rtbrand.html (Stand: 24. 10. 2017).

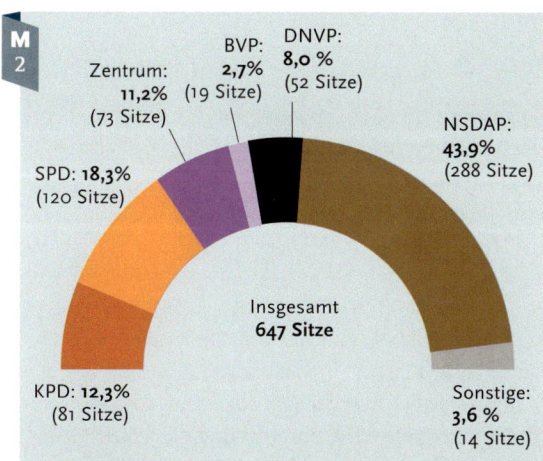

Ergebnisse der Reichstagswahl vom 5. März 1933 und die daraus resultierende Sitzverteilung im Reichstag

SA- und SS-Einheiten vor der Kroll-Oper rücken am Tag der Verabschiedung des „Ermächtigungsgesetzes" als „Saalschutz" ein. Foto, 1933.

Auszug aus dem „Ermächtigungsgesetz" vom 24. März 1933:

Reichsgesetze können außer in dem in der Reichsverfassung vorgesehenen Verfahren auch durch die Reichsregierung beschlossen werden. Dies gilt auch für die in den Artikeln 85 II und 87 der Reichsver-
5 fassung bezeichneten Gesetze. Die von der Reichsregierung beschlossenen Reichsgesetze können von der Reichsverfassung abweichen, soweit sie nicht die Einrichtung des Reichstags und des Reichsrats als solche zum Gegenstand haben. Die Rechte des
10 Reichspräsidenten bleiben unberührt. Die von der Reichsregierung beschlossenen Reichsgesetze wer-

den vom Reichskanzler ausgefertigt und im Reichsgesetzblatt verkündet ... Verträge des Reichs mit fremden Staaten, die sich auf Gegenstände der
15 Reichsgesetzgebung beziehen, bedürfen für die Dauer der Geltung dieser Gesetze nicht der Zustimmung der an der Gesetzgebung beteiligten Körperschaften. Die Reichsregierung erlässt die zur Durchführung dieser Verträge erforderlichen Vorschriften.
20 Dieses Gesetz tritt mit dem Tage seiner Verkündung in Kraft. Es tritt mit dem 1. April 1937 außer Kraft; es tritt ferner außer Kraft, wenn die gegenwärtige Reichsregierung durch eine andere abgelöst wird.
Zit. nach http://www.documentarchiv.de/ns/ermaecht.html (Stand: 30. 9. 2016).

....

1 Stelle die Folgen des Reichstagsbrandes für Kommunisten und Sozialisten in Deutschland dar (Darstellungstext, M1).

2 **Wähle eine Aufgabe aus:**
a) Erläutere, inwiefern sich der Reichstagsbrand als nützlich für die Verwirklichung der Pläne Hitlers im Hinblick auf einen Wahlsieg der NSDAP erwies (M2, Darstellungstext).
b) Skizziere die politische Stimmung in Deutschland am 5. März 1933 (M2, Darstellungstext).
Tipp: Ein Ziel Hitlers war es, dass die NSDAP bei der Wahl die absolute Mehrheit erhält.

3 **Partnerarbeit:** Einer von euch bearbeitet Aufgabe a), der andere b):
a) Beurteile, warum Hitler das „Ermächtigungsgesetz" zur Abstimmung brachte (Darstellungstext, M4).

b) Beurteile die Auswirkungen des „Ermächtigungsgesetzes" auf die demokratische Ordnung (M4).
Tipp: Was passierte mit der Gewaltenteilung zwischen Exekutive und Legislative?
c) Vergleicht eure Ergebnisse und diskutiert, ob die Demokratie auf legalem Weg beseitigt wurde.

4 Nenne mindestens drei Ursachen für die Verabschiedung des Ermächtigungsgesetzes (Darstellungstext, M3).

5 Überprüfe mithilfe des deutschen Grundgesetzes, ob heute ein ähnliches Gesetz möglich wäre.
Tipp: Berücksichtige besonders die Artikel 20 und 79.

Webcode: FG644216-115
Film: 1933 – Der Weg in die Diktatur

Politische Reden vergleichen

*Am 23. März 1933 stellte Reichskanzler Hitler die Argumente für das „Ermäch-
tigungsgesetz" in einer Rede im Reichstag dar. Im Anschluss machte der SPD-
Vorsitzende Otto Wels die Position der Sozialdemokraten deutlich.*

- *Vergleiche die beiden Reden und werte sie mithilfe der Arbeitsschritte
  kritisch aus.*

**Auszug aus der Regierungserklärung Adolf Hitlers
am 23. März 1933:**

Um die Regierung in die Lage zu versetzen, die Aufgaben zu erfüllen, die innerhalb des allgemein gekennzeichneten Rahmens liegen, hat sie im Reichstag durch die beiden Parteien der Nationalsozialisten
5 [NSDAP] und Deutschnationalen [DNVP] das Ermächtigungsgesetz einbringen lassen. Ein Teil der
beabsichtigten Maßnahmen erfordert die verfas-
sungsändernde Mehrheit. Die Durchführung dieser
Aufgaben bzw. ihre Lösung ist notwendig. Es würde
10 dem Sinn der nationalen Erhebung widersprechen,
... wollte die Regierung sich für ihre Maßnahmen
von Fall zu Fall die Genehmigung des Reichstages
erhandeln oder erbitten. Die Regierung wird dabei
nicht von der Absicht getrieben, den Reichstag als
15 solchen aufzuheben, im Gegenteil, sie behält sich

auch in Zukunft vor, ihn von Zeit zu Zeit über ihre
Maßnahmen zu unterrichten oder aus bestimmten
Gründen, wenn zweckmäßig, auch seine Zustimmung einzuholen. Die Autorität und damit die Er-
20 füllung der Aufgaben der Regierung würden aber
leiden, wenn im Volke Zweifel an der Stabilität des
neuen Regiments entstehen ... Sie bietet den Partei-
en des Reichstags die Möglichkeit einer ruhigen
Entwicklung und einer sich daraus in der Zukunft
25 anbahnenden Verständigung; sie ist aber ebenso fest
entschlossen und bereit, die Bekundung der Ablehnung und damit die Ansage des Widerstandes
entgegenzunehmen. Mögen Sie, meine Herren,
nunmehr selbst die Entscheidung treffen über
30 Frieden oder Krieg.

*Zit. nach Johannes Hohlfeld u. a. (Hg.), Dokumente der
deutschen Politik und Geschichte von 1848 bis zur Gegenwart, Bd. 4, Berlin (Wendler) 1954, S. 35f.*

**Auszug aus der Rede von Otto Wels in der
Reichstagssitzung am 23. März 1933:**

Freiheit und Leben kann man uns nehmen, die Ehre
nicht. Nach den Verfolgungen, die die Sozialdemokratische Partei in der letzten Zeit erfahren hat,
wird billigerweise niemand von ihr verlangen oder
5 erwarten können, dass sie für das hier eingebrachte
Ermächtigungsgesetz stimmt. Die Wahlen vom
5. März haben den Regierungsparteien die Mehrheit
gebracht und damit die Möglichkeit gegeben, streng
nach Wortlaut und Sinn der Verfassung zu regieren.
10 Wo diese Möglichkeit besteht, besteht auch die
Pflicht ... Noch niemals, seit es einen Deutschen
Reichstag gibt, ist die Kontrolle der öffentlichen
Angelegenheiten durch die gewählten Vertreter des
Volkes in solchem Maße ausgeschaltet worden, wie

15 es jetzt geschieht, und wie es durch das neue Ermächtigungsgesetz noch mehr geschehen soll ...
Die Herren von der Nationalsozialistischen Partei
nennen die von ihnen entfesselte Bewegung eine nationale Revolution, nicht eine nationalsozialistische.
20 Das Verhältnis ihrer Revolution zum Sozialismus beschränkt sich bisher auf den Versuch, die sozialdemokratische Bewegung zu vernichten ... Zerstörung
von Bestehendem ist aber noch keine Revolution ...
Wir deutschen Sozialdemokraten bekennen uns ...
25 feierlich zu den Grundsätzen der Menschlichkeit
und der Gerechtigkeit, der Freiheit und des Sozialismus ... Wir grüßen die Verfolgten und Bedrängten.

*Zit. nach Herbert Michaelis & Ernst Schraepler, Ursachen
und Folgen. Vom deutschen Zusammenbruch 1918–1945 bis
zur staatlichen Neuordnung Deutschlands in der Gegenwart,
Bd. 9, Berlin (Wendler) 1964, S. 147f.*

Arbeitsschritte „Politische Reden vergleichen"

Leitfrage	Lösungshinweise zu M1 und M2
1. Welche Leitfrage könnte den Vergleich bestimmen?	• *z. B.: Das „Ermächtigungsgesetz" – eine alternativlose Notwendigkeit im Sinne des Volkes?*

Formale Analyse

2. Wer hat die Reden verfasst? Wann sind sie entstanden?	• *Die Reden M1 und M2 sind am …* **Tipp:** Politische Reden sind Quellen, in denen der Redner seine Zuhörer von einer bestimmten Meinung überzeugen will. Sie eignen sich, zeitgenössische Perspektiven auf ein Thema kennenzulernen.
3. In welchem Kontext wurden die Reden gehalten und an wen (Adressat) wenden sich die Redner? Welche Absicht/Intention verfolgen die Redner?	• *Die Rede Hitlers ist die Regierungserklärung zum …* • *Wels nimmt in seiner Rede …* • *Beide Redner richten sich an … und insbesondere …*

Inhaltliche Analyse und Vergleich

4. Wie sind die Reden aufgebaut und welche Kernaussagen werden getroffen?	• *M1 lässt sind in folgende Abschnitte gliedern …* • *Es werden folgende zentrale Aussagen getroffen …*
5. Welche Aussagen müssen näher erläutert werden?	• *Die Aussage Hitlers … meint …*
6. Inwiefern wird in den Reden aufeinander Bezug genommen?	• *Wels nimmt besonders durch das Aufgreifen des Begriffes „Revolution" (Z. 20) Bezug zur Rede Hitlers und macht …*
7. Mithilfe welcher Kriterien lassen sich die Quellen vergleichen (z. B. ideologische Ausrichtung, Beschreibung der gegenwärtigen Situation, Intention)?	• *In Hitlers Rede wird die antiparlamentarische und antidemokratische Haltung deutlich, indem er …* • *Wels ist ein Verfechter von Demokratie, Gerechtigkeit und … weil er …*

Beurteilung

8. Wie würden die Redner die aufgestellte Leitfrage beantworten?	• *Hitler bejaht diese Frage, weil er … Wels hingegen verweist auf die Funktionsweise eines …*
9. Zur welcher Bewertung hinsichtlich der Leitfrage gelangst du nach dem Vergleich beider Reden?	• *Ich bin der Meinung, dass …*

Umgang mit Tonaufnahmen von Reden

10. Wie und warum wirken die Reden auf mich? Wie arbeiten die Redner mit ihrer Stimme (Lautstärke, Tempo, Deutlichkeit, Emotionalität)?	**Tipp:** Nutze den Webcode FG644216-117, um dir die Rede von Otto Wels und Hitlers Reaktion anzuhören. • …
11. Wie ist die Reaktion der Zuhörer?	• *Die Zuhörer lassen sich dem nationalsozialistischen und dem sozialdemokratischen Lager zuordnen …*
12. Wie reagieren die Redner auf das Publikum?	• *Es scheint, als fühlten sich beide Redner …*

1 Vergleiche M1 und M2 mithilfe der Arbeitsschritte 1–9 und ergänze die Lösungshinweise (…).

2 **a)** Bearbeite die Arbeitsschritte 10–12 mithilfe des **Webcodes**.
b) Erkläre, welche Vor- und welche Nachteile die Analyse der Rede als Tondokument hat.

Die schrittweise Etablierung der Diktatur

Innerhalb weniger Monate gelang es den Nationalsozialisten, das demokratische System der Weimarer Republik zu beseitigen und ihr Herrschaftssystem, eine totalitäre* Diktatur, zu errichten.
- *Wie gelang den Nationalsozialisten dieser Prozess?*
- *Welche Bereiche der Gesellschaft waren betroffen?*

Die Zerstörung der demokratischen Ordnung

Die im Februar und März 1933 erlassenen Notverordnungen bzw. Gesetze, wie „Ermächtigungsgesetz", leiteten einen Prozess der absoluten Kontrolle aller staatlichen, aber auch sozialen Einrichtungen durch die
5 Nationalsozialisten ein. So wurden mit dem „Gesetz zur Gleichschaltung der Länder mit dem Reich" die Länderregierungen beseitigt und „Reichsstatthalter" eingesetzt, die Hitler unmittelbar unterstanden. Das im April 1933 erlassene „Gesetz zur Wiederherstellung des Berufs-
10 beamtentums" bot die Grundlage für die Entlassung politisch andersdenkender sowie deutscher Beamter jüdischen Glaubens oder mit jüdischen Vorfahren („nichtarisch").

Der 1. Mai wurde zum „Tag der nationalen Arbeit" er-
15 klärt und mit Massenaufmärschen und Großkundgebungen als Feiertag inszeniert. Am 2. Mai 1933 besetzten völlig überraschend SA*, SS* und Polizei Gewerkschaftshäuser im ganzen Reich. Freie Gewerkschaften wurden verboten, ihr Vermögen beschlagnahmt, zahlreiche Ge-
20 werkschaftsfunktionäre verhaftet und in die von nun an entstehenden Konzentrationslager* gebracht. Nachdem alle Parteien verboten worden waren bzw. die bürgerlichen Parteien sich selbst aufgelöst hatten, wurde im Juli die NSDAP zur alleinigen Staatspartei erklärt. Für eine
25 positive Berichterstattung in der Presse wie auch die Gleichschaltung der Literatur und Kunst sorgten das „Reichsministerium für Volksaufklärung und Propaganda" und die „Reichskulturkammer" unter Joseph Goebbels. Das bedeutete, dass kritische Journalisten entlas-
30 sen wurden und missliebige Künstler und Schriftsteller Berufsverbote erhielten. Viele von ihnen emigrierten. Am 10. Mai wurden in vielen deutschen Städten Bücher verbotener Autorinnen und Autoren öffentlich verbrannt. Die Nationalsozialisten trafen auf keinen nen-
35 nenswerten Widerstand gegen diese tief greifenden Veränderungen. Viele Menschen waren wohl auch deshalb bereit, sie hinzunehmen, weil die Nationalsozialisten nach den Krisenzeiten der Weimarer Republik politische Stabilität versprachen, und es schien nach außen so, als
40 ob es ihnen gelänge, die soziale Not zu senken – zumindest kurzfristig.

Festigung der Macht

Eine scharfe Konkurrenz zwischen der immer mächtiger werdenden SA und der Reichswehr sowie parteiinterne
45 Macht- und Richtungskämpfe belasteten das Hitler-Regime zunehmend. Im Sommer 1934 wurden die gesamte SA-Spitze um Ernst Röhm sowie etliche konservative Regimekritiker auf Befehl Hitlers entmachtet und hingerichtet. Nach dem Tod des Reichspräsidenten
50 Hindenburg am 2. August 1934 ergriff Hitler auch den Posten des Staatsoberhauptes und ließ sich nachträglich durch Volksentscheid als „Führer*" und Reichskanzler" in diesem Amt bestätigen. Damit besaß er die uneingeschränkte Gewalt in Deutschland.

M 1   *„1. Mai 1933", Tag der Arbeit, Postkarte, 1933*

M 2

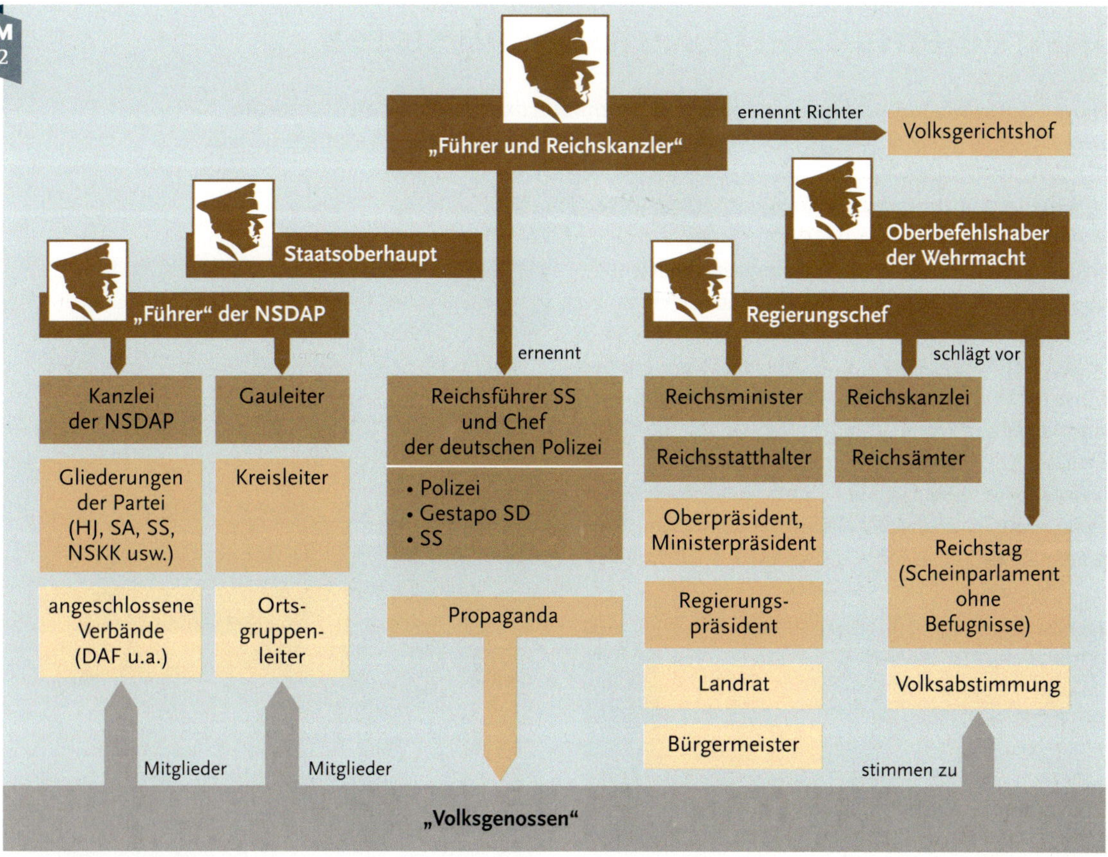

```
                    "Führer und Reichskanzler" ——— ernennt Richter ——→ Volksgerichtshof

         Staatsoberhaupt                                    Oberbefehlshaber
                                                            der Wehrmacht

"Führer" der NSDAP                        Regierungschef
```

| Kanzlei der NSDAP | Gauleiter | | Reichsführer SS und Chef der deutschen Polizei | Reichsminister | Reichskanzlei |

ernennt · schlägt vor

Kanzlei der NSDAP	Gauleiter
Gliederungen der Partei (HJ, SA, SS, NSKK usw.)	Kreisleiter
angeschlossene Verbände (DAF u.a.)	Orts-gruppen-leiter

| Reichsführer SS und Chef der deutschen Polizei |
| • Polizei • Gestapo SD • SS |
| Propaganda |

Reichsminister	Reichskanzlei
Reichsstatthalter	Reichsämter
Oberpräsident, Ministerpräsident	Reichstag (Scheinparlament ohne Befugnisse)
Regierungs-präsident	
Landrat	Volksabstimmung
Bürgermeister	

Mitglieder · Mitglieder · stimmen zu

„Volksgenossen"

Machtstruktur der NS-Diktatur

M 3

Reichspropagandaminister Goebbels notierte in seinem Tagebuch, 17. April 1933:

Ich habe mit dem Führer die schwebenden Fragen eingehend durchgesprochen … Den 1. Mai werden wir zu einer grandiosen Demonstration des deutschen Volkswillens gestalten. Am 2. Mai
5 werden dann die Gewerkschaftshäuser besetzt. Gleichschaltung auch auf diesem Gebiet. Es wird vielleicht ein paar Tage Krach geben, aber dann gehören sie uns. Man darf hier keine Rücksicht mehr kennen … Sind die Gewerkschaften in unse-
10 rer Hand, dann werden sich auch die anderen Parteien und Organisationen nicht mehr lange halten können.

Zit. nach Herbert Michaelis & Ernst Schraepler (Hg.), Ursachen und Folgen. Vom deutschen Zusammenbruch 1918 und 1945 bis zur staatlichen Neuordnung Deutschlands in der Gegenwart, Berlin (Wendler) 1964, S. 628.

Gleichschaltung
Nationalsozialistischer Begriff: Vereinnahmung von Institutionen und Organisationen für die Ziele der NSDAP (z. B. Schulen, Zeitungen). Abschaffung der Meinungsfreiheit und Vielfalt durch Verbote oder Eingliederung in NS-Organisationen.

1 **Wähle eine Aufgabe aus:**
   a) Erkläre, wie die Nationalsozialisten bei der Gleichschaltung der Arbeiter vorgingen (Begriffs-kasten, Darstellungstext und M1).
   b) Erkläre, wie die Nationalsozialisten bei der Gleichschaltung der Gewerkschaften vorgingen (Begriffskasten, Darstellungstext und M3).
2 **Partnerarbeit:** Diskutiert die Ursachen für die Gleichschaltung der Arbeiter und Gewerkschaften.
3 **a)** Untersuche das Schaubild M2. Kläre unbekannte Begriffe und Abkürzungen.
   b) Beschreibe die Struktur der NS-Diktatur. Verwende den Begriff „Doppelstruktur".
4 Erstelle mithilfe der Doppelseite und deiner bisherigen Kenntnisse ein Schaubild mit dem Titel „Die schrittweise Etablierung der Diktatur".

Instrumentalisierte Kunst analysieren

Neben Journalisten und Schriftstellern fielen auch Künstler der Gleichschaltung zum Opfer. Vielen wurde verboten, ihre Kunst weiterzubetreiben, oder sie wurde für die Zwecke der Nationalsozialisten instrumentalisiert.
- *Was versteht man unter instrumentalisierter Kunst?*

Schon 1933 begann das Reichspropagandaministerium, Maler und Bildhauer zu überwachen. Es verhängte Berufsverbote gegen Künstler, deren Werke es als „undeutsch" oder „entartet" betrachtete. Viele solcher
5 Kunstwerke wurden beschlagnahmt, ins Ausland verkauft oder vernichtet. Aufträge gab es nur noch für Gemälde und Skulpturen, die der Ideologie der Nationalsozialisten entsprachen. Kunst und Architektur standen nun im Dienst der Diktatur – sie wurden „inst-
10 rumentalisiert".

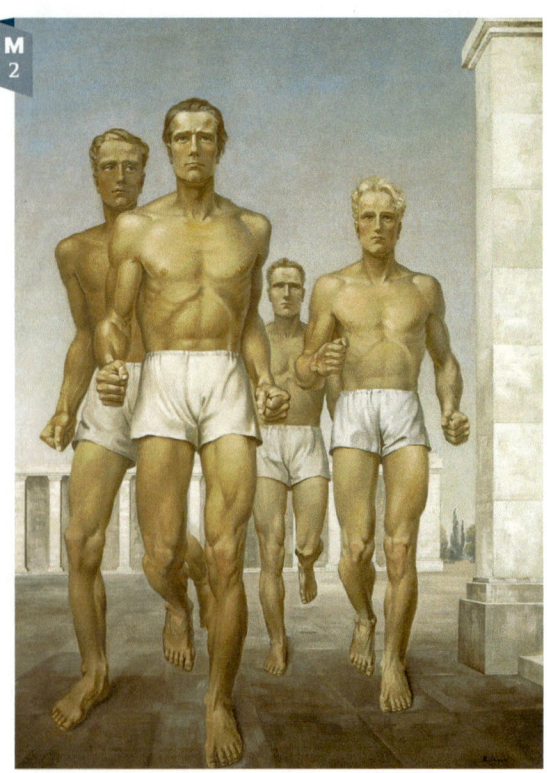

„Turner", Gemälde von Gerhard Keil, 1939

„Die Fahne", Aquarell von Paul Hermann, veröffentlicht 1942 zum Jahrestag des sogenannten Hitlerputsches vom 9. November 1923. Das Werk hing 1942 in der „Großen Deutschen Kunstausstellung" in München. Auf Hitlers Veranlassung erhielt der Künstler mehrere Auszeichnungen.

1 Untersuche M1 mithilfe der Arbeitsschritte. Ergänze die Lösungshinweise.
2 Analysiere M2 mithilfe der Arbeitsschritte.
3 **Wähle eine Aufgabe aus:**
   a) In einer heutigen Ausstellung über NS-Kunst sollen M1 und M2 hängen. Verfasse anhand deiner Analyse einen Kommentar für den Ausstellungskatalog.
   b) Vergleiche M2 mit S. 71, M6. Arbeite Unterschiede heraus und erkläre sie.
4 Stelle dar, welchen Einfluss Kunstwerke auf den Betrachter haben und welche Empfindungen hervorgerufen werden.
5 Beurteile, warum die Nationalsozialisten eine Kunstvielfalt nicht duldeten.

Arbeitsschritte „Instrumentalisierte Kunst analysieren"

Thema und Einzelaspekte des Bildes erfassen und beschreiben	Lösungshinweise zu M1
1. Wer hat das Bild gemalt? Wann ist es entstanden?	• ...
2. Welchen ersten Eindruck und welche Stimmung vermittelt das Bild?	• *Auf dem Bild herrscht eine ernste, feierliche und heroische Stimmung vor. Diese wird erzeugt durch ...*
3. Welche Personen und Gegenstände sind zu sehen?	• *Vier Männer in Uniform in der Mitte, gefolgt von einer größeren Gruppe, dicht gedrängte Menschenmassen, Fahnenschmuck an den Fassaden. Die Personen sind kaum als Individuen erkennbar.*
4. Wo befinden sich die Personen und wie ist das Bild aufgebaut (Bildmittelpunkt, Perspektive)?	• *Die vier Männer mit der Fahne bilden den Mittelpunkt. Die Arme der Zuschauer lenken den Blick des Betrachters auf sie. Durch das Hochformat wirkt die Straßenflucht enger, dunkle Säulen heben sich ab. Auf den Säulen sind in großen Schalen Feuer entzündet.*
5. Werden Farben, Licht und Schatten eingesetzt?	• *Gleißendes Sonnenlicht lässt die Personen als dunkle Gestalten erscheinen, lediglich die Fahnen haben Farbakzente. Der Rauch der Feuer erzeugt eine gespenstische, mystische Atmosphäre.*
Symbolik und Geschichtlichkeit des Bildes erschließen und deuten	
6. In welchem Bezug stehen die Einzelaspekte und welche „Geschichte" erzählt das Bild?	• *Das Bild soll stark stilisiert den jährlich inszenierten Marsch auf die Feldherrnhalle darstellen und die Erinnerung an den Hitlerputsch von 1923 (siehe S. 62/63) wachhalten.*
7. Lassen sich Symbole oder bildhafte Vergleiche finden?	• *Die Fahne steht für die nationalsozialistischen Werte der Treue, der Entschlossenheit, des Heldentums wie auch für die „Volksgemeinschaft", in welcher das Individuum aufgeht.*
8. An welchen Bildelementen werden die Vorstellungen der Nationalsozialisten sichtbar?	• *Das Individuum geht in der Masse auf, der Hitlergruß soll die Gemeinschaft unterstreichen, das Soldatische und die Fahne stehen im Mittelpunkt ...*
Entstehung und Wirkung des Bildes untersuchen und in seinem Zusammenhang interpretieren	
9. Was wissen wir über die Entstehung des Werkes und über den Künstler? Wie stand der Künstler zu den Nationalsozialisten?	• *Paul Hermann genoss das Vertrauen Hitlers, der seine Werke persönlich kaufte. Er galt als überzeugter Nationalsozialist und wurde 1941 zum Professor ernannt.*
10. Welche Wirkung könnte es auf Zeitgenossen gehabt haben?	• ...
11. Lassen sich ideologische Bezüge erkennen? Inwiefern liegt hier ein Beispiel „instrumentalisierter Kunst" vor?	• ...

Propaganda im Nationalsozialismus

In Diktaturen spielt Propaganda eine zentrale Rolle, um die Bevölkerung permanent beeinflussen zu können. Auch die Nationalsozialisten nahmen mit einem riesigen Propaganda-Apparat Einfluss auf die öffentliche Meinung.

- *Warum ist eine Beeinflussung der öffentlichen Meinung für totalitäre Diktaturen wichtig?*
- *Welcher Mittel bediente sich die NS-Propaganda?*

Titelbild einer NS-Broschüre, ca. 1935

Massenmedien als Propagandainstrumente

Bereits für ihren Aufstieg hatten die Nationalsozialisten auf neue Medien gesetzt, um die Bevölkerung für sich zu gewinnen. Der Einsatz von Lautsprecheranlagen, Plakaten und Parteizeitungen zeigte Wirkung. „Hitler über
5 Deutschland" titelte die NS-Propaganda 1932 anlässlich seiner Wahlkampfreisen per Flugzeug. Die bis dahin wenig bekannte Präsenz dieses Politikers vermittelte einen modernen und dynamischen Eindruck seiner Person. Die NS-Führung nutzte insbesondere Rundfunk und
10 Film, um die breite Masse zu erreichen. Der Rundfunk wurde das wichtigste Massenmedium im Dritten Reich*. Mittels des preisgünstigen Volksempfängers konnte der „Führer" eine immer größere Zahl von Hörern mit

seinen Reden erreichen. Es ist schwierig, ein kritisches
15 Bewusstsein zu entwickeln, wenn alle Medien dieselben Botschaften verkünden.
Das Angebot an Filmen hatte eine große Bandbreite. Es umfasste politisch-propagandistische Filme ebenso wie Unterhaltungsfilme. 1200 Spielfilme und zahllose Wo-
20 chenschau- sowie „Kulturfilme" entstanden während der NS-Zeit. Unter dem Deckmantel von „Dokumentationen" wurden Propagandafilme gefördert, unter anderem Filme über die Reichsparteitage oder der von Leni Riefenstahl gedrehte Film über die Olympischen Spiele
25 1936. Hetzfilme wie „Jud Süß" und „Der ewige Jude" vermittelten einen aggressiven Antisemitismus. Viele Unterhaltungsfilme sollten vor allem im Krieg (1939 bis 1945) dazu dienen, von den Problemen der Gegenwart abzulenken. Ab 1934 war allen Kinobesitzern vorge-
30 schrieben, im Vorprogramm wenigstens einen „Kulturfilm" und die „Wochenschau" zu zeigen. Die „Kulturfilme" präsentierten scheinbar objektiv und sachlich Themen wie die Rassenlehre*. Die „Wochenschau" war eine Nachrichtensendung, in der besonders die Leistun-
35 gen des NS-Regimes dargestellt und gewürdigt wurden. Das eigens geschaffene „Ministerium für Volksaufklärung und Propaganda" unter Minister Joseph Goebbels überprüfte und sorgte für die Einhaltung der Vorgaben der Nationalsozialisten durch sämtliche Massenmedien.

Plakat zur Rundfunkausstellung in Berlin, 1936

Hitler mit Goebbels und dessen Tochter am Strand, Foto, 1935

Hitler schreibt in „Mein Kampf" über das Wesen der Propaganda:

Gerade darin liegt die Kunst der Propaganda, dass sie, die gefühlsmäßige Vorstellungswelt der großen Masse begreifend, in psychologisch richtiger Form den Weg der Aufmerksamkeit und wei-
5 ter zum Herzen der breiten Massen findet. Versteht man aber die Notwendigkeit der Einstellung der Werbekunst der Propaganda auf die breite Masse, so ergibt sich weiter: Es ist falsch, der Propaganda die Vielseitigkeit geben zu wollen.
10 Die Aufnahmefähigkeit der großen Masse ist nur sehr beschränkt, das Verständnis klein, dafür jedoch die Vergesslichkeit groß. Aus diesen Tatsachen heraus hat sich jede wirkungsvolle Propaganda auf nur sehr wenige Punkte zu beschrän-
15 ken und diese schlagwortartig so lange zu vertreten, bis auch bestimmt der Letzte ... das Gewollte sich vorzustellen vermag.

Adolf Hitler, Mein Kampf, 220./224. Auflage, München (Eher) 1936, S. 197.

M5 Reichssendeleiter Eugen Hadamovsky über Grundsätze der Propaganda (1933):

Propaganda und abgestufte Gewaltanwendung [müssen] in ganz besonders kluger Form zusammenwirken ... Die Gewaltanwendung kann ein Teil der Propaganda sein. Dazwischen gibt es alle Arten
5 der wirksamen Beeinflussung von Menschen und Massen, angefangen von der blitzartigen Erregung der Aufmerksamkeit, der gütlichen Überredung des Einzelnen bis hin zur trommelnden Massenpropaganda, von der losen Organisation der Gewonnenen
10 bis zur Schaffung staatlicher oder halbstaatlicher Institutionen, vom individuellen bis zum Massenterror, von der legitimierten Gewaltanwendung des Stärkeren, Stand, Klasse, Staat, bis zur militärischen Erzwingung von Gehorsam und Disziplin im Stand-
15 recht.

Eugen Hadamovsky, Propaganda und nationale Macht, Oldenburg (Gerhard Stalling) 1933, S. 22 und 39.

1 **a)** Bei besonders wichtigen Ereignissen und Reden wurde „Gemeinschaftsempfang" verordnet (M2): Firmen und Geschäfte mussten für die Dauer der Rundfunkübertragung eine Pause einlegen. Erläutere die Absicht dahinter.
b) Erkläre, welches Verhältnis zwischen Bevölkerung und Regime dadurch deutlich wird.
2 Nenne mindestens fünf Medien, durch welche die Nationalsozialisten die Bevölkerung beeinflusste und lenkte.

3 **Wähle eine Aufgabe aus:**
a) Beschreibe in kurzen prägnanten Sätzen das Foto M1 und erläutere, warum dieses Titelbild für die NS-Propaganda eingesetzt wurde.
b) Beschreibe in kurzen prägnanten Sätzen das Foto M3 und erläutere, warum dieses Foto für die NS-Propaganda eingesetzt wurde.
4 Arbeite Wesen und zentrale Ziele der NS-Propaganda aus M4 und M5 heraus.
5 **Partnerarbeit:** Diskutiert, ob ihr heute irgendeiner Art Propaganda ausgesetzt seid.

Webcode: FG644216-123
NS-Propaganda

Propagandafotos interpretieren

Die nationalsozialistische Propaganda war ein wesentliches Mittel zur Verblendung und Verführung. Die Nationalsozialisten nutzten von Anfang an die neuen medialen Möglichkeiten, wie den Rundfunk oder den Film. Sie nutzten aber auch die Fotografie für ihre Zwecke. Pressefotografen arbeiteten nach genauen Anweisungen, und die Betrachter der Bilder sollten Adolf Hitler oder bestimmte Ereignisse aus einem ganz bestimmten Blickwinkel sehen. Hitler hatte mit Heinrich Hoffmann sogar einen eigenen Fotografen.

- *Die Arbeitsschritte auf dieser Doppelseite zeigen dir, wie du diese historischen Propagandafotos untersuchst und interpretierst.*

M 1 *Reichsparteitag der NSDAP 1934 auf dem Reichsparteigelände in Nürnberg, Foto von Heinrich Hoffmann. Das Gruppenbild zeigt Hitler im SA-Hemd, wie er einem SA-Angehörigen die rechte Hand reicht. Mit der linken Hand greift er nach einer Hakenkreuzfahne, die 1923 beim Hitlerputsch mitgeführt wurde („Blutfahne"). Umgeben sind sie von SA und SS-Angehörigen.*

M 2 *Reichsparteitag der NSDAP 1935 auf dem Reichsparteigelände in Nürnberg, Foto von Heinrich Hoffmann. Das Bild zeigt SA-Angehörige in Formation bei der „Totenehrung" der Opfer des Hitlerputsches 1923.*

Webcode: FG644216-124

Heinrich Hoffmann

Arbeitsschritte „Propagandafotos interpretieren"

Angaben zum Foto machen	Lösungshinweise zu M1
1. Wann ist das Foto entstanden?	• *Das Foto ist … entstanden.*
2. Wo ist das Foto aufgenommen worden?	• *Das Foto wurde …*
3. Wer hat in wessen Auftrag fotografiert?	• *Der Fotograf war …*
4. Für wen ist die Fotografie angefertigt worden?	• *Die Fotografie wurde für … angefertigt.*
Die Fotografie beschreiben	
5. Was wird auf dem Foto dargestellt?	• *Das Foto zeigt …*
6. Welche Einzelheiten sind zu erkennen (Personen, Gebäude, Umgebung)?	• *Im Mittelpunkt des Propagandafotos ist … Im Hintergrund sind Hakenkreuzfahnen und … zu sehen.* • *…*
7. Welche Bildtechnik ist zu erkennen (Perspektive, Entfernung, Ausschnitt)?	• *Das Foto wurde aus nächster Nähe mit einer Frontalansicht aufgenommen. Dadurch rückt Hitler …* • *…*
Die Fotografie interpretieren	
8. Welche Wirkung hat das Dargestellte auf den Betrachter?	• *Das Bild wirkt auf den Betrachter …*
9. Welche Aussage soll es vermitteln? Mit welchem Zweck wurde die Fotografie vermutlich aufgenommen?	• *Das Bild zeigt … Die Fotografie soll …*
10. Wie reagierten Zeitgenossen vermutlich auf das Foto?	• *Zeitgenossen reagierten auf das Foto vermutlich damit, dass …*
11. Bewerte die Fotografie hinsichtlich seines Einsatzes zu Propagandazwecken.	• *…*

1 Interpretiere M1 mithilfe der Arbeitsschritte. Ergänze die Lösungshinweise an den gekennzeichneten Stellen (…).

2 Interpretiere M2 mithilfe der Arbeitsschritte.

3 Stelle Vermutungen an, weshalb Hitler einen persönlichen Fotografen hatte (Personenkasten, M3).

Heinrich Hoffmann (1885–1957)

war als persönlicher Fotograf Adolf Hitlers und Mitglied der NSDAP maßgeblich an der NS-Propaganda beteiligt. Er prägte mit seinen Fotos das Bild der Menschen von Hitler bis heute. Seine Fotos waren akribisch geplant, und er setzte durch eine bestimmte Perspektive Hitler in Szene. Die Bilder sollten Hitlers Führerrolle betonen und wurden massenhaft verbreitet. Der Bevölkerung sollte auf diese Weise der Anspruch Hitlers als „Führer" als etwas Selbstverständliches erscheinen.

Adolf Hitler beim Einübung von Rednerposen im Atelier Heinrich Hoffmanns, Foto, 1926

Jugend und Schule im Nationalsozialismus

Ein zentrales Ziel der Nationalsozialisten war die Erziehung der Jugend im Sinne ihrer Ideologie. Der NS-Staat schuf Jugendorganisationen, die von ihm kontrolliert wurden, und nutzte die Schule.

• *Welche Erziehungsziele verfolgten die Nationalsozialisten?*

Werben für die Hitlerjugend

„Meine Pädagogik ist hart. Das Schwache muss weggehämmert werden … Eine gewalttätige, herrische, unerschrockene, grausame Jugend will ich", sagte Hitler über die Erziehung der Jugend. Dazu diente ihm vor
5 allem die bereits 1926 gegründete Hitlerjugend (HJ). Nach Hitlers Amtsantritt 1933 begann eine staatliche Kampagne, um die Jugendlichen zum Eintritt in die HJ zu bewegen. Geworben wurde mit Fahrten und Zeltlagern (M1). Sondereinheiten wie die Reiter-, Motor-,
10 Flieger- oder Nachrichten-HJ zogen insbesondere technisch interessierte und sportliche Jugendliche an. Für künstlerisch Talentierte gab es Fanfarenzüge und Theaterspielgruppen.

Mitgliedschaft in der Hitlerjugend

15 1936 wurde erstmals ein Jahrgang zu fast 100 Prozent erfasst, weil die Mitgliedschaft per Gesetz verpflichtend war. Jüdischen Jugendlichen war der Beitritt in die HJ allerdings verwehrt. Die HJ war hierarchisch aufgebaut. Jugendliche befehligten Jugendliche als „kleine" Führer.
20 Die HJ gliederte sich in das Deutsche Jungvolk (DJ), die Hitlerjugend (HJ) für die männlichen sowie die Jungmädel (JM) und den Bund Deutscher Mädel (BDM) für die weiblichen Jugendlichen. Im Jungvolk und bei den Jungmädel waren die 10- bis 14-Jährigen organisiert, in
25 HJ und BDM die 14- bis 18- bzw. 21-Jährigen.

Erziehungsziele

Bei allen Aktivitäten der HJ spielte vor allem das Leitbild des Soldaten eine wichtige Rolle. Die soldatischen Tugenden – Disziplin, Gehorsam und Opferbereitschaft –
30 sollten während der Wochenendfahrten spielerisch geübt werden. Die vormilitärische Ausbildung, welche auch Schießübungen umfasste, galt als Vorbereitung der Jungen auf den Krieg. Der BDM bereitete die Mädchen auf ihre Rolle als Ehefrau und Mutter vor. Neben haus-
35 wirtschaftlichen Aufgaben und Leibesübungen wurden sie auch nach Maßgabe der „Rassenhygiene" geschult. Ihre Aufgabe war es, später „erbgesunde" Kinder zur Welt zu bringen (M2).

Schule im NS-Staat

40 Für die Erziehung im Sinne der NS-Ideologie nutzte der NS-Staat auch die Schule: Hitlerporträts und Hakenkreuzen-Fahnen hingen in jedem Klassenzimmer. Gegrüßt wurde mit dem Hitlergruß. Zudem fanden regelmäßig Fahnenappelle statt. Die Lehrkräfte mussten dem
45 NS-Lehrerbund beitreten und waren damit „gleichgeschaltet" (siehe S. 118/119). Jüdische Lehrkräfte durften nach 1933 nicht mehr unterrichten. Ab 1936/37 wurden insbesondere die Fächer Biologie und Geschichte für die Einflussnahme auf die Schüler genutzt. Der
50 Geschichtsunterricht beschränkte sich auf die deutsche Geschichte und die der „nordischen Rasse". In Biologie wurden „Vererbungslehre" und „Rassenkunde" eingeführt. Außerdem erhielt das Fach Sport eine erhöhte Stundenzahl, damit das nationalsozialistische Ideal der
55 körperlichen Ertüchtigung umgesetzt werden konnte. Neben den staatlichen Schulen wurden „Eliteschulen" wie die Adolf-Hitler-Schulen (AHS) oder die Nationalpolitischen Erziehungsanstalten (Napola) geschaffen (siehe auch S. 130/131). Die Aufnahme erfolgte mit
60 12/13 Jahren nach einer eingehenden Prüfung und dem Nachweis, dass die Familie „arisch" war. Weitere Voraussetzungen waren die Erbgesundheit der Familie sowie ein Engagement in der NSDAP oder ihren angeschlossenen Verbänden.

 *Hitlerjugend beim Appell, Foto, 1936*

Webcode: FG644216-126
Jugend im Nationalsozialismus

Gesetz über die Hitlerjugend (1936):

Von der Jugend hängt die Zukunft des deutschen Volkes ab. Die gesamte deutsche Jugend muss deshalb auf ihre künftigen Pflichten vorbereitet werden. Die Reichsregierung hat daher das folgende Gesetz beschlossen ...:

§1 Die gesamte deutsche Jugend innerhalb des Reichsgebiets ist in der Hitlerjugend zusammengefasst.

§2 Die gesamte deutsche Jugend ist außer in Elternhaus und Schule in der Hitlerjugend körperlich, geistig und sittlich im Geiste des Nationalsozialismus zum Dienst am Volk und zur Volksgemeinschaft zu erziehen.

Zit. nach Wolfgang Michalka (Hg.), Deutsche Geschichte 1933–1945, Dokumente zur Innen- und Außenpolitik, Frankfurt a. M. (Fischer) 2000, S. 90.

Mitgliederwerbung für den Bund Deutscher Mädel (BDM), Plakat, 1937

Otto Jehuda Reiter über seine Schulzeit (1983):

[1933] kam es an meiner Schule zu ersten antijüdischen Ausschreitungen. In der Pause rotteten sich die Schüler auf dem Schulhof zusammen, und unter den Augen des aufsichtführenden Lehrers gelang es meinen Mitschülern, mich in einen der Papierkörbe zu stecken und mich mit viel Geschrei zu umtanzen. Schlagartig setzte nun eine Veränderung auf fast allen Gebieten des Schulbetriebs ein. Die Lehrer wurden aufgefordert, beim Betreten der Klasse den deutschen Gruß zu grüßen, und die Schüler antworteten im Chor. Nur einige Mitschüler wagten es noch, mit mir überhaupt zu reden. In den kommenden Jahren war eine besondere Schulbank an der Seite des Klassenzimmers für mich bestimmt. In den Jahren 1933 bis 1937 wurden viele Unterrichtsstunden gleichgeschaltet ... In den Turnstunden wurde fast nur Wehrsport getrieben. Aber trotz aller Versuche, alles durchzustehen, ... blieb mir nichts anderes übrig, als 1937 auf eine jüdische Schule überzuwechseln. Am 9. November 1938 wurde das Seminar [die Schule] während der sogenannten Kristallnacht zerschlagen, wir Schüler mit den Lehrern zusammen verhaftet und in die KZs überführt.

Zit. nach Geert Platner (Hg.), Schule im Dritten Reich. Erziehung zum Tod? Eine Dokumentation, München (dtv) 1983, S. 145ff.

1 **a)** Nenne die Erziehungsziele der Nationalsozialisten (Darstellungstext, M3).
b) Erkläre den Aufbau der Jugendorganisationen.

2 **Wähle eine Aufgabe aus:**
Erläutere, wie für die NS-Jugendorganisationen geworben wurde.
a) M1 **b)** M2

3 Beschreibe, wie der NS-Staat mit jüdischen Jugendlichen und Lehrern umging (Darstellungstext, M4).

Zusatzaufgabe: siehe S. 175

Webcode: FFG644216-127
Schule im Nationalsozialismus

Die „Volksgemeinschaft" – ein Ideal?

Die Nationalsozialisten versprachen den Deutschen eine „Volksgemeinschaft" ohne Klassengegensätze und somit eine Inklusion der „Volksgenossen". Sie definierten, wer gleichberechtigt zu dieser Gemeinschaft gehören sollte und welche Funktion er hier zu erfüllen hatte. Beispielhaft soll im Folgenden dargestellt werden, wie Jugendliche und Frauen in diese Gemeinschaft geführt wurden und welche Funktionen sie hier zu erfüllen hatten. Du lernst verschiedene Perspektiven kennen.

- *Wurden die Bestrebungen der Nationalsozialisten nach Ein- und Unterordnung in die „Volksgemeinschaft" ohne Weiteres akzeptiert?*

Hannes Bienert (*1928) aus Bochum erinnert sich an die Hitlerjugend (2013):

Ob Junge oder Mädchen, jeder musste einer Jugendorganisation beitreten. Es gab zwar keinen direkten Zwang, aber es wurde dann auf dich, wenn du nicht mitgemacht hattest, Druck aus-
5 geübt und die Hitlerjungen versohlten mir den Hintern … Du warst ja ein Außenseiter und hattest dann auch nicht nur da, sondern auch, wenn das bekannt war, in der Schule Nachteile … In der Hitlerjugend also z. B. gab es die Wehr-
10 sportgruppe, da wurden Schießübungen gemacht. Dann gab es auch noch den Reitersport und Segelfliegen, um nur ein paar Beispiele zu nennen. Damals war das für uns begeisternd, das war sozusagen schon Vorbereitung auf den Krieg
15 … Nicht, dass du Schläge gekriegt hast, also doch, du kriegtest Schläge, aber das war dann so: Du wurdest vor der ganzen Truppe, wenn die angetreten war, gemaßregelt und im Wiederholungsfall kriegtest du dann die Strafe. Im
20 Sportunterricht wurde einer ausgesucht, der stärker war. Beide bekamen Boxhandschuhe und der Stärkere hat dich dann nach Strich und Faden verprügelt, bis das Blut spritzte. Bei den Geländespielen war das ähnlich. Wir wurden in zwei
25 Gruppen eingeteilt, also wie an der Front und im Krieg. Es wurde nicht geschlagen, aber man wurde in den Schwitzkasten genommen, an den Armen genommen und gepresst, bis man keine Luft mehr kriegte.

Zit. nach https://www.dhm.de/lemo/zeitzeugen/hannes-bienert-hitlerjugend-in-koenigsberg.html (Stand: 26.10.2017).

Erinnerungen eines Abiturienten an die Hitlerjugend (1950):

Diese Kameradschaft, das war es auch, was ich an der Hitlerjugend liebte … Und dann die Fahrten! Gibt es etwas Schöneres, als im Kreis von Kameraden die Herrlichkeiten der Heimat zu
5 genießen? Oft zogen wir am Wochenende in die nächste Umgebung von K. hinaus, um den Sonntag dort zu verleben. Welche Freude empfanden wir, wenn wir an irgendeinem blauen See Holz sammelten, Feuer machten und darauf dann eine
10 Erbsensuppe kochten! … Und es ist immer wieder ein tiefer Eindruck, abends in der freien Natur im Kreise um ein kleines Feuer zu sitzen und Lieder zu singen oder Erlebnisse zu erzählen! Diese Stunden waren wohl die schönsten, die uns die
15 Hitlerjugend geboten hat. Hier saßen dann Lehrlinge und Schüler, Arbeitersöhne und Beamtensöhne zusammen und lernten sich gegenseitig verstehen und schätzen.

Zit. nach Kurt Haß (Hg.), Jugend unterm Schicksal. Lebensberichte junger Deutscher 1946–1949, Hamburg (Wegner) 1950, S. 61ff.

„Volksgemeinschaft"

zentraler Begriff der Nationalsozialisten. Sie verstanden darunter eine „Blut- und Schicksalsgemeinschaft", in der alle Standesgegensätze, Parteien und Einzelinteressen aufgehoben werden sollten und sich die Gemeinschaft dem Willen eines „Führers" unterordnete. Nicht in die „Volksgemeinschaft" gehörten nach Auffassung der Nationalsozialisten diejenigen, die zum politischen Gegner erklärt oder aus rassischen Gründen ausgegrenzt wurden.

Rede Adolf Hitlers über die Rolle der Frau vor der NS-Frauenschaft[1] (1934):

Das Wort von der Frauen-Emanzipation ist nur ein vom jüdischen Intellekt[2] erfundenes Wort, und der Inhalt ist von demselben Geist geprägt. Die deutsche Frau braucht sich in den wirklich guten Zeiten
5 des deutschen Lebens nie zu emanzipieren ... Wenn man sagt, die Welt des Mannes ist der Staat, die Welt des Mannes ist sein Ringen, die Einsatzbereitschaft für die Gemeinschaft, so könnte man vielleicht sagen, dass die Welt der Frau eine kleinere sei.
10 Denn ihre Welt ist ihr Mann, ihre Familie, ihre Kinder und ihr Haus ... Was der Mann an Opfern bringt im Ringen seines Volkes, bringt die Frau an Opfern im Ringen um die Erhaltung dieses Volkes in den einzel-nen Fällen. Was der Mann einsetzt an Heldenmut
15 auf dem Schlachtfeld, setzt die Frau ein in ewig geduldiger Hingabe, in ewig geduldigem Leid und Ertragen. Jedes Kind, das sie zur Welt bringt, ist eine Schlacht, die sie besteht für das Sein oder Nichtsein ihres Volkes. Wieder eine lichtere Welt zu sehen als
20 diese Welt des Schreckens ...

Zit. nach Max Domarus, Hitler. Reden und Proklamationen 1932–1945, kommentiert von einem Zeitgenossen, Bd. 1, München (Süddeutscher Verlag) 1965, S. 450–452.

[1] *1931 gegründet, diente die NS-Frauenschaft ab 1933 der NSDAP zur Gleichschaltung aller nicht-nationalsozialistischen Frauengruppierungen.*
[2] *Verstand*

Ausführungen in einer Doktorarbeit über den „weiblichen Arbeitsmarkt" (1934):

Die Um- beziehungsweise Rückbildung der weiblichen Erwerbstätigkeit auf die dem Wesen und der Veranlagung der Frau entsprechenden Erwerbszweige, das Grundziel der vom Staate
5 angestrebten Wandlung des weiblichen Arbeitsmarktes, stößt aber ... auf Widerstände, die mehr in der persönlichen Einstellung der heute lebenden Frauengeneration als in sachlichen und wirtschaftlichen Ursachen begründet sind.
10 Wenn selbst Mitglieder der nationalsozialistischen Frauenorganisation, von denen man zuerst erwarten sollte, daß sie den Forderungen des Staates nachkommen, ihnen zugewiesene Betätigungsmöglichkeiten in Haus- und Landwirtschaft trotz körperlicher
15 Eignung zu solchen Arbeiten ablehnen, dann ist das erstens ein Beweis dafür, daß die Wandlung der persönlichen Abneigung gegen die Betätigung in wirklichen „Frauenberufen" bei der lebenden Generation kaum möglich ist, und zweitens, daß die angestrebte
20 Wandlung nur unter Anwendung staatlichen Zwanges möglich sein wird.

Zit. nach Thomas Lange & Gerd Steffens, Der Nationalsozialismus, Band 1, Staatsterror und Volksgemeinschaft 1933–1939, Schwalbach/Ts. (Wochenschau Verlag) 2009, S. 159 f.

„Muttertag 1939", Titelbild der Zeitschrift „NS-Frauen-Warte", 1939

1 **Gruppenarbeit:** Verteilt die Materialien M1–M4.
   a) Zu M1 und M2: Arbeitet die geschilderten Erfahrungen in der Hitlerjugend heraus.
   Zu M3 und M4: Arbeitet heraus, welche Rolle der Frau von den Nationalsozialisten zugewiesen wurde bzw. wie die Frauen auf die ihnen zugewiesene Rolle reagierten.
   b) Vergleicht die Ergebnisse.
   c) Beurteilt, inwiefern die NS-„Volkgemeinschaft" am Beispiel von Jugendlichen und Frauen ein NS-Ideal darstellte. Berücksichtigt dabei auch M5.
2 Bewerte, warum die Begriffe „Volk" oder „völkisch" in Deutschland heute problematisch sind.

Spielfilme untersuchen

Neben Geschichtsdokumentationen mit fiktionalen Elementen gibt es auch Spielfilme, in denen historische Ereignisse behandelt werden. Darin sind jedoch keine Original-aufnahmen oder Interviews zu sehen. Die Geschehnisse werden meist mit fiktiven Elementen versehen und von Schauspielerinnen und Schauspielern nachgestellt.
- *Untersuche den Spielfilm „Napola" (2004). Die Arbeitsschritte leiten dich an.*

Vorstellungen von Vergangenheit

Geschichtsdokumentationen mit hohem Faktizitätsgrad versuchen, historische Themen anhand originaler Film-aufnahmen und Interviews mit Zeitzeugen oder Histori-kern authentisch aufzubereiten. Geschichtsdokumenta-
5 tionen mit fiktionalen Elementen arbeiten auch mit nachgestellten Szenen. Historische Spielfilme dagegen erzählen, personalisieren und dramatisieren Geschichte. Sie stellen reale oder fiktive Personen in den Mittel-punkt der Handlung und bedienen sich fiktionaler Ele-
10 mente. Problematisch ist, dass sie verstärkt Vorstellun-gen von Vergangenheit prägen und zur Legenden- und Mythenbildung beitragen.

Napola – der Film

Der Film „Napola – Elite für den Führer" (2004) ist ein
15 deutscher Spielfilm, der die Nationalsozialistischen Erziehungsanstalten (abgekürzt „Napola") thematisiert. Erzählt wird die fiktive Geschichte des 17-jährigen Friedrich aus Berlin-Wedding, der auf eine Napola kommt. Regisseur Dennis Gansel ließ die Erlebnisse
20 seines Großvaters in einer Napola einfließen.

Napola – die „Erziehungsstätten"

Die Nationalsozialistischen Erziehungsanstalten wurden nach der Machtübernahme der Nationalsozialisten ne-ben den staatlichen Schulen gegründet, die man
25 unter bestimmten Voraussetzungen besuchen durfte (S. 126/127). Es handelte sich um Oberschulen mit In-ternat, an denen die Hochschulreife erworben werden konnte. In diesen Eliteschulen sollte die kommende Füh-rungsschicht für den NS-Staat ausgebildet werden. Ihre
30 zentrale Aufgabe war die „Erziehung zu Nationalsozia-listen, tüchtig an Leib und Seele für den Dienst an Volk und Staat". Sport war Hauptfach. Während des Zweiten Weltkrieges wurden sie zu Nachwuchsschulen für die SS und die Wehrmacht.

Plakat für den Film „Napola", 2004

Sportunterricht in der Napola Potsdam, Foto, 1941

Schüler beim Eistauchen, Szene aus dem Film „Napola"

Arbeitsschritte „Spielfilme untersuchen"

Erster Eindruck	Lösungshinweise
1. Erster Eindruck Wie gefällt dir der Film?	• *Notiere Gedanken, die dir spontan einfallen.*
Formale Aspekte	
2. Regisseur und Drehbuch Wer drehte den Film, wer schrieb das Drehbuch?	• *Der Regisseur des Films ist Dennis Gansel, das Drehbuch schrieb ...*
3. Zeit und Anlass Wann und aus welchem Anlass wurde der Film gedreht?	• *Der Film „Napola" ...*
4. Schauspieler Welche Schauspieler spielen die Hauptrollen?	• *Die Hauptfigur Friedrich Weimar wird von ...*
5. Thema Welches (historische) Thema behandelt der Film?	• *Der Film thematisiert ...*
Inhaltliche Aspekte	
6. Handlungsablauf Wie lässt sich die Handlung kurz zusammenfassen? Gibt es ggf. mehrere Handlungsebenen? Gibt es einen dramatischen Höhepunkt?	• *Bei einem Boxkampf in Berlin-Wedding wird der 17-jährige Friedrich Weimar von einem ...* • *Auf der fiktiven „Napola Allenstein" lernt er ...* • *Am Ende des Films ...*
7. Figurenkonstellation Welche Entwicklung nimmt die Hauptfigur? In welcher Beziehung stehen die Figuren zueinander? Werden bestimmte Typen dargestellt?	• *Die Hauptfigur Friedrich Weimar ist anfangs ...* • *Zwischen Friedrich und Albert ...* • *Der Sportlehrer verkörpert den Typ eines ...*
8. Gestaltungsmittel Welche Gestaltungsmittel (Ton, Musik, Licht, Farbe, Kontraste, Kameraführung) werden eingesetzt?	• *Musik im Film wird in Szenen eingesetzt, in denen ...*
Gesamtaussage und Urteil	
9. Gesamtaussage Wie lässt sich die zentrale Botschaft des Films zusammenfassen? Welche Wirkung soll beim zeitgenössischen Betrachter erzielt werden?	• *Der Film soll ...*
10. Urteil Wie fiel die Filmkritik aus? Wie bewertest du den Film?	• *In den Kritiken wurde der Film ...* • *Ich bin der Meinung, dass ...*

1 Untersuche den Film „Napola" entsprechend den vorgeschlagenen Arbeitsschritten.

Lässt sich Ideologie durch Feste und Feiern etablieren?

Neben den Gleichschaltungsprozessen, die von Gewalt und Terror begleitet waren, griffen die Nationalsozialisten auch auf perfekt organisierte Massenveranstaltungen zurück, um eine positive Haltung zur „Volksgemeinschaft" und zur NS-Ideologie hervorzurufen.

* *Untersuche, warum die inszenierten Feste und Feiern bei manchen eine Faszination für das totalitäre System auslösten.*

Reichsparteitag in Nürnberg 1933, Einmarsch der NS-Führungsspitze, Foto, 1933

„Du bist nichts, dein Volk ist alles!"

An keinem Ort wurde diese Parole der NS-Ideologie so deutlich wie auf den Festveranstaltungen der NSDAP. Wie große kirchliche Feiertage waren sie fest in den Jahreskalender des NS-Regimes integriert: Angefangen am
5 30. Januar mit der Feier des Tages der „Machtübernahme", über den 1. Mai (den Tag der Arbeit), Muttertag (Verleihung des Mutterkreuzes), das Erntedankfest (Anfang Oktober) bis hin zum Gedenktag für die „Märtyrer der Bewegung" aus Anlass des Hitlerputsches am 9. No-
10 vember 1923. Sie bildeten feste Rituale, die mit Aufmärschen, Paraden und Wehrmachtsvorführungen zigtausender Soldaten zelebriert wurden. Mit dieser Feierkultur sollte das Zusammengehörigkeitsgefühl der „Volksgemeinschaft" gefördert werden. Höhepunkt im Jahresab-
15 lauf war die Selbstdarstellung der NSDAP auf den perfekt geplanten Reichsparteitagen. Sie fanden immer Anfang September in Nürnberg statt und standen jeweils unter einem Motto wie „Sieg des Glaubens" (1933) oder „Triumph des Willens" (1934).

20 **Das Reichserntedankfest**

Bäuerinnen und Bauern bildeten in der NS-Ideologie eine zentrale Stütze des deutschen Volkes. Hitler strebte „angesichts der feindlichen Nachbarn" nach einer von Importen unabhängigen Lebensmittelversorgung
25 Deutschlands. In der Propaganda hieß die Bauernschaft „Reichsnährstand"*. Ein Beispiel inszenierter Feier-Propaganda waren die Reichserntedankfeste auf dem Bückeberg bei Hameln an der Weser. Zum ersten Mal wurde das Fest am 1. Oktober 1933 mit etwa 500 000
30 Menschen veranstaltet. Das deutsche Bauerntum – so die offizielle Losung – sollte an diesem Tag ein Bekenntnis zum neuen Reich ablegen.

Auszug aus dem Programmheft zum Erntedankfest auf dem Bückeberg am 6. Oktober 1935:

7 Uhr: Beginn des Aufmarsches der Teilnehmer. Ab 8 Uhr: Darbietungen durch Volkstanzgruppen, Sing- und Spielgruppen, Massenchöre und Musik; 8000 bäuerliche Trachtenträger, Träger von
5 Feldzeichen und Fahnen rücken zur Spalierbildung vor. Gegen 12 Uhr: Eintreffen des Führers auf dem Kundgebungsgelände; Abfeuern von 21 Schuss Salut. 12.19 Uhr: 3 Knallbomben als Zeichen zur Eröffnung der Kundgebung; Über-
10 reichung einer Erntekrone an den Führer. Chor „Segnung". 12.25 Uhr: Eröffnungsansprache Reichsminister Dr. Goebbels. Begrüßungsflug von 7 Staffeln der Luftwaffe; Beginn der Gefechtsübung der Wehrmacht. 13.25 Uhr: Rede des Füh-
15 rers; danach Deutschland-Lied[1], Horst-Wessel-Lied[2]; Abfahrt des Führers; Abschuss von 200 Fallschirmbomben (mit Hakenkreuzfähnchen); Beginn des Abmarsches der Teilnehmer. 19 Uhr bis 7. Okt., 7 Uhr: Abfahrt der Sonderzüge.
20 20 Uhr: Empfang der Bauernabordnungen durch den Führer in der Kaiserpfalz Goslar. 21.15 bis 21.25 Uhr: großes Feuerwerk.

Zit. nach Bernhard Gelderblom, Die Reichserntedankfeste auf dem Bückeberg, Hameln (Niemeyer) 1998, S. 16 f.

....

[1] *Auf NS-Veranstaltungen wurde die erste Strophe des Deutschlandliedes gesungen.*
[2] *Das Lied wurde benannt nach dem SA-Mann Wessel, der den Text verfasste. Er wurde von einem KPD-Mitglied 1930 in einer Auseinandersetzung getötet.*

Rede Hitlers anlässlich des Reichserntedankfestes auf dem Bückeberg (1937):

Glauben Sie: Wir stehen schwereren Aufgaben gegenüber als andere Staaten und andere Länder: Zu viele Menschen auf einem zu kleinen Lebensraum, es mangelt an Rohstoffen, mangelt an An-
5 baufläche, und trotzdem: Ist Deutschland nicht schön? Ist Deutschland nicht trotzdem wunderbar? Lebt unser Volk nicht trotzdem so anständig? Mögen Sie alle mit irgendetwas anderem tauschen? (stürmische „Niemals"-Rufe der Mas-
10 sen) ...
Wir haben keine Lust, mit irgendjemandem Händel anzufangen. Aber es soll auch jeder wissen: Den Garten, den wir uns bestellt haben, den ernten wir auch allein ab, und niemand soll sich ein-
15 bilden, jemals in diesen Garten einbrechen zu können! Das können sich die internationalen jüdischen Bolschewistenverbrecher gesagt sein lassen: Wo immer sie auch hingehen – an der deutschen Grenze stoßen sie auf ein eisernes Stopp!
20 (lang anhaltende begeisterte Zustimmung)

Völkischer Beobachter vom 4. Oktober 1937, S. 3.

....

1 Vergleiche M1 und M4 und arbeite die Stimmung, Unterschiede sowie Gemeinsamkeiten heraus.
2 Erkläre, wie es den Nationalsozialisten gelang, die Bevölkerung zu verführen (M1, M2, M4, Darstellungstext).
3 **a)** Recherchiere im Internet die Ursprünge des Erntedankfestes.
   b) Fasse die Ursachen und Wirkungen für die gelungene Instrumentalisierung des Fests durch die Nationalsozialisten zusammen (Darstellungstext, M4).
4 Analysiere M3 und arbeite mindestens drei rhetorische Mittel heraus, die Hitler einsetzte, um seine Zuhörer zu beeinflussen.

Reichserntedankfest auf dem Bückeberg bei Hameln, Foto, Oktober 1937

Webcode: FG644216-133
Reichsparteitagsgelände

Sozialpolitik und Freizeit im NS-Staat

Um die Bevölkerung und vor allem die in weiten Teilen skeptische Arbeiterschaft vom Nationalsozialismus zu überzeugen, leiteten die Nationalsozialisten einige sozialpolitische Maßnahmen ein und versuchten auch durch lukrative Freizeitangebote die „Volksgemeinschaft" enger an das NS-System zu binden.
- *Welche sozialpolitischen Maßnahmen ergriffen die Nationalsozialisten?*
- *Wie sahen konkrete Freizeitangebote aus?*

Sozialpolitische Maßnahmen

Die sozialpolitischen Maßnahmen zielten vor allem auf die Unterstützung der Familien ab. So wurde frisch verheirateten Paaren ein zinsfreier Ehekredit eingeräumt, wenn die bis dahin arbeitende Frau ihre Tätigkeit aufgab.
5 Mit dem Geld konnten sich die Paare beispielsweise etwas zur Wohnungseinrichtung kaufen. Der Staat versprach sich davon eine Entlastung am Arbeitsmarkt sowie eine Steigerung der Geburtenrate – beides hatte nur mäßigen Erfolg. Eine weitere Maßnahme war die
10 Einführung der sogenannten Kinderbeihilfe: Ab 1936 erhielten Familien ab dem fünften Kind eine Art Kindergeld. Zwei Jahre später gab es dieses dann ab dem dritten Kind. Sozialversicherungen wie die Unfall-, Kranken- und Rentenversicherung blieben weiter bestehen, aber
15 auch hier fanden Gleichschaltungsprozesse statt.

„Kraft durch Freude"

Im Mai 1933 waren im Zuge der nationalsozialistischen Gleichschaltungspolitik die Gewerkschaften aufgelöst worden. An ihre Stelle trat die NS-Organisation „Deut-
20 sche Arbeitsfront" (DAF), die vorgab, die Interessen der Arbeiter zu vertreten. Dazu gehörte auch die Frage des Urlaubsanspruchs. Im November 1933 wurde als Unterorganisation der DAF die „Kraft durch Freude" (KdF) gegründet. Sie organisierte ein umfangreiches Freizeitan-
25 gebot für die Bevölkerung. Neben „Bunten Abenden", Gymnastikkursen, Schwimmlehrgängen, Nähkursen oder Schachturnieren gab es auch ein umfangreiches kulturelles und touristisches Freizeitangebot. Theateraufführungen, Konzerte, Kunstausstellungen oder Vorträge wurden
30 bis 1938 von über 38 Millionen Menschen besucht.
Mit ihren Aktivitäten unterstützte die KdF den Gedanken der „Volksgemeinschaft". Damit sollte die Arbeiterschaft für die Weltanschauung der Nationalsozialisten gewonnen werden. Ihnen wurde sogar der Besitz
35 eines eigenen Autos in Aussicht gestellt, des sogenannten „KdF-Wagens". 1938 wurde eigens für die Produktion des „Volkswagens" eine Fabrik gebaut.

Massentourismus im Nationalsozialismus

Kurz mal einen All-inclusive-Urlaub zu buchen, ist heu-
40 te fast schon selbstverständlich. Die Organisation der KdF ermöglichte erstmals auch dem „kleinen Mann" und seiner Familie den Luxus größerer Reisen. Sie war der größte Reiseveranstalter im nationalsozialistischen Deutschland. 43 Millionen Reisen verkaufte die KdF bis
45 1939, der überwiegende Teil davon waren Tagesausflüge. Besonders beliebt waren Urlaubsziele zu Schiff nach Norwegen, Madeira oder Italien. Die Preise lagen zwischen einer und fünf Reichsmark für Kurzreisen und 120 Reichsmark für eine Schiffsreise nach Madeira. Das
50 durchschnittliche Monatseinkommen eines Arbeiters lag bei 150 Reichsmark.

Das „KdF-Seebad der Zwanzigtausend"

Das Seebad Prora an der Ostsee sollte für den neuen Massentourismus Maßstäbe setzen. Robert Ley, Chef der
55 DAF, begründete den Bauplan des Großprojektes: „Wir verloren den Krieg [Ersten Weltkrieg], weil wir die Nerven verloren haben ... Deshalb will der Führer, dass die Nerven des Volkes gesund und stark bleiben."
1936 wurde mit dem Bau einer 4,5 Kilometer langen
60 Badestadt begonnen. Die Anlage mit Meeresterrassen sollte ein Theater, mehrere Kinos, Kuranlagen, Läden, zwei Schwimmhallen, Schule, Krankenhaus, Parkhaus sowie einen Festplatz von 40 000 Quadratmetern umfassen. Bis zu 20 000 Menschen und 2000 Beschäftigte sollte das riesige Bauprojekt beherbergen. Prora wurde
65 nie ganz fertiggestellt. Während des Zweiten Weltkrieges diente Prora als Arbeitsstätte für Zwangsarbeiter und Kriegsgefangene. Später war die Anlage Notunterkunft für Ausgebombte und Krankenstation für Flüchtlinge aus Ostpreußen und aus den von Deutschen nach
70 1939 besetzten Gebieten in Polen.

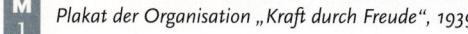

Plakat der Organisation „Kraft durch Freude", 1939

Prora, Blick in eine Wohn-Schlaf-Einheit, Foto, undatiert

Prora, Foto, 2012

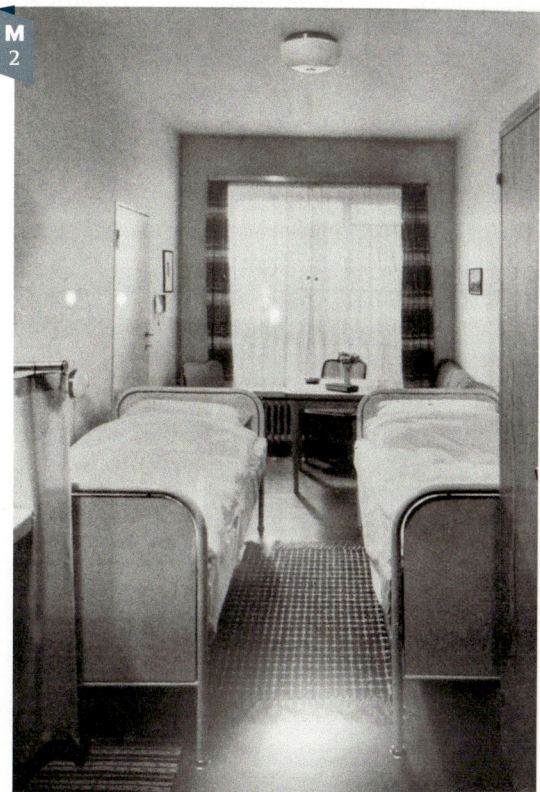

Plakatentwurf von Atelier Brach, 1939

1 Erläutere mithilfe des Darstellungstextes die Ziele der nationalsozialistischen Sozialpolitik.

2 Arbeite die Ziele der Organisation „Kraft durch Freude" heraus (Darstellungstext, M1, M2 und M4).

3 **a)** Stelle dar, worin die Faszination der KdF-Plakate (M1, M4) für einen Arbeiter bestand, der von den wirtschaftlichen Krisenjahren 1930 bis 1933 selbst betroffen war.

b) Erkläre, warum aber trotzdem viele Arbeiter dem NS-System skeptisch gegenüberstanden.

4 Erläutere die Aussage: „Die KdF war die totale Inbesitznahme der Menschen durch die Nationalsozialisten."

5 **Wähle eine Aufgabe aus:**

a) Recherche: Fasse mithilfe einer Zeitleiste die Geschichte des KdF-Seebades in Prora nach 1945 zusammen.

b) Viele der Blöcke des ehemaligen KdF-Seebades in Prora werden zurzeit in ihrer Architektur stark verändert und es entstehen dort hochmoderne Ferien- und Eigentumswohnungen. Nimm dazu Stellung.

Zusatzaufgabe: siehe S. 175

Webcode: FG644216-135
Das „KdF-Seebad" Prora

Die „Euthanasie"-Anstalt Bernburg

Die Nationalsozialisten definierten unter rassenideologischen Gesichtspunkten, wer zur „Volksgemeinschaft" gehörte. Von der Exklusion, der Ausgrenzung, betroffen waren unter anderem alte, kranke und behinderte Menschen.
- *Welche Maßnahmen wurden von den Nationalsozialisten eingeleitet?*
- *Was geschah in der „Euthanasie*-Anstalt" in Bernburg?*

Die Gedenkstätte für Opfer der NS-„Euthanasie" Bernburg, Foto, 2015

Die ehemalige Gaskammer in der Gedenkstätte der NS-„Euthanasie" Bernburg, Foto, 2015

Die Behandlung von behinderten und kranken Menschen durch die Nationalsozialisten

Nach der Machtübernahme der Nationalsozialisten wurden Menschen mit körperlichen und geistigen Behinderungen registriert und „ausgesondert". Auch Personen mit erblichen Krankheiten wurden als Bedrohung für die
5 „Volksgesundheit" angesehen. Davon betroffen waren auch nervenkranke Veteranen des Ersten Weltkrieges. Nahezu 400 000 Deutsche wurden zwischen 1933 und 1945 zwangssterilisiert. Das „Ehegesundheitsgesetz" von Oktober 1935 verbot Ehen zwischen „erbgesunden"
10 und „erbkranken" Menschen. 1936 wurde die „Reichszentrale zur Bekämpfung der Homosexualität und Abtreibung" gegründet. Dadurch wollten die Nationalsozialisten gegen sinkende Geburtenraten vorgehen. Ins Visier der Programme zur „Rassenhygiene" gerieten
15 neben den Juden auch Minderheiten wie die Sinti und Roma, die als „fremdrassig" galten. Zwischen 1939 und 1945 wurden mehr als 5000 körperlich und geistig behinderte Neugeborene und Kinder in Kliniken als „lebensunwert" ermordet. Die Nationalsozialisten legiti-
20 mierten ihre „Rassenhygiene" damit, indem sie sich auf die Lehre der Eugenik* beriefen. Im Oktober 1939 autorisierte Hitler in einem Schreiben die „Euthanasie"* als „Gnadentod" für „unheilbare" Patienten. Mehr als 70 000 Menschen kamen zwischen 1940 bis zum August
25 1941 in den sechs eingerichteten „Euthanasie"-Zentren

zu Tode. Geplant wurde das Vorgehen von der Leitzentrale in der Tiergartenstraße 4 in Berlin, weshalb die systematische Ermordung in der Nachkriegszeit als „Aktion T4" bezeichnet wurde.

Die „Euthanasie"-Anstalt Bernburg
30 Bereits 1875 entstand in Bernburg eine zentrale psychiatrische Heil- und Pflegeanstalt. Im Sommer 1940 wurde die Gasmordanstalt Brandenburg/Havel nach Bernburg verlegt und die „Herzogliche Landes-Heil- und Pflegeanstalt" Bernburg in einen therapeutischen Bereich und in
35 eine „Euthanasie"-Anstalt (Heil- und Pflegeanstalt) aufgeteilt. Im Keller des Männerhauses II wurde eine als Duschkammer getarnte Gaskammer installiert und es wurden zwei stationäre Verbrennungsöfen eingebaut.
40 Zwischen November 1940 und August 1941 wurden dort mehr als 9000 Menschen ermordet und ihre Leichen verbrannt. Das Gas wurde vom ärztlichen Personal der Anstalt eingeleitet. Die Familien der Toten erhielten eine Todesurkunde mit gefälschter Todesursache. Die Morde
45 erregten öffentliches Aufsehen und Proteste, sodass die Tötung mit Gas im August 1941 in Bernburg eingestellt wurde. Die Tötung von kranken und behinderten Menschen wurde in anderen Einrichtungen fortgesetzt. Anfang 1943 wurde die „Euthanasie"-Anstalt Bernburg
50 geschlossen.

Der Journalist Klaus Franke schrieb 2001:

Warum regte sich im ärztlichen Kollegenkreis kein Widerstand gegen das „Euthanasie"-Programm? Kein einziger deutscher Psychiater protestierte; kaum einer zögerte, die ihm anvertrauten Patienten
5 ... zu selektieren und an die Tötungsanstalten auszuliefern ... 23 Angeklagte, darunter 20 Mediziner, standen 1946 im Nürnberger Ärzteprozess vor Gericht. Sieben von ihnen ... wurden gehängt, neun erhielten 10 langjährige Freiheitsstrafen, sieben wurden freigesprochen ... Nur ein Industriestaat mit seiner komplexen Infrastruktur konnte ... den reibungslosen Lauf der Mordmaschinerie gewährleisten, eine Erkenntnis, die kaum hilft, die Furcht vor einer Wiederholung des Horrors zu dämpfen – zumal die moderne Gentechnik, wie ihre Kritiker warnen, eine 15 Rückkehr eugenischer Zuchtfantasien fördere.

Klaus Franke, Reine Rasse, in: Spiegel Spezial, Nr. 1, 2001, S. 133ff.

Zeugenaussage einer Pflegerin in der „Euthanasie"-Anstalt Bernburg (vermutlich 1948):

Nachdem die transportierten Geisteskranken nach der Ankunft in der Heil- und Pflegeanstalt aus den Kraftwagen geladen waren, wurden sie in einem Flur gesammelt, und hier mussten sie warten. Es muss-
5 ten sich dann immer nach und nach zwei bis drei Personen entkleiden, und dann wurden sie nackt dem Arzt zugeführt. Dieser untersuchte sie. Wie die Untersuchung erfolgte, weiss ich nicht, weil ich nicht dabei gewesen bin. Nach der Untersuchung bekam 10 jeder Kranke eine laufende Nummer, die ihm mit einem Gummistempel auf die Brust aufgedrückt wurde. Dann wurde jeder ärztlich Untersuchte fotografiert, und zwar wurden von jedem 3 Aufnahmen gemacht, eine Ganzaufnahme, 1 Brustbild und eine 15 Profilaufnahme. Nachdem sie fotografiert waren, kamen sie in den Gasraum. Wir mussten den Kranken sagen, dass sie in diesem Raume gebadet würden.

Zit. nach Ute Hoffmann & Dietmar Schulze, „... wird heute in eine andere Anstalt verlegt" – nationalsozialistische Zwangssterilisation und „Euthanasie" in der Landes-Heil- und Pflegeanstalt Bernburg – eine Dokumentation, Dessau (Regierungspräsidium) 1997, S. 119.

Hitlers „Euthanasiebefehl" (1939):

Berlin, 1. Sept. 1939

Reichsleiter Bouhler[1] und Dr. med. Brandt[2] sind unter Verantwortung beauftragt, die Befugnisse namentlich zu bestimmender Ärzte so zu erwei-
5 tern, dass nach menschlichem Ermessen unheilbar Kranken bei kritischster Beurteilung ihres Krankheitszustandes der Gnadentod gewährt werden kann.

Adolf Hitler

Zit. nach http://www.ns-archiv.de/medizin/euthanasie/ befehl.php (Stand: 27. 10. 2017).

....

[1] *Chef der Kanzlei des Führers der NSDAP*
[2] *Hitlers Begleitarzt*

1 Wähle eine Aufgabe aus:

a) Stelle anhand des Darstellungstextes die Gründe für die Behandlung von kranken und behinderten Menschen durch die Nationalsozialisten dar.

b) Erkläre, wie die Nationalsozialisten ihren Umgang mit Kranken und Behinderten legitimierten. Nutze den Darstellungstext und M5.

2 Verfasse einen Sprechertext für ein Lernvideo, in dem du die Behandlung von Menschen im Rahmen der „Aktion T4" in der Anstalt in Bernburg erläuterst. Nutze dazu deine Ergebnisse aus Aufgabe 1 sowie den Darstellungstext, M1, M2 und M4.

3 Nimm zu den Ausführungen in M3 kritisch Stellung.

4 Begründe, warum ein solcher Umgang mit schwachen und hilfsbedürftigen Menschen heutzutage unvorstellbar ist.

Tipp: Beachte dabei das Grundgesetz und deine moralischen Prinzipien sowie Werte.

Webcode: FG644216-137
NS-„Euthanasie"-Anstalt Bernburg

Die Ausgrenzung der deutschen Juden bis 1938

Nach 1933 setzte die NSDAP ihre ideologische Ausrichtung des Antisemitismus in judenfeindliche Maßnahmen um.
- *Wie wurden die deutschen Juden innerhalb weniger Jahre systematisch aus dem öffentlichen und politischen Leben verdrängt?*

M 1 *Ein „Paar" wird öffentlich gedemütigt, Foto, Cuxhaven 1933. Beide wurden zuvor misshandelt. Der Mann war jüdischer Herkunft, verheiratet und betrieb ein Kino. Die Frau, seine angebliche Geliebte, galt als „arische Deutsche".*

Deutsche Juden vor 1933

Während der Weimarer Republik lebten die deutschen Juden mit allen Bürgerrechten unter dem Schutz der demokratisch liberalen Verfassung. Dennoch kam es – wie schon im Kaiserreich – durch die politische Rechte
5 immer wieder zu antisemitischer Propaganda und Übergriffen auf deutsche Juden. Die Wenigsten machten sich allerdings wegen der antisemitischen Haltung Hitlers und der Drohungen seiner Parteigenossen große Sorgen. Auch jüdische Organisationen konnten sich nicht vorstellen, dass das antisemitische Parteiprogramm der
10 NSDAP jemals zur staatlichen Politik erhoben würde.

Entrechtet, diskriminiert, beraubt

Unmittelbar nach der Machtergreifung begannen spontane Übergriffe von Nationalsozialisten gegen die
15 jüdische Bevölkerung. Die erste geplante Aktion war der am 1. April 1933 inszenierte Boykott-Tag. In vielen Städten hingen Schilder mit der Aufschrift „Deutsche, kauft nicht bei Juden!". Der Aufruf galt auch für die Konsultation von jüdische Ärzten und Rechtsanwälten. Mit der
20 Gleichschaltung wurden jüdische Funktionäre und Mitglieder aus den meisten Vereinen hinausgeworfen. Mit dem „Gesetz zur Wiederherstellung des Berufsbeamtentums" 1933 verloren viele Beamte mit jüdischem Glauben ihren Posten, darunter viele Lehrerinnen und Leh-
25 rer, Beamte in Verwaltungen und jüdische Ärzte im Gesundheitswesen und in Krankenhäusern. Die Krankenkassenzulassung wurde ihnen entzogen; sie konnten nur noch Privatpatienten betreuen. Die „Nürnberger Gesetze" vom September 1935 bildeten die Grundlage
30 zur weiteren Entrechtung und Ausgrenzung deutscher Juden aus der „Volksgemeinschaft". Sie verloren das Wahlrecht und durften keine politischen Ämter mehr bekleiden. Eheschließungen zwischen Deutschen und deutschen Juden waren als „Rassenschande" verboten.
35 Ab 1935 häufte sich die Aufschrift „Juden unerwünscht" an Ortseingängen, Restaurants sowie bei Sportvereinen. Weitere Berufsverbote nahmen immer mehr deutschen Juden ihre Existenzgrundlage. Ab 1938 war Schülern und Studenten mit jüdischem Glauben der Besuch von
40 Schulen und Universitäten untersagt. Jüdische Ladeninhaber mussten ihre Geschäfte aufgeben. Weitere Verbote betrafen das Auto- und Motorradfahren. Führerscheine wurden entzogen. Ab dem Sommer 1938 wurden die deutschen Juden gezwungen, die Zwangsvornamen „Is-
45 rael" bzw. „Sara" zu führen. Den vorläufigen Höhepunkt dieser Serie von Diskriminierungen stellte die Pogromnacht vom 9./10. November dar (siehe S. 140/141).

....

Deutsche Juden
Die Unterscheidung zwischen „Juden" und „Deutschen" ist problematisch. Die verwendete Formulierung „deutsche Juden" meint deshalb alle Deutschen mit jüdischem Glauben oder mit jüdischen Vorfahren. Die Formulierung grenzt sich deutlich vom nationalsozialistischen Sprachgebrauch ab.

Webcode: FG644216-138
Film: Ausgrenzung der Juden

A: Victor Klemperer war bis zu seiner Entlassung durch die Nationalsozialisten 1935 Professor in Dresden. Er war Protestant, hatte aber jüdische Vorfahren und wurde deshalb als „Jude" verfolgt. In seinen Tagebüchern schrieb er:

30. März 1933

Stimmung wie vor einem Pogrom* im tiefsten Mittelalter ... Am Tage war der Boykott-Aufruf der Nationalsozialisten herausgekommen. Wir sind Geiseln.
5 Es herrscht das Gefühl vor, ... daß diese Schreckensherrschaft kaum lange dauern, uns aber im Sturz begraben werde ... Ich empfinde eigentlich mehr Scham als Angst, Scham um Deutschland. Ich habe mich wahrhaftig immer als Deutscher gefühlt. Und
10 ich habe mir immer eingebildet: 20. Jahrhundert und Mitteleuropa sei etwas anderes als 14. Jahrhundert und Rumänien. Irrtum.

31. März 1933

Immer trostloser. Morgen beginnt der Boykott.
15 Gelbe Plakate, Wachen. Zwang, christlichen Angestellten zwei Monatsgehälter zu zahlen, jüdische zu entlassen ... Es wird „kein Haar gekrümmt" – man lässt nur verhungern ... – Niemand wagt sich vor ... In München sind jüdische Dozenten bereits
20 am Betreten der Universität gehindert worden. Der Aufruf und Befehl des Boykottkomitees ordnet an: „Religion ist gleichgültig", es kommt nur auf die Rasse an.

7. April 1933

25 Es lastet ein stärkerer Druck auf mir als im Kriege, und zum erstenmal in meinem Leben habe ich einen politischen Haß gegen das Kollektivum [= die Gesamtheit] einer Gruppe ..., einen tödlichen. Im Krieg stand ich unter Militärgesetz, aber doch unter
30 Gesetz; jetzt bin ich der Willkür ausgeliefert. Heute ... bin ich wieder weniger gewiß, daß die Katastrophe bald eintreten wird ... Ein Tier ist nicht rechtloser und gehetzter.

10. April 1933

35 Das neue Beamten-„Gesetz" läßt mich als Frontkämpfer im Amt – wahrscheinlich wenigstens und vorläufig ... Aber ringsum Hetze, Elend, zitternde Angst. Ein Vetter Dembers [eines Freundes], Arzt in Berlin, aus der Sprechstunde geholt, im Hemd und
40 schwer mißhandelt ins Humboldtkrankenhaus gebracht, dort, 45 Jahre alt, gestorben. Frau Dember erzählt es uns flüsternd bei geschlossener Tür.

B: 1942 notierte Klemperer:

1) [Verbot,] nach acht oder neun Uhr abends zu
45   Hause sein. Kontrolle!
2) Aus dem eigenen Haus vertrieben
3) Radioverbot, Telefonverbot
4) Theater-, Kino-, Konzert-, Museumsverbot
5) Verbot, Zeitschriften zu abonnieren oder zu
50   kaufen ...
8) Verbot, Zigaretten zu kaufen oder irgendwelche Rauchstoffe
9) Verbot, Blumen zu kaufen
10) Entziehung der Milchkarte
55 11) Verbot, zum Barbier zu gehen
12) Jeder Art Handwerker nur nach Antrag bei der Gemeinde bestellbar
13) Zwangsablieferung von Schreibmaschinen,
14) von Pelzen und Wolldecken,
60 15) von Fahrrädern – zur Arbeit darf geradelt werden (Sonntagsausflug und Besuch zu Rad verboten),
16) von Liegestühlen,
17) von Hunden, Katzen, Vögeln.
18) Verbot, die Bannmeile Dresdens zu verlassen,
65 19) den Bahnhof zu betreten ...

A: Victor Klemperer, Ich will Zeugnis ablegen bis zum letzten. Tagebücher 1933–1945, Bd. 1, Berlin 1995, S. 15ff.

B: Ebd., Tagebücher 1942–1945, hg. von Walter Nowojski, Berlin (Aufbau Taschenbuch) 1995, S. 107f.

---

1 a) Beschreibe die Fotografie M1.
b) Begründe die Motive für die Verbreitung solcher Fotografie durch die Nationalsozialisten.

2 Erstelle mithilfe des Darstellungstextes eine Zeitleiste zum Thema „Entrechtung und Diskriminierung der deutschen Juden 1933–1938".

3 Wähle eine Aufgabe aus:
a) Fasse die Verbote gegenüber der jüdischen Bevölkerung zusammen (M2, Darstellungstext).
b) Erläutere die Folgen der Verbote für die jüdische Bevölkerung. Nutze M2 und den Darstellungstext.

4 Partnerarbeit: Viele Deutsche verharmlosten das Vorgehen gegen ihre Mitbürger mit jüdischem Glauben oder denunzierten sie, d. h. sie zeigten diese bei der Polizei an. Diskutiert mögliche Beweggründe für dieses Verhalten.

Zusatzaufgabe: siehe S. 175

Die Reichspogromnacht 1938 im heutigen Sachsen-Anhalt

Einen ersten Höhepunkt der Ausschreitungen gegen die jüdische Bevölkerung markierte die sogenannte „Reichspogromnacht". Auch in Städten des heutigen Sachsen-Anhalts gab es Terror und Verfolgung.*

- *Wie kam es zur Reichspogromnacht und welche Folgen hatte sie?*

Ursachen und Verlauf der Reichspogromnacht

Als Vorwand für die Gewalt gegen jüdische Bürger diente das Attentat des aus Deutschland emigrierten 17-jährigen Juden Herschel Grynszpan auf den deutschen Gesandtschaftsrat in Paris. Grynszpans Eltern waren zu-
5 vor aus Deutschland nach Polen ausgewiesen worden. Die NS-Führung nahm das Attentat zum Anlass, um radikale antijüdische Maßnahmen in Deutschland durchzuführen. Die Kampfverbände der SA und SS inszenierten einen reichsweiten Pogrom*. Ein Befehl aus
10 der NSDAP-Zentrale in München lautete: „Sämtliche jüdische Geschäfte sind sofort von SA-Männern in Uniform zu zerstören. Die Presse ist heranzuziehen. Jüdische Synagogen sind sofort in Brand zu stecken, jüdische Symbole sind sicherzustellen. Die Feuerwehr darf nicht
15 eingreifen."

....

Pogrom
gewalttätige Ausschreitungen gegen Minderheiten, insbesondere Juden, die oft mit Plünderungen und Mord einhergehen

Die Opfer der Reichspogromnacht

In der Nacht vom 9. auf den 10. November 1938 wurden in Deutschland Synagogen in Brand gesteckt, jüdische Friedhöfe geschändet, jüdische Wohnungen sowie Ge-
20 schäfte zerstört und rund 30 000 Juden verhaftet. Außerdem wurden ca. 100 jüdische Bürger ermordet. Historiker gehen jedoch davon aus, dass die unmittelbare Opferzahl weitaus höher ist.
Die Mehrheit der deutschen Mitbürger tolerierte die
25 Ereignisse mit Wegschauen und Schweigen. Obwohl Propagandaminister Goebbels am 10. November durch die Presse verkünden ließ, weitere Ausschreitungen gegen die jüdische Bevölkerung zu unterlassen, dauerte der Pogrom in einigen Städten und Gemeinden Deutschlands
30 bis zum 13. November an. Die Nationalsozialisten verlangten von den deutschen Juden als Buße eine Zahlung in Höhe von 1 Milliarde Reichsmark an den Staat. Die Reichspogromnacht bezeichneten sie aus Hohn über die zahllos zerstörten Schaufensterscheiben jüdischer Ge-
35 schäfte als „Reichskristallnacht".

Gedenkstätte der Halleschen Synagoge, die in der Reichspogromnacht in Brand gesetzt und 1940 abgerissen wurde, Foto, 2012. Die Kosten wurden der jüdischen Gemeinde in Rechnung gestellt.

Alte Synagoge Magdeburg, Foto. Sie wurde während der Reichspogromnacht zerstört und 1939 gesprengt.

Der Historiker Prof. Dr. Mathias Tullner über die Reichspogromnacht im heutigen Sachsen-Anhalt (2013):

Aus Dessau ... waren zu dieser Zeit bereits ein Drittel der Juden vertrieben worden. [In Dessau] wütete der Terror in besonderer Weise: Die Synagoge und der jüdische Friedhof wurden zerstört,
5 jüdische Geschäfte und Einrichtungen gab es in der Stadt des für seine Toleranz berühmten Fürsten Franz kaum mehr ... In der Provinzhauptstadt [der Provinz Sachsen] Magdeburg wurden ... in der Nacht vom 9. auf den 10. November
10 26 jüdische Geschäfte und die Synagoge zerstört ... In Halle, Bernburg, Köthen, Halberstadt, Salzwedel, Stendal, Weißenfels, Sandersdorf verwüstete und zerstörte man die Synagogen, in anderen Städten wie Quedlinburg und Naum-
15 burg, wo keine aktive Synagoge bestand, waren jüdische Geschäfte und Einrichtungen das Ziel der Verwüstungen und Zerstörungen. In Sachsen-Anhalt haben die Nationalsozialisten mindesten[s] 16 Synagogen vollständig zerstört.
20 Dabei kam es zu schweren Misshandlungen von Juden ... Dem NS-Terror entgingen nur wenige Synagogen. Die Synagoge in Gröbzig und die im Park von Wörlitz gehören dazu. In Gröbzig war die jüdische Gemeinde schon bis 1933 stark zu-
25 rückgegangen. Im Jahr 1934 übernahm die Stadt die Synagoge und richtete dort ein städtisches Museum ein. In Wörlitz ist die versuchte Brandstiftung vereitelt worden ... Die verhafteten Juden aus der Provinz Sachsen und Anhalt wurden in
30 das KZ Buchenwald[1] gebracht ... Nicht wenige sind dabei ums Leben gekommen.

Mathias Tullner, Der Anfang der Verfolgung, in: Zwischenruf 03/2013 – Das Magazin des Landtages von Sachsen-Anhalt, S. 26f. Bearb. v. Verf.

....
[1] *Das KZ Buchenwald lag in der Nähe von Weimar.*

Auszug aus der „Mitteldeutschen National-Zeitung" über die Reichspogromnacht in Halle vom 10. November 1938:

Das internationale Judentum und seine Hintermänner haben wieder eine feige Mordtat auf sich geladen, deren Folgen im Reiche nicht ausbleiben können. Auch in ... Halle wurden in der vergange-
5 nen Nacht spontan Aktionen von Volksgenossen durchgeführt, die sich gegen die sich noch in der Stadt aufhaltenden Juden richteten. Die Aktion dokumentierte und soll gerade dem Ausland, das in vielen Fällen der feigen und unverschämten
10 Hetze des Judentums freien Lauf ließ, zeigen, dass das deutsche Volk nicht gewillt ist, länger tatenlos die Diffamierung[1] und Mordhetze über sich ergehen zu lassen, die jetzt wieder ein Opfer forderte. Das deutsche Volk gibt mit diesen
15 Aktionen die Antwort auf die Mordhetze jenes, jüdischen Gesindels, das von den Hauptstädten des Auslandes aus sein Gift ausschleudert. Die Synagoge am Großen Berlin in Halle wurde in der vergangenen Nacht von Volksgenossen,
20 denen in heller Empörung über den jüdischen Mord die Galle überlief, zertrümmert und in Brand gesteckt. Mit einer ungeheuren Wut stürzten sie sich auf die Synagoge, erbrachen die Türen, zertrümmerten die Einrichtung und legten
25 Feuer. Weiße Rauchwolken stiegen über den Kuppeln des Gebäudes auf. Dann röteten sich die Fenster von den Flammen und kurz darauf sprühten die Funken aus dem Dach. Nach kurzer Zeit traf die Feuerwehr mit einem Löschzug ein
30 und griff den Brandherd an. Das Feuer griff so rasch um sich, dass Großalarm gegeben werden musste.

Zit. nach Mitteldeutsche Nationalzeitung vom 10. November 1938, Titelblatt, in Mathias Tullner, Der Anfang der Verfolgung, in: Zwischenruf 03/2013 – Das Magazin des Landtages von Sachsen-Anhalt.

....
[1] *Verleumdung*

....

1 Stelle die Ursachen und Folgen der Reichspogromnacht mithilfe des Darstellungstextes dar.
2 Fasse in einer Nacherzählung die Ereignisse in der Reichspogromnacht im heutigen Sachsen-Anhalt mithilfe von M1, M2 und M3 zusammen.
   Tipp: Nimm S. 191 zu Hilfe.

3 **Methode:** Analysiere M4 unter besonderer Berücksichtigung, wer hier noch als Adressat der Reichspogromnacht genannt wird. Nimm die Arbeitsschritte „Eine schriftliche Quelle analysieren" auf S. 184 zu Hilfe.
4 Die Nationalsozialisten bezeichneten die Ereignisse in der Nacht vom 9. zum 10. November 1938 als „Ausbruch des spontanen Volkszornes". Nimm Stellung zu dieser Bewertung.

Zusatzaufgabe: siehe S. 175

Welche Rolle spielte die Wirtschaft für den NS-Staat?

Die Nationalsozialisten erkannten früh, dass die Industrie eine maßgebliche Rolle für ihre Eroberungspläne spielen würde. Für ihre Wirtschaftspolitik brauchten sie auch den Rückhalt der Bevölkerung.

- *Welcher Zusammenhang bestand zwischen militärischer, wirtschaftlicher und gesellschaftlicher Entwicklung im NS-Staat?*

Überwindung der Arbeitslosigkeit

Bereits 1933 kündigte Hitler an, dass seine Regierung die Arbeitslosigkeit innerhalb von vier Jahren überwunden haben werde. Dafür prägte er die propagandistisch eindrucksvolle Formel von der „Arbeitsschlacht". Tatsäch-
5 lich erreichte der NS-Staat als erstes Industrieland 1938 die Vollbeschäftigung. Dies war ein entscheidender Grund dafür, dass ein Großteil der deutschen Bevölkerung das NS-Regime unterstützte. Der wirtschaftliche Aufschwung war zum einen der Erholung der Weltwirt-
10 schaft, die bereits 1932 einsetzte, und zum anderen staatlichen Investitions- und Arbeitsbeschaffungsprogrammen sowie Steuererleichterungen zu verdanken. Zu nennen sind Investitionen in die militärische Aufrüstung, den Straßen- und Häuserbau – diese ließen die Beschäf-
15 tigungszahlen steigen. Zur Senkung der Arbeitslosenquote trug auch bei, dass 1935 die Wehrpflicht wieder-

eingeführt wurde. Hunderttausende fanden durch den Reichsarbeitsdienst* eine Beschäftigung. Hinzu kam die Propagierung der Rolle der Frau als Mutter, die sich der
20 Kindererziehung und dem Haushalt widmen und keiner Berufstätigkeit nachgehen sollte. Für all das war eine erhebliche Verschuldung des Staates notwendig.

Wirtschaft im Zeichen des Krieges

Die NS-Wirtschaftspolitik stand im engen Zusammen-
25 hang mit den Eroberungsplänen, die Hitler im Rahmen seiner NS-Ideologie bereits in „Mein Kampf" verkündet hatte. Deutschland sollte dank einer starken Wirtschaft „kriegsfähig" werden, wozu eine Aufrüstung notwendig war. Das sollte durch den 1936 verkündeten ersten Vier-
30 jahresplan realisiert werden. Ziel war eine wirtschaftliche Autarkie*, die so weit ging, dass versuchte wurde, ausländische Rohstoffe durch deutsche Produkte zu ersetzen. Zu keinem Zeitpunkt konnte jedoch die angestrebte Unabhängigkeit erreicht werden. Finanziert wurde die
35 Aufrüstung durch Kredite in zweistelliger Milliardenhöhe. Diesen standen Gesamteinnahmen von sechs Milliarden Reichsmark gegenüber. Den drohenden Staatsbankrott konnte das NS-Regime nur durch die Entfesselung des Zweiten Weltkrieges 1939 entgehen: Die besetzten
40 Länder wurden systematisch ausgeplündert.

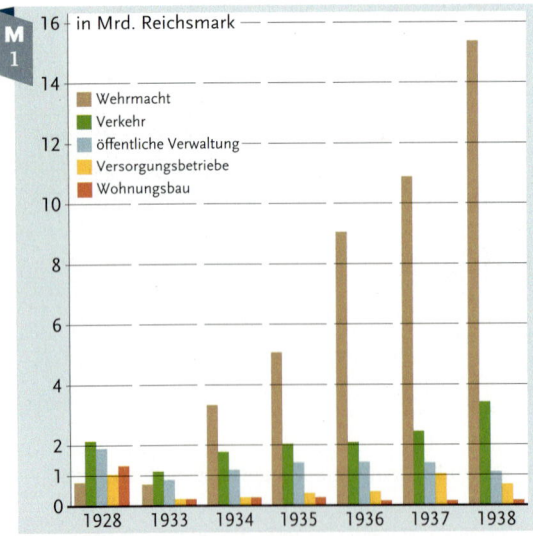

Die öffentlichen Ausgaben im Deutschen Reich. Die NS-Regierung gab zwischen 1933 und 1938 mehr Geld für Rüstung aus als Frankreich, Großbritannien und die USA zusammen.

Propagandistischer Sonderdruck über die Wirtschafts- und Rüstungserfolge des Deutschen Reichs im Rahmen des „Vierjahresplanes", 1941

Aus der geheimen Denkschrift Hitlers zum Vierjahresplan vom 6. August 1936:

Deutschland wird wie immer als Brennpunkt der abendländischen Welt gegenüber den bolschewistischen Angriffen anzusehen sein ...

Wir können uns aber diesem Schicksal nicht entzie-
5 hen. Unsere politische Lage ergibt sich aus Folgendem: Europa hat zurzeit nur zwei dem Bolschewismus gegenüber als standfest anzusehende Staaten: Deutschland und Italien. Die anderen Länder sind entweder durch ihre demokratische Lebensform zer-
10 setzt, marxistisch infiziert und damit in absehbarer Zeit selbst dem Zusammenbruch verfallen oder von autoritären Regierungen beherrscht, deren einzige Stärke die militärischen Machtmittel sind ... Alle diese Länder wären unfähig, jemals einen aussichtsvol-
15 len Krieg gegen Sowjetrussland zu führen. Wie denn überhaupt außer Deutschland und Italien nur noch Japan als eine der Weltgefahr gegenüber standhaltende Macht angesehen werden kann ... Denn ein Sieg des Bolschewismus über Deutschland würde
20 nicht zu einem Versailler Vertrag führen, sondern zu einer endgültigen Vernichtung, ja Ausrottung des deutschen Volkes ... Gegenüber der Notwendigkeit der Abwehr dieser Gefahr haben alle anderen Erwägungen als gänzlich belanglos in den Hintergrund
25 zu treten! ... Wenn es uns nicht gelingt, in kürzester Frist die deutsche Wehrmacht ... zur ersten Armee der Welt zu entwickeln, wird Deutschland verloren sein! ...

Wir sind übervölkert und können uns auf der eige-
30 nen Grundlage nicht ernähren ... Die endgültige Lösung liegt in einer Erweiterung des Lebensraumes bzw. der Rohstoff- und Ernährungsbasis unseres Volkes ...

Ich stelle damit folgende Aufgabe:
35 Die deutsche Armee muss in 4 Jahren einsatzfähig sein.

Die deutsche Wirtschaft muss in 4 Jahren kriegsfähig sein.

Zit. nach Wolfgang Michalka (Hg.), Das Dritte Reich. Dokumente zur Innen- und Außenpolitik, Bd. 1: „Volksgemeinschaft" und Großmachtpolitik 1933–1939, München (dtv) 1985, S. 188–190.

 Lohnentwicklung in den Kruppschen Gussstahlfabriken:

	1929/30	1930/31	1933/34	1934/35	1935/36
Werkzeugmacherei					
Monatslohn[1]	173,4	136,9	142,0	158,6	172,8
Stundenlohn	0,91	0,83	0,75	0,86	0,86
Wochenstunden	44,0	38,1	43,7	45,6	46,3
mech. Werkstatt					
Monatslohn	209,2	172,4	162,9	180,0	191,5
Stundenlohn	1,04	0,96	0,84	0,89	0,91
Wochenstunden	46,1	41,3	44,3	46,8	48,8

Zusammengestellt nach HA Krupp WA 41/3-807, 812 (Betriebsberichte)

[1] *einschließlich Prämien und Zulagen, z. B. Staubzulage*

1 **Methode:** Analysiere M1 und M4 mithilfe der Arbeitsschritte auf S. 187 im Hinblick auf die wirtschaftliche Situation in Deutschland. Nutze auch den Darstellungstext.

2 **Methode:** Erläutere anhand von M2 die Idee des Vierjahresplans. Nutze die Arbeitsschritte auf S. 67 und den Darstellungstext.

3 **a)** Erkläre mithilfe von M3 Hitlers Sichtweise auf die weltpolitische Lage.
b) Arbeite die sich daraus ergebenden politischen und wirtschaftlichen Ziele heraus.

4 Fasse in einem Kurzvortrag zusammen, welche Rolle die Wirtschaft für den NS-Staat spielte.
Tipp: Nimm die Anleitung auf S. 192 zur Hilfe.

Webcode: FG644216-143
Industrie und Wirtschaft im Nationalsozialismus

Die NS-Außenpolitik von 1933 bis 1938

Schon in seinem 1925 veröffentlichten Buch „Mein Kampf" hat Hitler seine radikalen Vorstellungen von einer deutschen Außenpolitik ausformuliert. Ab 1933 begann er, diese Schritt für Schritt umzusetzen, und entschied sich dabei für eine Doppelstrategie.

- *Welche außenpolitischen Ziele verfolgte Hitler und wie setzte er sie um?*

M1 Amerikanische Karikatur zur Rede Hitlers am 17. Mai 1933

Hitlers Doppelstrategie

Die Ziele der nationalsozialistischen Außenpolitik lehnten sich im Wesentlichen an die Ideologie an. Im Vordergrund standen die Revision des Versailler Vertrages und die Expansion durch Krieg in Richtung Osten. Obwohl
5 Hitler in öffentlichen Reden den Friedenswillen seiner Regierung betonte (M3) und Abkommen mit Polen (1934) sowie England (1935) schloss, förderte er von Anfang an die militärische Aufrüstung und plante entsprechend seinem Programm den Krieg. Dabei folgte
10 Hitler dem Leitgedanken, dass Deutschland entweder als Weltmacht oder gar nicht existieren werde.
Bereits im Oktober 1933 trat Deutschland aus dem Völkerbund aus. Begründet wurde dies mit der Nichtanerkennung der militärischen Gleichberechtigung
15 Deutschlands durch die Genfer Abrüstungskonferenz. Dies hatte zur Folge, dass die Aufrüstung ohne vertragliche Bindungen vorangetrieben werden konnte. Zwei Jahre später, die Wehrmacht zählte inzwischen ca. 300 000 Mann, wurde die allgemeine Wehrpflicht
20 wieder eingeführt. Trotzdem waren die meisten ausländischen Diplomaten immer noch von Hitlers beteuerten friedlichen Absichten überzeugt. Ein weiterer Triumph für die Nationalsozialisten war die Volksabstimmung im Saargebiet 1935, bei der ca. 90 % der Wahlberechtigten
25 für eine Rückkehr nach Deutschland stimmten.

Auch auf die 1936 erfolgte Besetzung des seit dem Versailler Vertrag entmilitarisierten Rheinlands erfolgte aus Angst vor einem Krieg keine ernstzunehmende Reaktion der Westmächte. Im gleichen Jahr kam es zum
30 Bündnis mit dem ebenfalls faschistischen Italien: Es entstand die „Achse Berlin–Rom".
Die Olympischen Spiele 1936 in Berlin waren propagandistisch im Inland wie im Ausland sehr wirksam. Sie wurden perfekt vorbereitet: Antisemitische Parolen ver-
35 schwanden, und die Hetze gegen Juden war für die Dauer der Spiele verboten. Zur Besänftigung des Auslands starteten in der deutschen Mannschaft zwei jüdische Sportler, der Eishockeyspieler Rudi Ball und die Fechterin Helene Mayer.
40 Der nächste Schritt erfolgte 1938 mit dem Anschluss Österreichs, der von der Mehrheit der dortigen Bevölkerung begrüßt wurde.

Das Münchner Abkommen

Mit den außenpolitischen Erfolgen Hitlers wuchsen
45 auch seine Forderungen. Er verlangte nun das Selbstbestimmungsrecht für die in den Randgebieten der Tschechoslowakei lebenden Sudetendeutschen. Als seine Forderungen nicht erfüllt wurden, drohte er mit Krieg. Daraufhin trafen sich im September 1938 der italieni-
50 sche Diktator Mussolini, der britische Premierminister Chamberlain und der französische Ministerpräsident Daladier mit Hitler in München. Im Münchner Abkommen stimmten sie der Abtretung des Sudetenlandes an Deutschland zu. Tschechoslowakische Vertreter waren
55 nicht anwesend. Großbritannien und Frankreich erhofften sich von diesem Zugeständnis, dass Deutschland nun keine weiteren Gebietsansprüche mehr erheben würde. Diese zwischen 1933 und 1939 verfolgte Politik des Appeasements* (engl. Beschwichtigung) gegenüber
60 dem NS-Staat scheiterte, als Hitler das Abkommen brach und im März 1939 die gesamte Tschechoslowakei besetzte.

Erste außenpolitische Rede Hitlers vor dem Reichstag am 17. Mai 1933:

Wir haben aber keinen sehnlicheren Wunsch als den, beizutragen, dass die Wunden des Krieges und des Versailler Vertrages endgültig geheilt werden, und Deutschland wird dabei keinen anderen Weg gehen
5 als den, der durch die Verträge selbst als berechtigt anerkannt wird. Die deutsche Regierung wünscht, sich über alle schwierigen Fragen politischer und

wirtschaftlicher Natur mit den anderen Nationen friedlich und vertraglich auseinanderzusetzen. Sie
10 weiß, dass jede militärische Aktion in Europa auch im Falle seines vollständigen Gelingens, gemessen an seinen Opfern, in keinem Verhältnis steht zum möglichen endgültigen Gewinn.

Zit. nach Paul Meier-Benneckenstein (Hg.), Dokumente der deutschen Politik, Bd. I, 2. Aufl., Berlin (Junker u. Dünnhaupt) 1937, S. 83 ff.

Premierminister Chamberlain äußerte sich vor der Münchner Konferenz (1938):

Eine der Hauptschwierigkeiten im Umgang mit totalitären Regierungen ist der Mangel an Möglichkeiten, mit den Persönlichkeiten in Kontakt zu kommen, in deren Händen die endgültigen
5 Entscheidungen für ein Land liegen. So beschloss ich, selbst nach Deutschland zu gehen, um Hitler zu interviewen und in einer persönlichen Unterredung herauszufinden, ob es noch irgendeine Hoffnung

auf die Rettung des Friedens gibt. Ich wusste sehr
10 gut, dass ich dadurch ... mich selbst der Kritik aussetzte, weil ich die Würde eines britischen Premierministers herabgesetzt hätte ... Aber ich fühlte, dass in einer solchen Krise, wo es bei den auf dem Spiel stehenden Konfliktpunkten um das Leben von Millionen Menschen ging, solche Überlegungen nicht
15 zählen dürfen.

Zit. nach Parliamentary Debates, House of Commons, Vol. 339, Spalte 13 f. Übers. von B. J. Wendt, in: Wochenschau Sek. II, 49. Jg., Nr. 3/4, Mai-August 1998, S. 145.

Rede Hitlers am 10. November 1938:

Die Umstände haben mich gezwungen, jahrzehntelang fast nur vom Frieden zu reden. Nur unter der fortgesetzten Betonung des deutschen Friedenswillens und der Friedensabsichten war es mir möglich,
5 dem deutschen Volk Stück für Stück die Freiheit zu erringen und ihm die Rüstung zu geben, die immer wieder für den nächsten Schritt als Voraussetzung notwendig war. Es ist selbstverständlich, dass eine solche jahrzehntelang betriebene Friedenspropaganda auch ihre bedenklichen Seiten hat; denn es kann
10 nur zu leicht dahin führen, dass sich in den Gehirnen vieler Menschen die Auffassung festsetzt, dass das heutige Regime an sich identisch sei mit dem Entschluss und dem Willen, den Frieden unter allen

15 Umständen zu bewahren ... Es war nunmehr notwendig, das deutsche Volk psychologisch allmählich umzustellen und ihm langsam klarzumachen, dass es Dinge gibt, die, wenn sie nicht mit friedlichen Mitteln durchgesetzt werden können, mit Mitteln
20 der Gewalt durchgesetzt werden müssen. Dazu war es aber notwendig, nicht etwa nun die Gewalt als solche zu propagieren, sondern es war notwendig, dem deutschen Volk bestimmte außenpolitische Vorgänge so zu beleuchten, dass die innere Stimme
25 des Volkes selbst langsam nach der Gewalt zu schreien begann.

Zit. nach Wilhelm Treue (Hg.), Rede Hitlers vor der deutschen Presse am 10. November 1938, in: Vierteljahreshefte für Zeitgeschichte, Jg. 6, 1958, S. 175 ff.

---

1 Fasse die Etappen der NS-Außenpolitik von 1933 bis 1938 in einer Zeitleiste zusammen.

2 Wähle eine Aufgabe aus: Erstelle eine biografische Skizze zu a) dem Eishockeyspieler Rudi Ball, b) der Fechterin Helene Mayer.

3 Geschichte darstellen: Beschreibe in einer Darstellung (Erzählen im ursprünglichen Sinn) die

Entwicklungen der deutschen Außenpolitik von 1933 bis 1938 (M1–M4). Berücksichtige Ursachen für den Wandel und die Haltung des Auslands. Stelle Zusammenhänge zwischen einzelnen Entwicklungsschritten her und nimm Bezug zu Hitlers außenpolitischen Ausführungen in „Mein Kampf" (S. 109).

Der Zweite Weltkrieg in Europa

Die Nationalsozialisten herrschten zwölf Jahre in Deutschland, sechs davon waren vom Krieg gekennzeichnet – einem Krieg, der nicht einfach ausbrach, sondern geplant, vorbereitet und bewusst ausgelöst wurde. In ihm versuchten die Nationalsozialisten rücksichtslos „neuen Lebensraum" zu erobern. Dabei stellten sie das Existenzrecht ganzer Völker infrage.
- *Wie wurde der Zweite Weltkrieg entfesselt und welchen Verlauf nahm er?*

Der Weg in den Krieg

Nach seinem außenpolitischen Erfolg auf der Konferenz in München 1938 fühlte sich Hitler ermutigt, seine Lebensraumpolitik weiter voranzutreiben.

Im März 1939 marschierten deutsche Truppen in die
5 sogenannte „Rest-Tschechei" ein und gliederten diese als „Protektorat Böhmen und Mähren" dem Deutschen Reich an. Dies war ein Bruch des Münchner Abkommens und machte deutlich, dass Hitlers Bestrebungen weit über die Revision des Versailler Vertrages hinausgingen.
10 Auch gegenüber Polen hatten die Nationalsozialisten bereits unannehmbare territoriale Forderungen gestellt. Großbritannien setzte nun seine Appeasement-Politik nicht mehr fort und gab gemeinsam mit Frankreich eine Garantieerklärung für den Bestand Polens ab.
15 Hitler nahm dies zum Anlass, am 28. April den Nichtangriffspakt mit Polen von 1934 zu kündigen. Er war entschlossen, in Polen einzumarschieren. Um Konflikte mit der angrenzenden Sowjetunion zu vermeiden, schloss er am 23. August 1939 ein Abkommen mit Stalin, dem so-
20 wjetischen Diktator. Dieser „Hitler-Stalin-Pakt"* war geheim verhandelt worden und kam für Außenstehende völlig überraschend, denn der sowjetische Kommunismus und der deutsche Nationalsozialismus waren Ideologien, die sich bis dahin antagonistisch, d. h. völlig ent-
25 gegengesetzt, gegenüberstanden. Deutschland und die Sowjetunion vereinbarten in dem Abkommen, sich gegenseitig nicht anzugreifen. Hitler wollte so einen Zweifrontenkrieg vermeiden. Doch der wichtigste Bestandteil des Vertrages war ein geheimes Zusatzabkommen, in
30 dem beide Großmächte ihre Gebietsinteressen in Polen und im Baltikum absteckten. Neben dem Pakt mit der Sowjetunion sicherte sich Hitler auch das Wohlwollen Italiens („Achse Berlin-Rom").

Kriegsbeginn in Polen – die „Blitzkriege"

35 Am 1. September 1939 griffen Truppen der Wehrmacht ohne vorherige Kriegserklärung Polen an. Rund drei Wochen nach dem Überfall war das militärisch deutlich unterlegene Polen besiegt. Gleichzeitig war die Sowjetunion am 17. September in Ostpolen einmarschiert.

40 Das Land wurde aufgeteilt und der polnische Staat hörte auf zu existieren. Großbritannien und Frankreich hatten Deutschland zwar den Krieg erklärt, aber nicht aktiv eingegriffen.

Bis zum Sommer 1941 verlief der Krieg für das NS-
45 Regime sehr erfolgreich. Die Strategie Hitlers, andere Staaten nach einem rasch erfolgten Angriff zu besetzen, ohne dem Gegner Zeit für eine gezielte Gegenwehr zu geben, wird als „Blitzkrieg" bezeichnet. Grund für dieses schnelle und offensive Vorgehen war die Tatsache, dass
50 die deutsche Rüstungsindustrie einem längeren Krieg nicht gewachsen war. Es fehlte sowohl an Rohstoffen als auch an ausreichenden Produktionsstätten. Aus diesem Grund besetzte Deutschland im April und Juni 1940 Dänemark sowie Norwegen und sicherte sich die Erzzu-
55 fuhr aus Schweden. Die Nationalsozialisten erhofften sich von diesen Schritten eine bessere Ausgangsbasis für den Krieg gegen Großbritannien. Es folgten Angriffe auf Holland, Belgien, Luxemburg und Frankreich. Die französische Regierung war im Juni 1940 gezwungen, ein
60 Waffenstillstandsabkommen zu unterzeichnen. Ein großer Teil Frankreichs wurde von deutschen Truppen besetzt. Hitler war auf dem Höhepunkt seiner Macht.

Die darauf folgenden Luftangriffe gegen England vom Sommer 1940 bis Anfang 1941 führten zu schweren
65 Zerstörungen (vor allem in London, Birmingham und Coventry). Dennoch gelang es nicht, die durch die USA unterstützte Inselmacht wesentlich zu schwächen.

Der „Russlandfeldzug" und andere Kriegsschauplätze

70 Am 31. Juli 1940 kündigte Hitler den Oberbefehlshabern der Wehrmacht die baldige Zerschlagung der Sowjetunion an. Eingeleitet wurde sie durch den Überfall deutscher Soldaten auf russische Gebiete am 22. Juni 1941. Dieser Vernichtungskrieg wurde unter
75 dem Decknamen „Unternehmen Barbarossa" vorbereitet. Parallel dazu fanden Kämpfe im Mittelmeerraum, auf dem Balkan und in Afrika statt, größtenteils gemeinsam mit den verbündeten Truppen des italienischen Diktators Mussolini.

„Mal sehen, wie lange die Flitterwochen dauern werden!",
englische Karikatur zum Hitler-Stalin-Pakt, September 1939

Deutsches Reich 1939 | eroberte Gebiete bis 1942
Verbündete Deutschlands | unbesetzte Zone (bis November 1942)

Europa unter der Herrschaft Deutsch-
lands und seiner Verbündeten 1942

Aus dem Befehl Hitlers zum Angriff auf Polen vom 31. August 1939:

1. Nachdem alle politischen Möglichkeiten erschöpft sind, um auf friedlichem Wege eine für Deutschland unerträgliche Lage an seiner Ostgrenze zu beseitigen, habe ich mich zur gewaltsamen

5 Lösung entschlossen.

2. Der Angriff gegen Polen ist nach den für den Fall „Weiß" [Polen] getroffenen Vorbereitungen zu führen mit Abänderungen, die sich beim Heer durch den inzwischen fast vollendeten Aufmarsch ergeben.

10 Aufgabenverteilung und Operationsziel bleiben unverändert.

Angriffstag: 1. September 1939.
Angriffszeit: 4.45 ...

3. Im Westen kommt es darauf an, die Verantwor-
15 tung für die Eröffnung der Feindseligkeiten eindeutig England und Frankreich zu überlassen. Geringfügigen Grenzverletzungen ist zunächst rein örtlich entgegenzutreten.
Die von Holland, Belgien, Luxemburg und der
20 Schweiz zugesicherte Neutralität ist peinlich zu achten.

Zit. nach Walter Hofer, Nationalsozialismus. Dokumente 1933–1945, Frankfurt a. M. (Fischer) 1957, S. 232f.

1 Fasse die Etappen des Zweiten Weltkrieges bis 1941/42 zusammen (Darstellungstext, M2).
Tipp: Führe den Zeitstrahl zur NS-Außenpolitik fort.

2 Untersuche anhand von M3, wie Hitler versuchte, den Angriff auf Polen abzusichern.

3 Beurteile, inwiefern Deutschland für die Entfesselung des Zweiten Weltkrieges verantwortlich war (Darstellungstext, M3).

4 **a) Methode:** Analysiere die Karikatur M1 mithilfe der Arbeitsschritte auf S. 186.
Tipp: Nutze den Darstellungstext Z. 15–33.

b) Nenne im Rahmen der Machtübertragung 1933 ein Beispiel, in dem der Antagonismus zwischen Nationalsozialismus und Kommunismus deutlich wurde.

c) Nimm Stellung zur Aussage des Karikaturisten.

Webcode: FG644216-147
Der Zweite Weltkrieg

Besatzungspolitik und Vernichtungskrieg im Osten

Der Krieg gegen die Sowjetunion unterschied sich von allen bisherigen Kriegen. Er richtete sich nicht nur gegen eine andere Armee, sondern auch gegen die Zivilbevölkerung. Er war gekennzeichnet von Kriegsverbrechen, also Verstößen gegen das Kriegs- und Völkerrecht wie Mord, Terror, Misshandlung und Massentötung von Zivilisten und Kriegsgefangenen. Auch die Soldaten der deutschen Wehrmacht beteiligten sich an solchen Verbrechen.

- *Warum wird der Krieg gegen die Sowjetunion als Vernichtungskrieg bezeichnet?*

Gewaltherrschaft in Polen und in der Sowjetunion

Bereits während des Krieges gegen Polen war es zu brutalen Übergriffen gegen die Zivilbevölkerung gekommen. Ohne Skrupel wurde gegen bestehendes Kriegsrecht verstoßen. Bis Ende 1939 wurde auf Befehl Hitlers
5 die polnische Führungsschicht (ca. 60 000 Ärzte, Politiker, Lehrer, Geistliche u. a.), aber auch Arbeiter und Gewerkschafter ermordet. Um „Lebensraum" für die Deutschen in den polnischen Westgebieten zu gewinnen, wurden hunderttausende Polen umgesiedelt.
10 Am 22. Juni 1941 überfiel das Deutsche Reich die Sowjetunion. Mit der kommunistischen Sowjetunion bekämpften die Nationalsozialisten den aus ihrer Sicht „jüdisch-bolschewistischen" Hauptfeind. In den besetzten Gebieten Polens und der Sowjetunion setzten die
15 Nationalsozialisten ihre rassistische und antisemitische Politik radikal um: Es kam zur massenhaften, systematischen Tötung der jüdischen Bevölkerung, von Sinti und Roma, der kommunistischen Führungsschicht sowie sowjetischer Kriegsgefangener durch Einheiten von SS,
20 SD*, Polizei und durch die Wehrmacht. Im Kampf gegen Partisanen, d. h. irreguläre, bewaffnete Widerstandskämpfer, löschte die Wehrmacht ganze Dörfer aus und entvölkerte vor allem in Weißrussland komplette Landstriche. Ab 1943 wurden immer mehr Zwangsarbeiterin-
25 nen und Zwangsarbeiter aus den besetzten Gebieten ins Deutsche Reich deportiert.
Durch Krieg und Besatzung starben 1941–1944 etwa 27 Millionen Sowjetbürger. Historiker bezeichnen den Krieg gegen die Sowjetunion auch als „Weltanschau-
30 ungs- und Vernichtungskrieg".

M 1 **Deutsche Besatzungspolitik im Osten**

A *Aus dem Erlass Hitlers über „Die Ausübung der Kriegsgerichtsbarkeit im Gebiet ‚Barbarossa' [Unternehmen Barbarossa = Russlandfeldzug] und besondere Maßnahmen der Truppe" (13. Mai 1941):*
Freischärler[1] sind durch die Truppe im Kampf oder auf der Flucht schonungslos zu erledigen ... Auch alle anderen Angriffe feindlicher Zivilpersonen gegen die Wehrmacht ... sind ... auf der Stelle mit den äu-
5 ßersten Mitteln bis zur Vernichtung des Angreifers niederzukämpfen ... Für Handlungen, die Angehörige der Wehrmacht ... gegen feindliche Zivilpersonen begehen, besteht kein Verfolgungszwang, auch dann nicht, wenn die Tat zugleich ein militärisches
10 Verbrechen oder Vergehen ist.

----

[1] *Partisanen*

Zit. nach Hamburger Institut für Sozialforschung (Hg.), Verbrechen der Wehrmacht. Dimensionen des Vernichtungskrieges 1941–1944, Hamburg (Hamburger Edition) 2002, S. 46ff.

B *Aus den Richtlinien für die Behandlung „politischer Kommissare". Darunter fielen höherrangige Beamte der Roten Armee, die nicht als Soldaten anerkannt wurden (6. Juni 1941):*

Im Kampf gegen den Bolschewismus ist mit einem Verhalten des Feindes nach den Grundsätzen der Menschlichkeit oder des Völkerrechts nicht zu rechnen ... Die Truppe muss sich bewusst sein:
5 1. In diesem Kampfe ist Schonung und völkerrechtliche Rücksichtnahme diesen Elementen gegenüber falsch. Sie sind eine Gefahr für die eigene Sicherheit und die schnelle Befriedung der eroberten Gebiete.
2. Die Urheber barbarisch asiatischer Kampfmetho-
10 den sind die politischen Kommissare ... Sie sind daher, wenn im Kampf oder Widerstand ergriffen, grundsätzlich sofort mit der Waffe zu erledigen.

Der Obergefreite Müller erzählt von seinen Erlebnissen an der Ostfront:

In einem Dorf in Russland waren Partisanen. Da ist es klar, man muss das Dorf dem Erdboden gleichmachen, ohne Rücksicht auf Verluste. Da hatten wir einen … Brosicke, ein Berliner; jeden, den er im Dorf
5 sah, führte er hinters Haus und hat ihm einen Genickschuss gegeben. Dabei war der Kerl damals zwanzig Jahre oder neunzehneinhalb. Es hieß, jeder zehnte Mann ist zu erschießen in dem Dorf. „Ach, was heißt hier jeder zehnte Mann? Das ist doch
10 klar", sagen die Kumpels, „das ganze Dorf muss ausgerottet werden." Da haben wir Bierflaschen mit Benzin gefüllt auf den Tisch gestellt und beim Rausgehen so ganz lässig Handgranaten dahintergeworfen. Da brannte gleich alles lichterloh –
15 Strohdächer. Man hat Frauen und Kinder, alles niedergeschossen; die wenigsten davon waren Partisanen. Ich habe bei so was nie geschossen, wenn ich nicht ganz genau gewusst habe, dass das überhaupt Partisanen waren. Aber es gab viele Kumpels,
20 denen machte das ungeheuren Spaß.

Zit. nach Sönke Neitzel & Harald Welzer, Soldaten. Protokolle vom Kämpfen, Töten und Sterben, 5. Aufl., Frankfurt a. M. (S. Fischer) 2011, S. 124 f.

 Aus dem Bericht der Einsatzgruppe[1] A [Baltikum] über durchgeführte Hinrichtungen vom 15. Oktober 1941:

	Juden	Kommunisten	zusammen
Litauen	80 311	860	81 171
Lettland	30 025	1843	31 868
Estland	474	684	1 158
Weißruthenien	7 620	–	7 620

[1] *Einsatzgruppen bestanden aus Angehörigen des SD (Überwachung von politischen Gegnern und Parteimitgliedern) und der Sicherheitspolizei (Gestapo und Kripo), die den kämpfenden deutschen Armeen folgten und die Aufgabe hatten, in den besetzten Ostgebieten die jüdische Bevölkerung, die kommunistische Führungsschicht der UdSSR, Partisanen sowie Sinti und Roma zu ermorden.*

Zit. nach Wolfgang Michalka (Hg.), Das Dritte Reich, Bd. 2, München (dtv) 1985, S. 191.

Hinrichtung von Partisanen aus Welisch, Kreis Smolensk (im heutigen Zentralrussland), durch die deutsche Wehrmacht, Foto, 1942

1 **Partnerarbeit:**
  a) Verteilt M1A und M1B.
  b) Untersucht die jeweilige Quelle hinsichtlich der Vorgaben für die deutschen Soldaten.
  c) Vergleicht eure Ergebnisse.
  d) Diskutiert, gegen welches Recht der Erlass und die Richtlinien verstoßen.
  Tipp: Nutzt den Darstellungstext.
2 Untersuche M2 im Hinblick auf die (Selbst-)Darstellung der deutschen Soldaten.

3 **Wähle eine Aufgabe aus:**
  a) Stelle anhand von M2 bis M4 dar, wie der Krieg gegen die Sowjetunion geführt wurde.
  b) Erläutere den Begriff „Vernichtungskrieg" (M1–M4).
  Tipp für beide: Nutze auch den Darstellungstext.
4 **Recherche:** In der Diskussion über den Vernichtungskrieg behaupten nicht nur Zeitzeugen, dass die deutsche Wehrmacht „sauber", d. h. unbelastet sei. Informiere dich im Internet über die Diskussion zur Rolle der Wehrmacht im Zweiten Weltkrieg.

Webcode: FG644216-149
Vernichtungskrieg im Osten

Holocaust: Völkermord an den europäischen Juden

Du weißt bereits von den ideologischen Ursachen sowie von den nationalsozialistischen Terror- und Gewaltmaßnahmen gegen die jüdische Bevölkerung in Deutschland und in den nach Beginn des Krieges besetzten Gebieten. Genau sechs Jahre nach seinem Amtsantritt drohte Hitler „die Vernichtung der jüdischen Rasse in Europa" an.

- *Wie konnten die Nationalsozialisten den Völkermord an den europäischen Juden planen, anordnen und umsetzen?*

Beispiele für Kennzeichnung der KZ-Häftlinge durch die NS-Bürokratie

Deportation und Selektion

Millionen Juden und weitere Angehörige sogenannter „minderwertiger Rassen" gerieten unter deutsche Herrschaft, als die Wehrmacht ihre Heimatländer besetzte. Damit verschlechterte sich ihre Situation dramatisch. In
5 den besetzten Gebieten zwangen die Deutschen die jüdische Bevölkerung zum Umzug in spezielle „Judenbezirke" (Gettos), wo sie verstärkt der Kontrolle und dem Terror des deutschen Regimes ausgesetzt waren. Dort starben bereits Tausende durch Hunger und Krank-
10 heiten. Aus den Gettos wurden die Juden, zusammengepfercht in Viehwaggons, zu den Vernichtungslagern in abgelegenen Gegenden Polens transportiert. In Auschwitz begutachteten SS-Ärzte die Angekommenen und „selektierten", d. h. sie sonderten die zur Schwerstarbeit
15 in den benachbarten Fabriken vorgesehenen Menschen von den anderen aus. Die nicht Arbeitsfähigen, etwa vier Fünftel der Menschen eines Transportzuges, wurden sofort in den Gaskammern ermordet. In Vernichtungslagern wie Auschwitz-Birkenau starben bis 1945
20 sechs Millionen jüdische Menschen – es waren Todesfabriken. Diese Lager kosteten aber auch anderen das Leben, zum Beispiel Sinti und Roma oder Anhänger der Zeugen Jehovas.

Wannseekonferenz – Planung der „Endlösung"

25 Der Völkermord an den europäischen Juden hatte bereits im Juni 1941 mit dem Überfall auf die Sowjetunion begonnen. Ab Oktober 1941 kam es auch zu Massendeportationen deutscher Juden in die Gettos im Osten. Reinhard Heydrich, Leiter des Reichssicherheitshauptamtes
30 (RSHA) und stellvertretender Reichsprotektor in Böhmen und Mähren, wurde 1941 von Hermann Göring mit der „Endlösung der Judenfrage" beauftragt. Er berief am 20. Januar 1942 eine Konferenz am Berliner Wannsee ein, auf der die Koordination eines systematischen Mor-
35 des an allen Juden Europas abgesprochen wurde. Zum Zeitpunkt der Konferenz am Wannsee waren bereits über eine halbe Million Menschen ermordet worden.

Mittäterschaft

Insgesamt fielen der Shoa ca. sechs Millionen euro-
40 päische Juden zum Opfer, darunter ca. 1,5 Millionen Kinder. Nur ca. 10 000 deutschen Juden gelang es, sich zu verstecken oder zu fliehen. Viele, die von den Verbrechen an den Juden wussten oder etwas ahnten, schwiegen. Auch wenn es Menschen gab, die sich gegen die
45 NS-Regierung stellten, erfuhren die Juden insgesamt nur wenig Hilfe aus der Bevölkerung. Die Planung und Durchführung der sogenannten „Endlösung" wäre nicht möglich gewesen, hätten sich daran nur die NS-Spitzen beteiligt. Eine solche Unternehmung erforderte auch die
50 Mithilfe der mittleren und unteren Führungsebenen, also der Männer und Frauen, die in den Kommunen, Behörden, Polizeidienststellen und Verkehrsbetrieben des Deutschen Reichs sowie in den Konzentrations- und Vernichtungslagern arbeiteten. Auch die Vertreter der
55 katholischen und evangelischen Kirchen protestierten nur in wenigen Fällen gegen die Verfolgungen und den Massenmord.

Misshandlung eines Juden. Straßenszene im Getto Litzmannstadt (Lodz), Foto, 1942

Arbeitsschritte „Eine biografische Recherche durchführen"

Suche vorbereiten/Thema festlegen	Lösungshinweise
1. Über welche Person möchte ich mich informieren? Soll ein bestimmter Aspekt oder eine bestimmte Lebensphase berücksichtigt werden?	• z. B. über Sophie Scholl, eine Widerstandskämpferin während der NS-Zeit; spezieller Lebensabschnitt: Flugschriftenaktion und Gerichtsurteil
2. Welche Medien kommen als Informationsquelle infrage?	• Sachbücher, Autobiografie, Zeitzeugenaussagen, Tondokumente, Kino- und Dokumentarfilm

Eine Gliederung erstellen	
3. Wie baue ich mein Referat oder meine Präsentation auf (Text-, Bild-, evtl. auch Tonquellen)?	Eine Biografie enthält meist Informationen zu:
4. Welche Schwerpunkte möchte ich beim Inhalt und der Quellenart (Quellenauswahl) setzen?	• Elternhaus, Geschwister, Kindheit • Schulzeit, evtl. Studium und Berufsausbildung • ggf. Familiengründung • berufliche Erfolge, Werdegang
5. Habe ich auch die historische Zeit berücksichtigt, in der die beschriebene Person gelebt hat?	• Interessen, Leidenschaften • besondere Leistungen, Erfolge oder Ereignisse • Tod

Informationen sammeln, Recherche durchführen	
6. Gibt es in der Bibliothek Informationen?	• im Bibliothekskatalog recherchieren; sich mithilfe eines Bibliothekars informieren
7. Gibt es aussagekräftige Quellen im Internet?	• Quellen und Fundstelle speichern, stichwortartige Notizen machen
8. Kann ich Orte besuchen, die für die Person wichtig waren, z. B. Ort ihres Wirkens?	• die Ludwig-Maximilians-Universität (z. B. Denkmal für die „Weiße Rose", Lichthof)

Ergebnisse auswerten	
9. Sind meine Quellen glaubwürdig, objektiv und vielfältig? Enthalten sie unterschiedliche Sichtweisen aus verschiedenen Zeiten?	• Hinweis zu M3: Bei der Interpretation der Quellen ist zu beachten, dass es sich um Aufzeichnungen von Gestapo-Mitarbeitern handelt und sich in ihnen keine Hinweise finden, unter welchen Bedingungen diese Aussagen gemacht oder ob sie manipuliert wurden. Auch gilt zu bedenken, was Sophie mit ihrer Aussage erreichen wollte, z. B. die Entlastung ihrer Mitstreiter.
10. Haben sich bei meinen Recherchen Widersprüche ergeben?	

Biografie vorstellen	
11. In welcher Form und wo sollen meine Ergebnisse präsentiert werden?	• Du kannst z. B. eine biografische Skizze anfertigen.

1 Führe mithilfe der Arbeitsschritte eine biografische Recherche zu Sophie Scholl durch (M1–M3).
   Tipp: Nutze auch das Internet und die Schulbibliothek.
2 Überprüfe, inwiefern die verwendeten Informationen über Sophie Scholl als sicher belegt, teilweise belegt, vermutlich oder unklar anzusehen sind.
   Tipp: Dies ist mit Blick auf M3 wichtig.

3 Nimm Stellung zu Sophie Scholls letzter Antwort in M3.
4 Führe eine weitere biografische Recherche zu einem Mitglied der „Weißen Rose" durch, zum Beispiel zu Christoph Probst oder Kurt Huber.

Das Ende des „totalen Krieges"

Anfang 1943 konnte die sowjetische Armee in Stalingrad einen Sieg erzielen, der die Niederlage Deutschlands einleitete. Währenddessen sollten die Deutschen, unter anderem durch Reden von Joseph Goebbels, der den „totalen Krieg"* aus- rief, noch einmal motiviert werden. Am 8. Mai 1945 endete in Europa der Krieg, der Millionen Menschen das Leben kostete. In Asien hielt er noch an.
* *Wie verliefen die letzten Kriegsjahre und wie kam es zum Kriegsende?*

Die Ausweitung zum Weltkrieg

Der Angriff der deutschen Truppen auf die Sowjetunion kam Ende 1941 zum Stillstand. Im selben Jahr entwi- ckelten der amerikanische Präsident Roosevelt und der britische Premierminister Churchill mit der „Atlantik-
5 Charta"* vom 14. August 1941 die Vorstellung von einer künftigen Weltordnung: Zu dieser gehörten Verzicht auf Annexionen und Gewalt, das Selbstbestimmungsrecht der Völker, Freiheit des Handels und der Meere sowie die Gründung einer Weltsicherheitsorganisation.
10 Japan strebte nach der Vorherrschaft im pazifischen Raum. Deshalb attackierte es am 7. Dezember 1941 den amerikanischen Flottenstützpunkt auf Hawaii, Pearl Harbor. Auch Deutschland erklärte daraufhin den USA den Krieg. Ziel der deutsch-japanischen Allianz, die
15 schon seit 1936 bestand, war es, die amerikanischen Kräfte durch zwei Kriegsschauplätze in Europa und Asi- en zu schwächen. Dies erwies sich als Fehleinschätzung, denn Churchill und Roosevelt schlossen sich zur Anti- Hitler-Koalition zusammen und richteten ihre Anstren-
20 gungen gegen Deutschland.

Die letzte Mobilisierung – der „totale Krieg"

Zur Kriegswende kam es im Januar/Februar 1943, als die 6. deutsche Armee in Stalingrad von sowjetischen Trup- pen eingekesselt und unter großen Verlusten zur Kapitula-
25 tion gezwungen wurde. Von 250000 Soldaten kamen 90000 um, von den übrigen kehrten nur etwa 6000 nach langer Kriegsgefangenschaft in die Heimat zurück. Den- noch rief Reichspropagandaminister Joseph Goebbels am 18. Februar 1943 im Berliner Sportpalast unter dem Jubel
30 der Anhänger des NS-Regimes zum „totalen Krieg" auf. Entgegen der NS-Ideologie wurden immer mehr Frauen zu Verwaltungsaufgaben, bei der Flugabwehr oder in der Rüstungsindustrie dienstverpflichtet. An der „Heimat- front" sollten sie für den „Endsieg" mitkämpfen. Jugend-
35 liche und ältere Männer schickte man als „Volkssturm" schlecht ausgebildet in den Kampf. In der Landwirtschaft und Industrie wurden an die zehn Millionen Zwangsarbei- ter, KZ-Häftlinge und ein Großteil der Kriegsgefangenen eingesetzt (siehe S. 160/161).

Gefallene Angehörige der Hitlerjugend, die als Soldaten in Nordfrankreich kämpften, Foto, 1944/45

Bombenkrieg und Kapitulation

40 1944 zeichnete sich ein Ende des Krieges ab: Die sowje- tische Armee rückte immer weiter nach Westen vor, und am 6. Juni („D-Day") starteten amerikanische und briti- sche Truppen eine Invasion in der Normandie. Die deut-
45 sche Zivilbevölkerung litt unter den Bombenangriffen der Briten und Amerikaner (siehe S. 158/159). Zum Jahreswechsel 1944/45 standen die Truppen der drei Alliierten an den Reichsgrenzen. Im Osten begann die Flucht von Millionen Deutschen aus Angst vor Rache
50 der Roten Armee. Nach erbitterten Kämpfen erreichten amerikanische und sowjetische Truppen am 25. April 1945 die Elbe bei Torgau. Am 30. April beging Hitler Selbstmord in seinem „Führerbunker" in Berlin, während die Rote Armee in
55 die Hauptstadt einrückte. Kurz darauf, am 7. Mai, unterzeichnete die Wehrmachtsführung im US-Haupt- quartier in Reims die bedingungslose Kapitulation. In der Nacht vom 8. auf den 9. Mai wurde dies im sowje- tischen Hauptquartier wiederholt.

Krieg in Asien

Nach zahlreichen Zusammenstößen hatte Japan 1937
China den Krieg erklärt. Durch die Ausweitung der japanischen Macht im Pazifikraum wurden jedoch auch die
Interessen der USA berührt. Diese nutzten die Abhän-
gigkeit Japans vom Erdöl und anderen Rohstoffen,
sperrten im Juli 1941 die Erdölausfuhr nach Japan
und forderten einen Rückzug der Japaner aus China.
Japan antwortete mit dem Überraschungsangriff auf
Pearl Harbor. In einem verlustreichen Seekrieg errang
das amerikanische Militär entscheidende Siege. Am 6.
und 9. August 1945 warfen amerikanische Flugzeuge
über den japanischen Städten Hiroshima und Nagasaki
jeweils eine Atombombe ab. Über 100 000 Tote und
langfristig Zehntausende Opfer durch Verstrahlungen
und Verbrennungen waren die Folge. Wenige Tage später
kapitulierte die japanische Regierung.

Das von der Atombombe zerstörte Hiroshima, Foto, August 1945

*Ein Überlebender des KZ Buchenwald hat von seinen Befreiern,
US-amerikanischen Soldaten, Essen erhalten. Foto, 1945*

**Die Toten des Zweiten Weltkrieges (Auswahl),
in Klammern: Anteil der Zivilisten**

Gesamtverluste: ca. 65 Millionen Tote

Deutschland	6 350 000 (1 170 000)
Sowjetunion	27 000 000 (14 000 000)
China	13 500 000 (10 000 000)
USA	407 316
Frankreich	360 000 (150 000)
Polen	6 000 000 (5 700 000)
Ungarn	950 000 (590 000)
Jugoslawien	1 690 000 (950 000)
Niederlande	220 000 (198 000)
Griechenland	180 000 (160 000)
Japan	3 760 000 (1 700 000)

*Zusammengestellt nach Rolf-Dieter Müller (Hg.), Das
Deutsche Reich und der Zweite Weltkrieg, Bd. 10: Der Zu-
sammenbruch des Deutschen Reiches 1945, Halbband 2:
Die Folgen des Zweiten Weltkrieges, München (Deutsche
Verlags-Anstalt) 2008, Die Menschenverluste im Zweiten
Weltkrieg (Karte mit Grafik/Tabelle), ohne Seitenangabe.*

1 Beschreibe den Eindruck, den die Fotos M1–M3 bei
dir hinterlassen.
2 Erkläre mithilfe des Darstellungstextes und M1 den
Begriff „totaler Krieg" in einer Mind-Map.
3 Beurteile aus Sicht einer emanzipierten Frau der
Zeit, die dem NS-Regime neutral gegenüberstand,
inwiefern sich der Kriegseinsatz von Frauen mit
der NS-Ideologie vereinbaren ließ.
Tipp: Nutze den Darstellungstext und die S128/129.

4 a) Erstelle mithilfe des Zahlenmaterials in M4 ein
Säulendiagramm.
b) **Methode:** Analysiere das Säulendiagramm mithilfe der Arbeitsschritte auf S. 187.
5 Fasse mithilfe des Darstellungstextes, M2 sowie M4
das Ende des Zweiten Weltkrieges zusammen.
Tipp: Konzentriere dich auf das Wesentliche und ver-
meide zu lange Sätze und schwierige Wörter.

Webcode: FG644216-157
„Totaler Krieg"

Bombenkrieg über Deutschland

Anfang 1940 begannen die Alliierten, deutsche Städte großflächig zu bombardieren. Sie unterschieden dabei nicht zwischen militärischen und zivilen Zielen. Wähle A, B oder C und untersuche:
- *Welche Rolle spielte der Bombenkrieg im Kriegsverlauf?*
- *War er gerechtfertigt?*

> **Aufgabe für alle:**
> Diskutiert, ob man den Bombenkrieg als Kriegsverbrechen bezeichnen sollte.

Gelingt die Demoralisierung der Deutschen?

Zunächst war es die Absicht beider Gegner, die Lufthoheit über dem feindlichen Gebiet zu erlangen und militärische Ziele zu zerstören. Doch die deutsche Luftwaffe ging schon zu Kriegsbeginn dazu über, auch Zivilisten anzugreifen. Sie bombardierte 1939 bis 1941 feindliche Städte wie Rotterdam, Coventry und Warschau schwer. Seit Frühjahr 1942 griffen dann die britische Luftwaffe (Royal Air Force) und amerikanische Bomberflotten deutsche Städte mit massiven Flächenbombardements an. Sie sollten die Zivilbevölkerung demoralisieren und zum Aufgeben zwingen („moral bombing"). Das gelang jedoch nicht – im Gegenteil: Der Krieg radikalisierte sich weiter. Insgesamt starben im Bombenkrieg 600 000 deutsche Zivilisten. Zahllose Innenstädte wurden zu Ruinenlandschaften, so auch im heutigen Sachsen-Anhalt.

 A

 M1 **Die Zeitzeugin Bärbel Domrese erinnert sich mit 76 Jahren an den Bombenangriff auf Magdeburg am 16. Januar 1945. Sie war damals sechs Jahre alt:**

So gegen 21 Uhr war dann nochmal Alarm und dann ging das ganz schnell runter in den Keller und dann kam der Luftschutzwart wieder und hat dann gesagt: „Es könnte evtl. diesmal ernster werden." ... Die Sirenen heulten unentwegt, das hörte gar nicht mehr auf ... Und dann hörten wir von Weitem schon die Flieger ankommen. Das war ja ein fürchterliches Geräusch ... Und die Kinder weinten auch alle schon, alles war aufgeregt. Und dann ging das ja mit den Bomben los ... Es war so kurz vor 10, [wir] durften dann alle den Luftschutzkeller verlassen ... Der Luftschutzwart hat gesagt: „Wir können jetzt alle aus dem Keller, aber wir möchten uns ... nicht erschrecken ... ganz Magdeburg brennt." ... Die ganze Innenstadt brannte ... es war einfach lichterloh ... Das war so hell, dass sie gar kein Licht brauchten.

Transkript d. Verf. nach http://md45.die-waehlerischen. de/bombardierung-magdeburg-zeitzeugen-interviews- zweiter-weltkrieg/ (Stand: 1. 11. 2017).

1 Beschreibe die Auswirkungen des Bombenkrieges auf die Bevölkerung in Magdeburg (M1–M3).

Der Magdeburger Marktplatz nach dem Bombenangriff vom 16. Januar 1945, Foto, 1945

 M3 **Daten zum Bombenangriff in Magdeburg am 16. Januar 1945:**

- 11.00 Uhr Bombardierung der Stadtteile Neustadt und Buckau; u. a. werden 80 % des Krupp-Grusonwerks (Rüstungswerk) vernichtet
- 21.26 Uhr bis 22.07 Uhr: Bombardement durch 371 britische Bomber (abgeworfene Bomben: 1050 Tonnen); Verletzte: 110 000; Tote: 2000

Vom Autor zusammengestellt.

B

 M 4

Der Autor Thomas Mann (1875–1955) hielt 1942 diese Radioansprache aus dem Exil:

Zum ersten Mal jährt sich der Tag der Zerstörung von Coventry durch Görings Flieger – einer der schauderhaftesten Leistungen, mit denen Hitler-Deutschland die Welt belehrte, was der totale Krieg

5 ist ... Hat Deutschland geglaubt, es werde für die Untaten, die sein Vorsprung in der Barbarei ihm gestattete, niemals zu zahlen haben? ... Beim jüngsten britischen Raid[1] über Hitlerland hat das alte Lübeck zu leiden gehabt. Das geht mich an, es ist

10 meine Vaterstadt ... Aber ich denke an Coventry – und habe nichts einzuwenden gegen die Lehre, dass alles bezahlt werden muss. Es wird mehr Lübecker

geben, ... die dagegen auch nichts einzuwenden haben und, wenn sie das Dröhnen der RAF[2] über

15 ihren Köpfen hören, ihr guten Erfolg wünschen ... Hitler-Deutschland hat weder Tradition noch Zukunft. Es kann nur zerstören, und Zerstörung wird es erleiden. Möge aus seinem Fall ein Deutschland erstehen, ... dem Liebe gegeben ist rückwärts zum

20 Gewesenen und vorwärts in die Zukunft der Menschheit hinaus. So wird es, statt tödlichen Hasses, die Liebe der Völker gewinnen.

Zit. nach http://www.cicero.de/berliner-republik/ich-habe-nichts-einzuwenden/36748 (Stand: 22.2.2017).

[1] *Raid = engl. Angriff*
[2] *RAF = Royal Air Force*

 M 5

Bombenabwürfe in Tonnen (1940–1945)

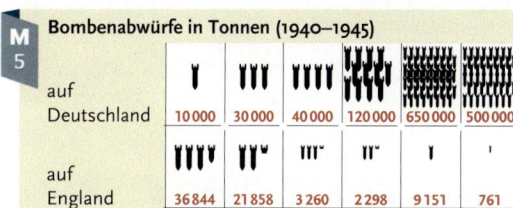

	1940	1941	1942	1943	1944	1945
auf Deutschland	10 000	30 000	40 000	120 000	650 000	500 000
auf England	36 844	21 858	3 260	2 298	9 151	761

1 a) Fasse die Position Thomas Manns (M4) zum alliierten Bombenangriff auf deutsche Städte in eigenen Worten zusammen.

b) Nimm Stellung, inwiefern eine Tat mit einer anderen Tat aufzuwiegen ist (M4, M5).

C

 M 6

Der Historiker Jörg Friedrich löste eine Debatte über den Bombenkrieg aus:

Es gibt zutiefst verstörende Aufnahmen aus Kassel nach dem Angriff im Oktober 1943 – Bilder von Leichenbergen, aus denen Rümpfe und Köpfe herausragen. Waren das Massaker? ...

5 Der Luftkrieg war eine präzedenzlose [= beispiellose] Marter, die einer Zivilbevölkerung Nacht für Nacht von einer fürchterlichen Vernichtungsapparatur auferlegt wurde ... Inzwischen sind sämtliche Luftstreitkräfte von der Idee des „moral bom-

10 bing" abgerückt, weil es nie funktioniert hat ... Die Vorstellung, man könne eine städtische Bevölkerung durch extreme Qualen in eine Revolution hineinbombardieren, ist längst widerlegt.

Zit. nach http://www.spiegel.de/ sptv/special/a-237918. html (Stand: 30.3.2017).

M 7

Der Historiker Volker Ullrich antwortete:

Friedrich verschweigt nicht, dass die Strategie des area bombing von den Briten nicht erfunden, sondern bereits von Hitlers Luftwaffe praktiziert worden war ... Doch diese Vorgeschichte rechtfer-

5 tigt in den Augen des Autors nicht die rücksichtslose alliierte Luftkriegführung ... Der Autor selbst hat ... auf die Frage, ob er den alliierten Bombenkrieg als Kriegsverbrechen gewertet wissen möchte, geantwortet: „Ich beziehe dazu keine

10 Stellung." Doch indirekt, ... vor allem durch wiederkehrende sprachliche Wendungen, tut er dies durchaus ... Mehr noch: Indem der Autor Keller als „Krematorien", Bombenopfer als „Ausgerottete" und die Bomber Group Number 5 als „Ein-

15 satzgruppe"* bezeichnet, rückt er den alliierten Luftkrieg ... in die Nähe des Holocaust.

Die Zeit, 49/2002

1 Vergleiche die Positionen in M6 und M7.

2 Nimm Stellung zur Gleichsetzung von Holocaust und Bombenkrieg (M7).

Zwangsarbeit im „Dritten Reich"

Überall in Deutschland wurden während des Krieges gefangene Soldaten, KZ-Häftlinge und ausländische Zivilisten als Zwangsarbeiterinnen und Zwangsarbeiter beschäftigt. Sie wurden als billige Arbeitskräfte missbraucht und ausgebeutet, um die Rüstungs- und Lebensmittelindustrie aufrechtzuerhalten. Die meisten von ihnen kamen aus Osteuropa, von wo aus sie nach Deutschland verschleppt wurden.
- *Unter welchen Bedingungen lebten Zwangsarbeiterinnen und Zwangsarbeiter in Deutschland?*

Zwangsarbeiterinnen in einer Wäscherei, Deutschland, Foto, 1942

Zwangsarbeiter räumen Bombentrümmer, Osnabrück 1942

Lebensumstände der Zwangsarbeiter

Ende 1944 gab es über zehn Millionen Zwangsarbeiter in Deutschland, darunter fast zwei Millionen Russen und 850 000 Polen – mehr als die Hälfte von ihnen Frauen. Wie die Zwangsarbeiter behandelt wurden, hing stark
5 von ihrem Einsatzgebiet in Industrie und Landwirtschaft ab. Während den Arbeitern auf dem Land häufig ein Rest von Menschlichkeit begegnete, fristeten diejenigen in den Rüstungsbetrieben meist ein Leben unter unzumutbaren Bedingungen. Bereits bei geringen Verstößen
10 gegen die zahlreichen Regelungen waren sie drastischen Strafen ausgesetzt, z. B. Essensentzug, Strafarbeit oder Prügel. Öffentliche Einrichtungen wie Kinos oder Schwimmbäder durften sie nicht betreten. Auf Liebesverhältnisse mit Deutschen stand die Deportation in ein
15 KZ oder sogar die Todesstrafe. Aufgrund der mangelnden Hygiene in den Unterkünften litten die Bewohner der Lager zudem häufig unter Ungezieferplagen.
Neben ihrem Einsatzort war vor allem die Herkunft der Zwangsarbeiter für die Lebens- und Arbeitsbedingungen
20 von zentraler Bedeutung. Die aus Westeuropa stammen-

den Zivilarbeiter wurden deutlich besser behandelt, wenngleich auch sie kaum Rechte hatten. Die als „artfremde Untermenschen" geltenden „Ostarbeiter" aus Polen, der Ukraine und der Sowjetunion waren der Aus-
25 beutung ihrer Arbeitskraft jedoch fast schutzlos ausgeliefert und gesellschaftlich isoliert. Somit hatte die Zwangsarbeit nicht nur eine wirtschaftliche Funktion, sondern war auch Teil der rassistischen NS-Gesellschaftsordnung.

Kennzeichen für „Ostarbeiter" aus der Sowjetunion, Foto, undatiert

 Häftlinge des KZ Dachau bei der (Zwangs-)Arbeit in einem Rüstungsbetrieb, Foto, 1943

Zwangsarbeit im heutigen Sachsen-Anhalt

30 Auch auf dem Gebiet des heutigen Sachsen-Anhalts wurden Zwangsarbeiterinnen und Zwangsarbeiter eingesetzt. In Halle/Saale wurden zwischen 1941 und 1945 Zwangsarbeiterinnen und Zwangsarbeiter aus den von Deutschland besetzten Ostgebieten in Massenunterkünf-
35 ten untergebracht. Bei schlechter Versorgung mussten sie in den Siebel-Flugzeugwerken, in der Porzellanfabrik bei Lettin oder in der Zementfabrik Nietleben Akkordarbeit leisten. Nachgewiesen ist das Schicksal niederländischer Zwangsarbeiter, die Unterstände und Hangars für Flug-
40 zeuge ausheben mussten. Auch in Dessau gab es in den Junkers-Flugzeug- und Motorenwerken Zwangsarbeit.

Entschädigung

Deutsche NS-Opfer erhielten ab den späten 1940er Jahren Zahlungen als „Wiedergutmachung". Die von auslän-
45 dischen Regierungen und ehemaligen Opfern geforderten Wiedergutmachungszahlungen gestalteten sich zunächst schwierig. Deutschland erklärte ihre Ansprüche für abgegolten, weil die Bundesrepublik bereits Reparationen an die zuvor besetzten Länder gezahlt hatte.
50 Angesichts einer Fülle von Sammelklagen aus den USA beschloss der Bundestag 1998 die Einrichtung einer Stiftung zur Entschädigung ehemaliger Zwangsarbeiter unter finanzieller Beteiligung der Unternehmen, die von Zwangsarbeit profitiert hatten.

M5 Ein Gedicht der ukrainischen Zwangsarbeiterin Elena Bogomaz, die von 1942 bis 1945 in einer Malzfabrik in Deutschland arbeiten musste:

Der Winter ist vergangen, der Sommer ist gekommen.
In den Gärten blühen wieder Blumen.
Mich – ein junges Mädchen – hat man nach
5 Deutschland ins Lager verschleppt.
Die Kerze brennt mit einer zitternden Flamme,
In den Baracken schlafen alle fest,
Um die Baracke sind die Aufseher,
Sie gehen wachend durch die Gegend.
10 ...
Ich träume von meinem Heimatland,
Ich Arme kann nicht schlafen.
Warum gebarst du mich, meine Mutter?
Warum zwangst du mich, hier zu leben?
15 Du schenktest mir mein armseliges Schicksal.
Du ließest zu, dass man mich in dieses „Kulturland" verschleppte.
In diesem „Kulturland" hasst man uns,
Nirgendwo sind wir willkommen,
20 Man nennt uns „Russenschwein",
Man schickt uns ins Konzentrationslager.
Schwere Klötze erdrücken unsere Füße,
„OST" steht auf unserer Brust,
Sperren, Stacheldrahtzäune und Aufseher
25 Haben uns unserer Freiheit beraubt.
Lass' diese Wälder verbrennen
Lass' dieses Lager verschwinden,
Wir möchten so gern in der heimatlichen Ukraine bei unseren Familien leben und wieder froh sein.

Zit. nach http://www.zwangsarbeit.rlp.geschichte.uni-mainz.de/F_Bruechert_d8.htm (Stand: 14. 10. 2016).

---

1 Beschreibe auf Grundlage der Materialien (M1–M5) und des Darstellungstextes die Lebensumstände der Zwangsarbeiter. Unterscheide dabei zwischen Arbeitern aus West- und Osteuropa.

2 Stelle unter Berücksichtigung der Wortwahl und der zum Ausdruck kommenden Gefühle dar, wie die Verfasserin in M5 ihre Zeit in Deutschland beschreibt.

3 **Recherche:** Informiere dich über die Stiftung „Erinnerung, Verantwortung und Zukunft" und fasse die Aufgaben und Ziele der Organisation in einem Schaubild zusammen.

4 **Partnerarbeit:** Diskutiert, inwiefern der deutsche Staat als auch die deutsche Gesellschaft nach so langer Zeit noch etwas zur „Wiedergutmachung" beitragen können.

Zusatzaufgaben: siehe S. 176

Webcode: FG644216-161
Zwangsarbeit

Gedenken an die Opfer der NS-Herrschaft

1945 endeten der Zweite Weltkrieg und die totalitäre NS-Diktatur. Das wahre Ausmaß der nationalsozialistischen Verbrechen kam ab diesem Zeitpunkt schrittweise ans Licht und beschäftigt die Gesellschaft bis heute. Es ist eine „zweite Geschichte" des Nationalsozialismus: Sie war und ist geprägt von der Auseinandersetzung mit dem Holocaust und allen anderen NS-Verbrechen.

- *Wie veränderte sich die Erinnerung an den Holocaust und die NS-Verbrechen von 1945 bis heute?*
- *Wie sollten wir uns heute an den Nationalsozialismus erinnern?*

Das Erinnern an NS-Verbrechen

Nach dem Sieg über das nationalsozialistische Deutschland interessierten sich die Alliierten vor allem für die Aufklärung der schrecklichen Verbrechen. Doch bald entwickelte sich zwischen den Siegermächten USA und
5 UdSSR eine heftige Konkurrenz und Feindschaft. Sie wurde wichtiger als die Verfolgung der NS-Täter. Außerdem brauchte Deutschland alle verfügbaren Kräfte beim Wiederaufbau. Aus diesem Grund wurden viele nationalsozialistische Verbrecher in den 1950er Jahren
10 wieder in die Gesellschaft integriert. Sie machten sogar Karriere in Wirtschaft und Politik. Über die Verbrechen an Menschen mit jüdischem Glauben, Sinti und Roma, Menschen mit Behinderung, an Zwangsarbeitern oder politisch Andersdenkenden wurde weitgehend still-
15 schweigend hinweggesehen.

Die Verbrechen an den Juden wurden in den ersten Jahren der Bundesrepublik weitgehend beschwiegen. Erst eine Reihe von Gerichtsprozessen in den 1960er Jahren brachte den Holocaust in die Öffentlichkeit. Besonders
20 der Auschwitzprozess 1963–1965 erreichte große Aufmerksamkeit in Zeitung und Fernsehen. Spätestens mit der Rede Richard von Weizsäckers vor dem Deutschen Bundestag am 8. Mai 1985 (M1) wurde die Erinnerung an den Holocaust und die vielen NS-Verbrechen Teil der
25 politischen Kultur der Bundesrepublik. Bundespräsident Roman Herzog führte 1996 den 27. Januar als „Tag des Gedenkens an die Opfer des Nationalsozialismus" ein. Er wird auch international als „Holocaust Remembrance Day" begangen. Da es immer weniger lebende Opfer und
30 Zeitzeugen des Nationalsozialismus gibt, stellt sich die Frage, wie wir eine „Kultur der Erinnerung" an das Geschehen lebendig halten können. Die öffentliche Erinnerung erfolgt in erster Linie durch Gedenktage, Gedenkstätten, Museen und Ausstellungen. Aber auch im
35 Fernsehen und Internet erinnert man an den Holocaust. Gleichzeitig fordern rechte Politiker immer wieder, einen „Schlussstrich" zu ziehen und die „positiven Seiten" der deutschen Geschichte zu betonen.

 M1

Richard von Weizsäcker sagte 1985 anlässlich des 40. Jahrestages des Kriegsendes:

Der 8. Mai war ein Tag der Befreiung. Er hat uns alle befreit von dem menschenverachtenden System der nationalsozialistischen Gewaltherrschaft ...
5 Wir gedenken heute in Trauer aller Toten des Krieges und der Gewaltherrschaft. Wir gedenken insbesondere der sechs Millionen Juden, die in deutschen Konzentrationslagern ermordet wurden.
10 Wir gedenken aller Völker, die im Krieg gelitten haben, vor allem der unsäglich vielen Bürger der Sowjetunion und der Polen, die ihr Leben verloren haben.

Als Deutsche gedenken wir in Trauer der eigenen
15 Landsleute, die als Soldaten, bei den Fliegerangriffen in der Heimat, in Gefangenschaft und bei der Vertreibung ums Leben gekommen sind. Wir gedenken der ermordeten Sinti und Roma, der getöteten Homosexuellen, der umgebrachten
20 Geisteskranken, der Menschen, die um ihrer religiösen oder politischen Überzeugung willen sterben mußten ...

Jüngere und Ältere müssen und können sich gegenseitig helfen zu verstehen, warum es
25 lebenswichtig ist, die Erinnerung wachzuhalten. Es geht nicht darum, Vergangenheit zu bewältigen. Das kann man gar nicht. Sie läßt sich ja nicht nachträglich ändern oder ungeschehen machen. Wer aber vor der Vergangenheit die Augen ver-
30 schließt, wird blind für die Gegenwart. Wer sich der Unmenschlichkeit nicht erinnern will, der wird wieder anfällig für neue Ansteckungsgefahren.

http://www.bundespraesident.de/SharedDocs/Reden/ DE/Richard-von-Weizsaecker/Reden/1985/05/19850508_ Rede.html (Stand: 22. 2. 2017).

Webcode: FG644216-162

„Erinnerung an die Shoa"

Der Sozialpsychologe Harald Welzer über die Erinnerungskultur:

Immer noch werden Kinder auf „Spurensuche" geschickt, und immer noch hält man es für eine bedeutsame und gedenktafelrelevante Erkenntnis, wenn man dabei feststellt, dass auch an Ort x

5 oder y Juden oder Zwangsarbeiter verfolgt, getötet und verscharrt worden sind. Da genau das überall in Deutschland und in den besetzten Gebieten der Fall war, geht der Erkenntniswert des einzelnen Falles inzwischen gegen Null. Aber

10 die Beschilderung der Republik mit Tafeln, die an die Untaten des nationalsozialistischen Regimes erinnern, verleiht diesem auf paradoxe Weise noch Jahrzehnte danach eine historische Bedeutung, die ihm nicht zukommt ... Es ist heute nicht

15 mehr nötig, zu fordern, dass an den Holocaust zu erinnern und der Opfer zu gedenken sei – daran hat gesamtgesellschaftlich außer ein paar Neonazis niemand auch nur den geringsten Zweifel und die geringste Kritik. Gleichwohl geht

20 das Pathos der erinnerungskulturellen Redeformeln, Jahrestage, Gedenkveranstaltungen etc. auf die längst gegenstandslos gewordene Behauptung zurück, man müsse „gegen das Vergessen" ankämpfen. Das ist ... längst obsolet [überflüs-

25 sig], und gerade deshalb wirken die Rituale der Holocausterinnerung inzwischen merkwürdig abgestanden und gerade für Jüngere kaum anschlussfähig – man weiß gar nicht recht, wogegen eigentlich anerinnert wird.

Harald Welzer, Für eine Modernisierung der Erinnerungs- und Gedenkkultur, Gedenkstättenrundbrief 162 (8/2011), S. 3ff.

Denkmal für die ermordeten Juden Europas in Berlin, eröffnet im Mai 2005 nach elfjähriger Debatte und zweijähriger Bauzeit. Es besteht aus 2700 Betonstelen und einem Infozentrum.

Schülerinnen und Schüler putzen im Vorfeld des 70. Jahrestages der Zerstörung Magdeburgs Stolpersteine und wollen damit Opfern des Nationalsozialismus gedenken. Die Messingtafeln sind ein Projekt des Künstlers Gunter Deming und werden seit 1992 am letzten Wohnort der Opfer verlegt. Foto, 2015

1 **a)** Arbeite die zentralen Aussagen aus M1 heraus.
b) Ordne M1 in den historischen Kontext der Erinnerung an die NS-Verbrechen ein (Darstellungstext).

2 **a)** Stelle anhand von M3 bis M5 die Formen des Umgangs mit der Erinnerung an den Holocaust dar.
b) Vergleiche sie mit den Thesen von Welzer (M2).
c) Nimm Stellung, inwiefern die Kritik von Harald Welzer (M2) zutreffend ist.

3 **Wähle eine Aufgabe aus:**
a) Recherchiere zur Erinnerungskultur in deinem Heimatort.
b) Entwickle Vorschläge für eine Gedenkstunde zum 27. Januar an deiner Schule.

Zusatzaufgaben: siehe S. 176

Veranstaltung zum Gedenken der Opfer des Konzentrationslagers Buchenwald am 27. Januar 2017, Foto, 2017

Der Umgang mit dem Nationalsozialismus heute

In Umfragen werden Menschen häufig nach ihrer Haltung zum Nationalsozialismus befragt. Dabei wird oft deutlich, dass viele falsche Vorstellungen über die Zeit des Nationalsozialismus haben oder an Mythen oder Lügen aus dieser Zeit glauben.
- *Wie agieren Rechtsextremisten heutzutage, um ihre Botschaften zu verbreiten?*
- *Wie kann mit Mythen über den Nationalsozialismus umgegangen werden?*

Umfrageergebnisse zu rechtsextremen Einstellungen in Deutschland (2016):

	Gesamt	Ost (504)	West (1907)
Wir sollten einen starken Führer haben.	10,6 %	12,8 %	10,0 %
Wir brauchen ein starkes Nationalgefühl.	35,4 %	31,9 %	36,4 %
Deutschland ist durch Ausländer gefährlich überfremdet.	33,8 %	35,2 %	33,5 %
Der Einfluss der Juden ist zu groß.	10,9 %	10,7 %	11,0 %
Deutsche sind anderen von Natur aus überlegen.	12,0 %	11,6 %	12,0 %
Der Nationalsozialismus hatte auch seine guten Seiten.	8,4 %	7,3 %	8,7 %

Die Teilnehmer waren 14 bis 93 Jahre alt, zu 55 % weiblich und überwiegend berufstätig mit mittlerem Einkommen.
Nach Oliver Decker u. a., Die enthemmte Mitte: Autoritäre und rechtsextreme Einstellung in Deutschland, Leipzig 2016, S. 32ff.

Ein Erbe des Nationalsozialismus?

In der Bundesrepublik galten Rechtsextreme seit den 1970er Jahren als kleine Randgruppe von Unbelehrbaren. Rechtsradikale wollten durch Geschichtsfälschung den Blick auf den Nationalsozialismus beschönigen. Sie bezeichneten Auschwitz als „Lüge" und versuchten, den Holocaust abzustreiten oder die Opferzahlen herunterzurechnen. Das Leugnen des Holocaust steht mittlerweile in mehreren Staaten unter Strafe. Zusätzlich verübte die rechtsextreme Szene immer wieder Gewalt und Terror. In jüngerer Zeit schockierte besonders die Mordserie des sogenannten „Nationalsozialistischen Untergrundes" (NSU).

Auffällig ist, dass es der rechtsextremen Szene in den letzten Jahren gelang, bis in die Mitte der Gesellschaft zu wirken. Heute agieren sie in Parteien und Organisationen, die scheinbar zur „demokratischen Mitte" gehören, also sich äußerlich harmlos geben. Rechte Positionen erhalten zudem Zuspruch aus der Mitte der Gesell-

schaft – ein Trend, der international zu beobachten ist. So sprach beispielsweise ein AfD-Politiker 2017 auf einer Veranstaltung in Dresden vom Berliner Holocaust-Mahnmal als ein „Denkmal der Schande". Neben dem Zuspruch Weniger reagierte ein Großteil der Zivilgesellschaft darauf mit harscher Kritik – einem legitimen Mittel.

Viele Rechtsextreme treten aus taktischen Gründen nicht mehr offen antisemitisch auf, geben sich äußerlich „hip" und nutzen moderne Kommunikationswege und soziale Netzwerke. Auf eigenen Internetseiten und Blogs verbreiten sie Videos und erreichen so ein potenziell breites Publikum. Auch nutzen sie das Internet, um ihre Demonstrationen vorzubereiten, zu planen und dazu aufzurufen. An ihren Inhalten hat sich jedoch wenig geändert: Sie kämpfen z. B. für eine „ethnisch reine Volksgemeinschaft", gegen demokratische Gewaltenteilung und gegen die Gleichberechtigung von Frauen und Homosexuellen.

Über den Mythos „Hitler beseitigte die Kriminalität" (2007):

Gern beschworener Mythos ist ... die Vermutung, im Dritten Reich habe es keine nennenswerte Kriminalität gegeben. Das behauptete zunächst die nationalsozialistische Propaganda, die den Rück-
5 gang von verurteilten Straftaten auf das energische Wirken des Regimes zurückführte. Die amtliche Kriminalstatistik zeigt ein anderes Bild. Delikte wie Mord und Totschlag, Diebstahl und Raub, räuberische Erpressung nahmen ab 1939
10 deutlich zu. Und was die Propaganda verschwieg: Die Urteile der Militär- und Sondergerichte erschienen in der zivilen Kriminalstatistik überhaupt nicht. Auch die Straffälligkeit in der jungen Generation, die angeblich in der Hitler-Jugend
15 und dem Bund Deutscher Mädel Zucht und Ordnung übte, passte weder ins Bild zeitgenössischer Propaganda noch in die spätere verklärende Erinnerung. Die Jugendkriminalität wies schon vor dem Krieg eine zunehmende Tendenz auf.

Zit. nach https://www.welt.de/wams_print/article 1284146/Hatte-das-Dritte-Reich-gute-Seiten.html (Stand: 13.11.2017).

Über den Mythos „Hitler hat die Arbeitslosigkeit besiegt" (2006):

[Die] Politik des „Deficit spending"[1] in bisher nicht gekanntem Ausmaß ließ die Arbeitslosigkeit ... auf 1937: 912000 ... sinken ... Die Steigerung der Rüstungsausgaben von 1932/33 mit 7,5 Pro-
5 zent der Staatsausgaben auf 1938/39 mit 60 Prozent erklärt den mit der massierten Aufrüstung ab 1936 erkennbaren starken Rückgang der Arbeitslosenzahl ... Mochte die Aufgabe persönlicher Freiheiten und Rechte [z. B. Streikrecht]
10 manchen ehemaligen Arbeitslosen als Solidarbeitrag zur Bekämpfung der Krise vertretbar erscheinen, so entzog sich die letztlich unsolide Finanzierung des Wirtschaftsaufschwungs der Kenntnis der breiten Masse.

Hermann Weiß, Arbeitslosigkeit, in: Wolfgang Benz (Hg.), Legenden, Lügen, Vorurteile. Ein Wörterbuch zur Zeitgeschichte, 13. Aufl., München (dtv) 2006, S. 27–29. Bearb. v. Verf.

....

1 *Der Staat nimmt Schulden auf, um Wirtschaftsprogramme anzustoßen. Er gibt mehr aus, als er einnimmt.*

Über den Mythos „Hitler erfand die Autobahn" (2000):

Autobahnen sind keine Erfindung der Nationalsozialisten. Die erste deutsche Autobahn wurde 1921 mit der Avus in Berlin errichtet. 1927 legte die Studiengesellschaft für Automobilstraßenbau einen Plan für
5 ein Fernstraßennetz von 22500 Kilometer Länge vor. 1932 wurde zwischen Bonn und Köln die erste Autobahn eingeweiht. Die seit 1926 vorliegenden Pläne zum Bau einer Autobahn Hamburg–Frankfurt–Basel konnten wegen der Wirtschaftskrise nicht verwirk-
10 licht werden. Erst Hitler griff sie kurz nach seiner Ernennung zum Reichskanzler auf ...

Am 23. September 1933 begann der Bau der ersten Teilstrecke Frankfurt–Darmstadt. Dies geschah unter einem großen Propagandaeinsatz. Hitler persönlich
15 setzte den ersten Spatenstich ... Die Autobahnen wurden als Beweis und Mittel für die Überwindung der Arbeitslosigkeit gefeiert. Dabei waren Mitte 1936 gerade einmal 125000 Menschen beim Bau der Autobahnen eingesetzt. Bei einer Gesamtbeschäf-
20 tigtenzahl von damals über 18 Millionen war dies nicht viel ... Tatsächlich wurden bis Kriegsbeginn nur 3300 der geplanten 6900 Streckenkilometer fertiggestellt.

Zit. nach Jürgen Stillig & Wolfgang Wippermann, Der Nationalsozialismus, Berlin (Cornelsen) 2000, S. 54.

....

1 Erkläre, wie es rechtsextremen Gruppen gelingt, ihre Meinungen in die Gesellschaft zu tragen (Darstellungstext).

2 a) Methode: Analysiere M1 mithilfe der Arbeitsschritte „Eine Statistik auswerten" auf S. 187.
b) Begründe, welche Tendenzen für dich besorgniserregend sind.

c) Partnerarbeit: Diskutiert, wie Politik und Gesellschaft hier entgegensteuern könnten.

3 Fasse in kurzen, prägnanten Sätzen zu jedem Mythos (M2–M4) ein Gegenargument zusammen.

1933	1934	1935	1936	1937	1938	1939

1933 Austritt Deutschlands aus dem Völkerbund

Januar: Hitler wird Reichskanzler

April: Aufruf zum Boykott jüdischer Geschäfte; Beginn der Ausgrenzung und Verfolgung der jüdischen Bevölkerung in Deutschland

Juli: „Gesetz zur Verhütung erbkranken Nachwuchses"

1935 Nürnberger Gesetze

1934 Nichtangriffspakt mit Polen

1936 Bündnis mit Italien („Achse Berlin-Rom"); Vierjahresplan zur Wiederaufrüstung

Hitlerjugend und Bund Deutscher Mädel wird „Staatsjugend"

1938 Anschluss Österreichs; Münchner Abkommen

9./10. November: „Reichspogromnacht"

1939 Beginn der Tötung behinderter Menschen („Euthanasie")

März: Zerschlagung der „Rest-Tschechei"

August: Hitler-Stalin-Pakt

1. September: Überfall auf Polen; Beginn des Zweiten Weltkrieges

Grundlagen und Folgen der nationalsozialistischen Diktatur

Die Ideologie der Nationalsozialisten

Die Nationalsozialisten hatten nicht eine klar definierte Weltanschauung, sondern stützten sich auf rassistische, antidemokratische, völkische, imperialistische und antisemitische Ideen sowie Einflüsse des 19. und 20. Jahr-
5 hunderts. Besonders im 25-Punkte-Programm der NSDAP sowie im von Adolf Hitler verfassten Buch „Mein Kampf" wurden die ideologischen Säulen des Nationalsozialismus deutlich. Hier ist vom „Führerprinzip" sowie der „Volksgemeinschaft" die Rede und es werden Anti-
10 semitismus, Rassismus und eine Lebensraumideologie deutlich hervorgehoben.

Machtübernahme und Machtetablierung

Eine Voraussetzung für die Beseitigung der Demokratie waren die Präsidialregierungen seit 1930. Sie waren vom
15 Reichspräsidenten eingesetzt; das Parlament war weitgehend ausgeschaltet. Auch bei der Ernennung Adolf Hitlers am 30. Januar 1933 wurde ein Präsidialkabinett installiert, das sich auf die Macht des Reichspräsidenten Paul von Hindenburg stützte. In der neuen Regierung
20 hatten nicht die Nationalsozialisten die Mehrheit, sondern die deutschnationalen sowie rechtskonservativen Kräfte um den Vizekanzler Franz von Papen. Diese unterschätzten den Machtwillen und die Rücksichtslosigkeit Hitlers, der gestärkt aus den Wahlen im März 1933
25 hervorging. In der NS-Propaganda wird dieser Prozess als „Machtübernahme", „Machtergreifung" oder „nationale Revolution" bezeichnet. Historiker sind sich einig, dass Hitler weder die Macht „ergriffen" habe noch von einer „nationalen Revolution" gesprochen werden kön-
30 ne. Als Grundlage für die Machtsicherung dienten den

Nationalsozialisten die „Reichstagsbrandverordnung" vom 28. Februar 1933 und das Ermächtigungsgesetz vom 23. März 1933. Durch die Reichstagbrandverordnung konnten wichtige Grundrechte außer Kraft gesetzt
35 werden, in deren Folge viele Tausend politische Gegner verhaftet und ohne Gerichtsurteil eingesperrt wurden. Das Ermächtigungsgesetz ermöglichte es der Regierung, Gesetze ohne Zustimmung des Reichstags zu erlassen. Es verlieh ihr diktatorische Vollmachten. In den folgenden
40 Wochen und Monaten versuchten die Nationalsozialisten, die politischen Institutionen wie auch die Überzeugungen der Bevölkerung nach den Ideen der Nationalsozialisten auszurichten. Diesen Prozess bezeichneten sie als „Gleichschaltung". Die Gewerkschaften wurden auf-
45 gelöst, die SPD wurde verboten, die bürgerlichen Parteien gezwungen, sich selbst aufzulösen. Im gesamten Reich entstanden Konzentrationslager, in denen vorrangig regimekritische Politiker und Gewerkschafter inhaftiert wurden. Die Länderregierungen wurden bereits im
50 April 1933 per Gesetz aufgelöst und durch Hitler unmittelbar unterstellte „Reichsstatthalter" ersetzt.

Funktion von Propaganda

Die Bevölkerung sollte durch Propaganda gleichgeschaltet werden. In diesem Sinne inszenierte Joseph Goebbels
55 als „Reichsminister für Volksaufklärung und Propaganda" die Eröffnung des neuen Reichstags am „Tag von Potsdam" mithilfe von Massenmedien zu einem nationalen Großereignis. Die Berichterstattung der durch Entlassungen, Verbot und Zensur gleichgeschalteten Pres-
60 se- und Rundfunkredaktionen sollte die Gesetze und Verordnungen wie auch den Terror als notwendige Maß-

| 1940 | 1941 | 1942 | 1943 | 1944 | 1945 |

1940 erfolgreiche „Blitzkriege" gegen Dänemark, Norwegen, die Niederlande und Frankreich

1941
ab Juni: deutscher Überfall auf die Sowjetunion
ab Herbst: Beginn der Deportation von Juden in Konzentrationslager
Dezember: Angriff auf Pearl Harbor (amerik. Flottenstützpunkt im Pazifik); Deutschland erklärt Amerika den Krieg

1942 Januar Wannsee-Konferenz: Organisation der
Ermordung der europäischen Juden

1943 Januar/Februar Kapitulation der deutschen Truppen
bei Stalingrad, Aufruf zum „totalen Krieg"

20. Juli 1944 Attentat auf Hitler

1945
April: Selbstmord Hitlers
7.–9. Mai: bedingungslose Kapitulation der Wehrmacht
6. und 9. August: Atombomben auf Nagasaki und Hiroshima; Kapitulation Japans

nahmen zur Erhaltung der staatlichen Ordnung erscheinen lassen. Die Propaganda war ein wichtiger Faktor zur Verschleierung der Doppelstrategie von Scheinlegalität
65 und Terror.

Die „Volksgemeinschaft"
Auf Grundlage des rassistischen sowie völkischen Weltbildes der Nationalsozialisten wurde definiert, wer als „Arier" galt und zur „Volksgemeinschaft" gehören sollte.
70 Die Gemeinschaft stand über dem Einzelnen, jeder hatte seine Funktion. So wurden Jugendliche in den Jugendorganisationen auf die zukünftigen Aufgaben vorbereitet – die Jungen für den Kriegsdienst und die Mädchen für ihre Rolle als Ehefrau und Mutter. Um diesen Ge-
75 meinschaftssinn in der Bevölkerung zu verstärken und die Anhängerschaft zu vergrößern, veranstaltete das NS-Regime Feste und Feiern, schuf staatlich finanziert Arbeitsplätze, die aber die Staatsverschuldung erhöhten, und führte neue sozialpolitische Maßnahmen ein.
80 Dieser Inklusion stand die Exklusion gegenüber.

Ausgrenzung, Verfolgung, Ermordung
Mit der Übernahme der Regierung verfolgten die Nationalsozialisten eine antisemitische Politik. Es kam zur Boykottierung jüdischer Geschäfte, Entlassungen aus
85 dem Staatsdienst, durch die „Nürnberger Gesetze" 1935 zur Entrechtung sowie in der Reichspogromnacht 1938 zur Verfolgung und Ermordung Deutscher mit jüdischem Glauben. Auch Sinti und Roma wurden verfolgt und in Konzentrationslagern eingesperrt oder getötet. Daneben
90 traf die Exklusion auch behinderte, kranke und alte Menschen.

Der Zweite Weltkrieg
Bis September 1939 verfolgte das NS-Regime eine radikale Revision des Versailler Vertrages und griff dazu auf
95 eine aggressive Annexionspolitik zurück. Im Sinne der Lebensraumideologie erfolgte am 1. September 1939 der Angriff auf Polen, der eine Serie von „Blitzkriegen" nach sich zog. Er mündete im Osten mit dem Überfall auf die Sowjetunion 1941 in einen beispiellosen Vernichtungs-
100 krieg gegen die sowjetische Armee und die Zivilbevölkerung. Mit diesem Angriff und dem Kriegseintritt der USA (1941) entwickelte sich der Krieg zu einem Weltkrieg. In Asien hatte Japan 1937 einen Krieg gegen China begonnen. Mit der Ausweitung dieses Krieges waren
105 auch die Interessen der USA berührt. Die Forderung nach dem Rückzug aus China und der Sperre der Erdölausfuhr beantwortete Japan Ende 1941 mit dem Überfall auf den US-Hauptstützpunkt der Pazifikflotte Pearl Harbor. Die Niederlage bei Stalingrad im Janu-
110 ar 1943 leitete die Niederlage Deutschlands ein. Sie wurde mit der bedingungslosen Kapitulation vom 7. bis 9. Mai 1945 besiegelt. In Asien endete der Zweite Weltkrieg nach dem Abwurf von zwei Atombomben auf Hiroshima und Nagasaki mit der Kapitulation Japans
115 im August 1945.

Der Völkermord an den europäischen Juden
Mit der Besetzung großer Teile Europas durch die Wehrmacht gerieten Millionen von Menschen jüdischen Glaubens in unmittelbare Lebensgefahr. Nach der Besetzung
120 Polens wurden dort in größeren Städten Gettos eingerichtet, von denen aus die Transporte erfolgten. Die Organisation der systematischen Vernichtung der europäischen Juden fand auf der Wannsee-Konferenz im Januar 1942 statt. Ab Juni 1942 kam es zu Massenmor-
125 den durch Vergasung im Konzentrationslager Auschwitz-Birkenau. Für den Völkermord wird häufig das Wort „Holocaust" (griech. „totale Verbrennung") verwendet, die überlebenden Juden sprechen meist von der Shoa (hebr. „Katastrophe").

In diesem Kapitel konntest du folgende Kompetenzen erwerben:

- Fotos und Reden unter Nutzung von Tonaufnahmen ideologiekritisch auswerten
- aus Quellen die Grundlagen für die NS-Diktatur und den Zweiten Weltkrieg herausarbeiten
- in einer historischen Darstellung, die auf zeitlich verschiedenen Quellen unterschiedlicher Gattungen basiert, Ursachen und Wirkung für Veränderungen verdeutlichen

- den Umgang mit dem Nationalsozialismus in der Gegenwart erörtern
- rechtsextremistisches Gedankengut in der heutigen Gesellschaft benennen und dabei Mythen, Legenden und Lügen zum Nationalsozialismus widerlegen
- **Methode:** Politische Reden vergleichen
- **Methode:** Instrumentalisierte Kunst analysieren
- **Methode:** Propagandfotos interpretieren
- **Methode:** Spielfilme untersuchen
- **Methode:** Eine biografische Recherche durchführen

....

Folgende Begriffe hast du kennengelernt:
- „Volksgemeinschaft"
- Eugenik und „Euthanasie"
- Rassismus, Antisemitismus, Holocaust
- Opposition und Widerstand
- „Machtergreifung", Machtübernahme, Machtübertragung
- Hitlerjugend und Bund Deutscher Mädel
- Zweiter Weltkrieg und Vernichtungskrieg
- totalitäre Diktatur
- Konzentrations- und Vernichtungslager
- Mythen, Lügen und Legenden aus der Zeit des Nationalsozialismus

....

1 Fasse in einer Mind-Map die Grundlagen und die Folgen der NS-Diktatur zusammen.

Die Historikerin Christine Schrödl zum Mythos „Frauen wurden im Nationalsozialismus mehr geschätzt" (2006):

Die ideale Frau im NS-Staat war die berufslose, verheiratete Mutter, die nicht ein privates Ehe- und Familienglück anstrebt, sondern ihre Gebärfähigkeit in den öffentlichen Dienst der
5 „Volksgemeinschaft" stellt ... Da die Frauenerwerbstätigkeit ideologisch nicht erwünscht war und berufstätige Frauen nur einfach Hilfsdienste leisten sollten, wurde die schulische und universitäre Ausbildung beschränkt ... 1938 wurde das
10 Mädchengymnasium abgeschafft; ... Das wissenschaftliche Abitur war wenigen vorbehalten.

Christine Schrödl, Mutterkult und Frauenmythos, in: Wolfgang Benz (Hg.), Legenden, Lügen, Vorurteile. Ein Wörterbuch zur Zeitgeschichte, 13. Aufl., München (dtv) 2006, S. 158ff.

„Frauen! Rettet die deutsche Familie – wählt Adolf Hitler", Wahlplakat, 1932

„Hilf auch Du mit!", Plakat, 1941 oder 1943

Joseph Goebbels im Berliner Sportpalast am 18. Februar 1943:

Ihr also, meine Zuhörer, repräsentiert in diesem Augenblick für das Ausland die Nation! Und an euch möchte ich zehn Fragen richten, die ihr mit dem deutschen Volke vor der ganzen Welt, ins-
5 besondere aber vor unseren Feinden, ... beantworten müsst! Wollt ihr das? (Stürmische Rufe „Ja!") ... Ich frage euch: Glaubt ihr mit dem Führer und mit uns an den endgültigen, totalen Sieg der deutschen Waffen? (Stürmische Rufe: „Ja!",
10 starker Beifall, Sprechchöre: fünf Mal „Sieg Heil!"). Ich frage euch: Seid ihr entschlossen, dem Führer in der Erkämpfung des Sieges durch dick und dünn und unter Aufnahme auch der schwersten persönlichen Belastungen zu folgen?
15 (Stürmische Rufe: „Ja!", starker Beifall, mehrfach wiederholte Sprechchöre: „Sieg Heil!", „Wir grüßen unsern Führer!") ... Ich frage euch: Soldaten, Arbeiter und Arbeiterinnen, seid ihr und ist das deutsche Volk entschlossen, wenn der Führer es
20 einmal in Notzeiten befehlen sollte, zehn, zwölf, wenn nötig vierzehn oder sechzehn Stunden täglich zu arbeiten und das Letzte für den Sieg herzugeben? (Stürmische Rufe: „Ja!", starker Beifall) ... Viertens: Die Engländer behaupten, das deut-
25 sche Volk wehrt sich gegen die totalen Kriegsmaßnahmen der Regierung. (Rufe: „Nein!"). Es will nicht den totalen Krieg, sagen die Engländer, sondern die Kapitulation! (Stürmische Rufe: „Nein!" „Pfui!"). Ich frage euch: Wollt ihr den to-
30 talen Krieg? (Stürmische Rufe: „Ja!", starker Beifall, Trampeln und Klatschen). Wollt ihr ihn (Rufe: „Wir wollen ihn!"), wenn nötig, totaler und radikaler, als wir ihn uns heute überhaupt erst vorstellen können? (Stürmische Rufe: „Ja!", Beifall) ...
35 Wir müssen nur die Entschlusskraft aufbringen, alles seinem Dienste [gemeint ist der Sieg] unterzuordnen ... Und darum lautet von jetzt ab die Parole: Nun, Volk, steh auf – Sturm brich los!
Zit. nach Hans-Jürgen Pandel, „Wollt ihr den totalen Krieg?", in: Geschichte lernen, H. 85, 2002, S. 54f. Bearb. v. Verf.

Joseph Goebbels im Berliner Sportpalast am 18. Februar 1943, Foto

Zuschauerreaktionen während der Rede von Joseph Goebbels im Berliner Sportpalast am 18. Februar 1943, Foto

Methoden- und Interpretationskompetenz

1 Analysiere M4 unter Verwendung von M5, M6 und des Audiomittschnitts (**Webcode**). Arbeite die Intention des Redners und die Reaktion des Publikums heraus (Arbeitsschritte auf S. 117).

2 Beschreibe die Motive für die Rede M4.
Tipp: Berücksichtige den Kriegsverlauf.

Geschichte darstellen (narrative Kompetenz)

3 Beschreibe in einer Darstellung (Erzählen im ursprünglichen Sinn) die Ursachen und Wirkungen für die Veränderung des Rollenbildes der Frau im Nationalsozialismus (M2, M3). Nimm auch die entsprechenden Seiten aus dem Kapitel sowie S. 190 zur Hilfe.

Geschichte heute (geschichtskulturelle Kompetenz)

4 Nimm Stellung zum Mythos des Frauenbildes im Nationalsozialismus (M1).
Tipp: Stelle Bezüge zur Stellung der Frau in der Weimarer Republik und in der Gegenwart her.

Zusatzaufgaben

Kapitel 1: Der Erste Weltkrieg

zu S. 16/17:

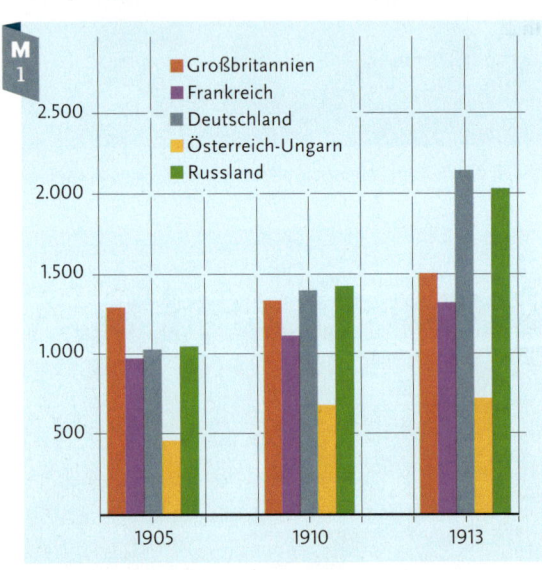

Rüstungsausgaben in Europa

1 Erkläre die Veränderungen der Rüstungsausgaben in Europa (M1).

zu S. 24/25:

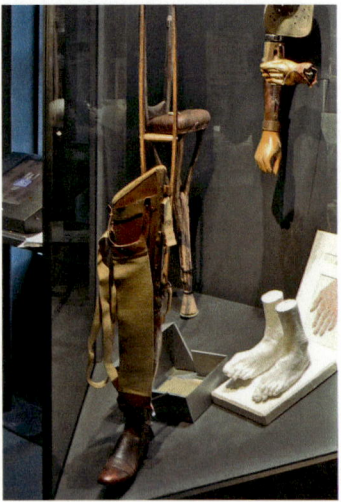

Vitrinen in der Gedenkstätte von Verdun, 2016. Links: mobile Telefonanlagen zur Verständigung in den Schützengräben, rechts: Bein- und Armprothesen

1 Beschreibe die Ausstellungsstücke in M2. Nenne weitere Objekte, die du in der Gedenkstätte ausstellen würdest. Begründe deine Vorschläge.

zu S. 26/27:

**In dem Roman „Im Westen nichts Neues"
schilderte der Schriftsteller und Kriegsfreiwillige
Erich Maria Remarque 1929 die Situation in einem
Schützengraben:**

Unsere Gesichter sind verkrustet, unser Denken ist
verwüstet, wir sind todmüde. Wenn der Angriff
kommt, müssen manche mit den Fäusten geschlagen werden, damit sie erwachen und mitgehen: Die
5 Augen sind entzündet, die Hände zerrissen, die Knie
bluten, die Ellbogen sind zerschlagen. Vergehen

Wochen – Monate – Jahre? Es sind nur Tage … Haie
Westhus wird mit abgerissenem Rücken fortge-
schleppt: bei jedem Atemzug pulst die Lunge durch
10 die Wunde. Ich kann ihm noch die Hand drücken:
„Is alle, Paul", stöhnt er und beißt sich vor Schmerz
in die Arme. Wir sehen Menschen leben, denen der
Schädel fehlt; wir sehen Soldaten laufen, denen
beide Füße weggefetzt sind; sie stolpern auf den
15 splitternden Stümpfen bis zum nächsten Loch.

*Erich Maria Remarque, Im Westen nichts Neues, Berlin
(Ullstein) 1972, S. 98ff.*

*Tote Soldaten im Schützengraben in der Schlacht um Verdun,
Foto, Frühjahr 1916*

*„Rauchpause" deutscher Soldaten vor ihrem Unterstand, Bild-
postkarte, um 1914*

1 Untersuche, wie Remarque (M1) seine Erlebnisse beschreibt. Stelle einen Bezug zu M3 auf S. 29 her.
2 Vergleiche M2 und S. 26 M3 mit dem Bild auf der Postkarte (M3).

zu S. 40/41:

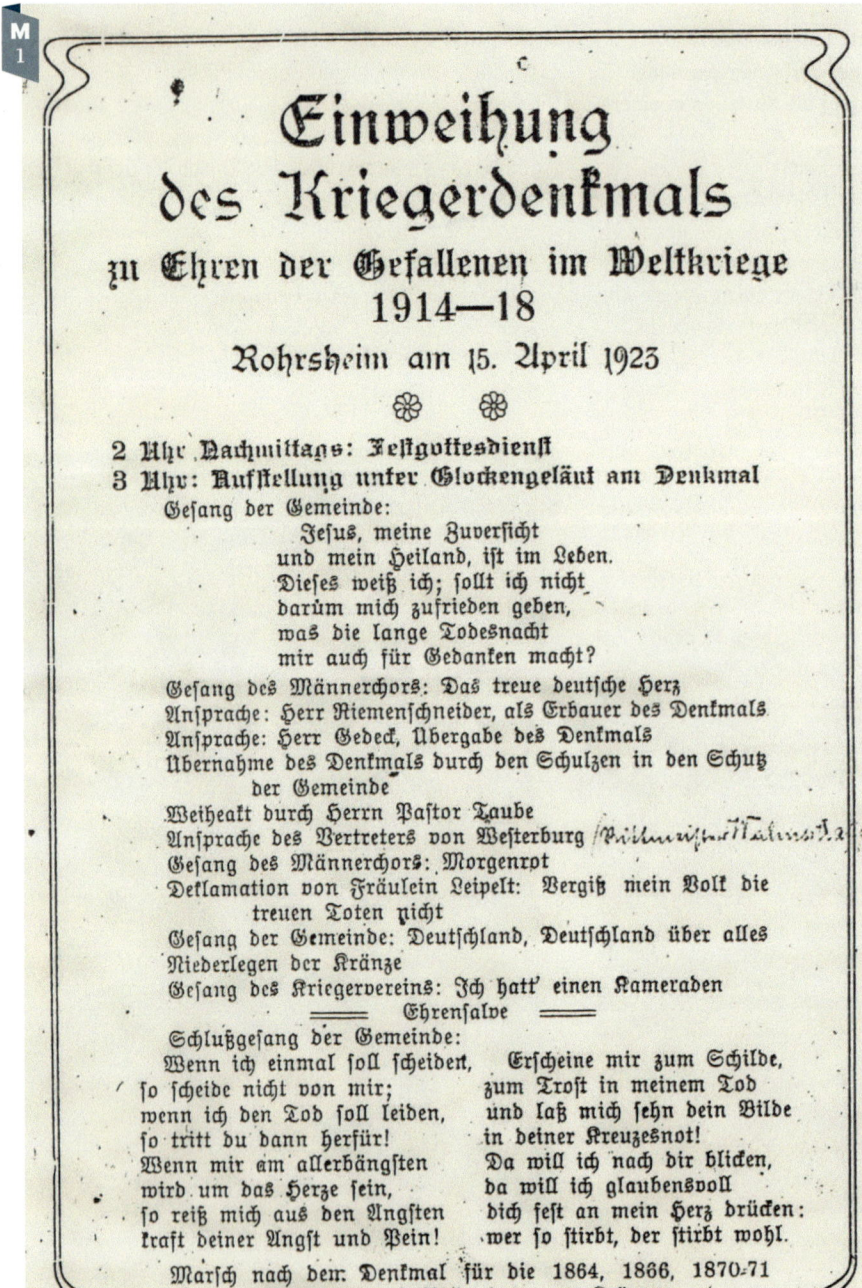

Einweihung des Kriegerdenkmals
zu Ehren der Gefallenen im Weltkriege 1914—18
Rohrsheim am 15. April 1923

✿ ✿

2 Uhr Nachmittags: Festgottesdienst
3 Uhr: Aufstellung unter Glockengeläut am Denkmal
Gesang der Gemeinde:

> Jesus, meine Zuversicht
> und mein Heiland, ist im Leben.
> Dieses weiß ich; sollt ich nicht
> darum mich zufrieden geben,
> was die lange Todesnacht
> mir auch für Gedanken macht?

Gesang des Männerchors: Das treue deutsche Herz
Ansprache: Herr Riemenschneider, als Erbauer des Denkmals
Ansprache: Herr Gedeck, Übergabe des Denkmals
Übernahme des Denkmals durch den Schulzen in den Schutz
der Gemeinde
Weiheakt durch Herrn Pastor Taube
Ansprache des Vertreters von Westerburg
Gesang des Männerchors: Morgenrot
Deklamation von Fräulein Leipelt: Vergiß mein Volk die
treuen Toten nicht
Gesang der Gemeinde: Deutschland, Deutschland über alles
Niederlegen der Kränze
Gesang des Kriegervereins: Ich hatt' einen Kameraden
Ehrensalve
Schlußgesang der Gemeinde:

> Wenn ich einmal soll scheiden,   Erscheine mir zum Schilde,
> so scheide nicht von mir;   zum Trost in meinem Tod
> wenn ich den Tod soll leiden,   und laß mich sehn dein Bilde
> so tritt du dann herfür!   in deiner Kreuzesnot!
> Wenn mir am allerbängsten   Da will ich nach dir blicken,
> wird um das Herze sein,   da will ich glaubensvoll
> so reiß mich aus den Ängsten   dich fest an mein Herz drücken:
> kraft deiner Angst und Pein!   wer so stirbt, der stirbt wohl.

Marsch nach dem Denkmal für die 1864, 1866, 1870-71
Gefallenen und Niederlegen von Kränzen

Flugblatt zur Einweihung des Kriegerdenkmals in Rohrsheim, April 1923. Begriffserklärungen: Schulze = Bürgermeister, Deklamation = Vortrag einer Dichtung

1 Stelle anhand von M1 Vermutungen an, welche Bedeutung die Einweihung eines Kriegerdenkmals in einem Dorf nach dem Ersten Weltkrieg hatte.

Tipp: Wer nahm alles an der Zeremonie teil?

Kapitel 2: Etablierung, Gefährdung und Zerstörung der Demokratie

zu S. 62/63:

Der britische Historiker Ian Kershaw über das Urteil gegen Hitler (2008):

Wegen Hochverrats verurteilte das Gericht Hitler … zu einer Haftstrafe von nur fünf Jahren … Juristisch gesehen war das Urteil skandalös. Mit keinem Wort erwähnte das Urteil die vier Polizisten, die von den
5 Putschisten erschossen worden waren … Die Geiselnahme einiger sozialdemokratischer Ratsherren legten die Richter nicht Hitler zur Last; und mit keinem Wort gingen sie auf den Text einer neuen Verfassung ein, den die Polizisten in der Hosentasche des toten
10 Putschisten gefunden hatten … Die Entschlossenheit der bayerischen Gerichte, auch gegen die überzeu-

gende Argumentation der Münchner Polizei und der Staatsanwaltschaft, auf Hitlers frühzeitiger Entlassung zu bestehen, ist allein durch politische Vorein-
15 genommenheit zu erklären. Am 20. Dezember 1924 … wurde Hitler entlassen. Aus Berechnungen der Staatsanwaltschaft geht hervor, Hitler habe noch drei Jahre, 333 Tage, 21 Stunden und 50 Minuten seiner kurzen Strafe abzusitzen gehabt. Wie wäre
20 die Weltgeschichte verlaufen, wenn er sie hätte verbüßen müssen?

Ian Kershaw, Hitler 1889–1945. Englische Ausgabe 2008, deutsche Ausgabe 2009 (Pantheon Verlag), S. 155f. und S. 164. Übers. v. Jörg W. Rademacher.

Sie tragen den Buchstaben der Firma – aber wer den Geist?
Karikatur von Thomas Th. Heine, 1927

1 Arbeite heraus, welchen Vorwurf der Historiker Kershaw in M1 formuliert.
2 Deute die Karikatur M2 im Hinblick auf die Einstellung der verschiedenen Personen zur Weimarer Republik.
   Tipp: Welche Interessen vertreten diese Personen jeweils? Beachte dazu ihre Kleidung.
3 **Recherche:** Über die Weimarer Republik wird oft von „politischer Justiz" gesprochen. Rechtsradikale Täter hätten viel mildere Strafen bekommen als linksradikale. Kläre diesen Sachverhalt und zeige Beispiele auf.

zu S. 76/77:

Arbeitsuchender in Berlin, Foto, 1930

1 **Methode:** Analysiere die Fotografie M1 mithilfe der Arbeitsschritte „Eine historische Fotografie analysieren" auf S. 187.
Tipp: Achte auf Haltung und Mimik beider Personen.

zu S. 78/79/80:

*„Deutsche Zauberwerke AG. – Kein Grund zum Verzagen, solange noch Kanzler am laufenden Band produziert werden!",
Karikatur, 1932*

1 Erkläre mithilfe des Darstellungstextes auf S. 78 und M2 den Begriff „Präsidialkabinette".

zu S. 81:

Karikatur von Andreas Prüstel, 2015

1 Diskutiere anhand der Karikatur M3, ob sich die aktuelle politische Situation mit der Endphase der Weimarer Republik vergleichen lässt.

Kapitel 4: Grundlagen und Folgen der nationalsozialistischen Diktatur

....

zu S. 126/127:

Ausschnitt aus einem Zeitungsartikel über das Führerlager der HJ am Gelterswoog, Kaiserslautern (1937):
Das beste Mittel, um unsere Jugend zur Kameradschaft zu erziehen, ist das Lager. Hier sind sie aufeinander angewiesen, hier sind sie eine Mannschaft, die Freud und Leid miteinander teilt, hier ist das
5 Leben nur bei strengster Disziplin möglich und hier lernt derjenige gehorchen, der einst befehlen wird. Nirgends lässt sich die weltanschauliche Grundlage, die allein zur wahren Kameradschaft und Schicksalsgemeinschaft führen, besser schaffen. Am Samstag-
10 nachmittag marschierten ungefähr 400 Hitlerjugend-Führer hinaus an den Gelterswoog, wo auf der Wiese vor dem Weiher die schönen weißen Zelte aufgeschlagen waren. Am Sonntagmorgen saß man um die lustig im Winde flatternde HJ-Fahne. Der
15 Gebietsführer hielt an die Hitler-Jungen eine Ansprache, in der er sich über den Sinn der Kameradschaft und der Pflicht gegenüber Deutschland ausließ, denn alle die jungen Führer haben Vorbild zu sein und ihrer Gefolgschaft den Weg zu zeigen, der
20 gegangen werden muss, um das große Werk des Führers zu vollenden. Man konnte die Jungen bei schönen sportlichen Spielen beobachten. Mit Fäusten gingen die Gegner aufeinander los, Mut und Tapferkeit im Kleinen beweisend. Unter großem
25 beipflichtendem Hallo der Zuschauer schlugen die gepolsterten Fäuste auf den Gegner ein, von denen keiner sich allzu schnell ergab. Wer Lust hatte, schwamm in dem schon 18 Grad warmen Wasser.
Zit. nach NSZ-Rheinfront vom 18. Mai 1937.

1 Beschreibe, zu welchen Eigenschaften die Jugendlichen in der HJ und im BDM erzogen werden sollten (M1).

....

zu S. 134/135:

1 **Recherche:** „5 Mark die Woche musst du sparen – willst du im eigenen Wagen fahren." Finde heraus, was aus der propagandistisch versprochenen Mobilisierung wurde (S. 133, M4).

zu S. 138/139:

1 Nimm Stellung, warum es problematisch ist, wenn in Darstellungen die Rede von „den Deutschen" und „den Juden" ist, zum Beispiel: „Deutsche durften ab 1935 keine Juden mehr heiraten."

....

zu S. 140/141:

Das Foto zeigt das Brandenburger Tor mit Fotoprojektionen ehemaliger jüdischer Mitbürger aus Berlin. Die Gedenkveranstaltung fand aus Anlass des 75. Jahrestages der Reichspogromnacht am 10. November 2013 statt.

1 Recherchiere, wie Berlin jährlich der Reichspogromnacht gedenkt (M2).

zu S. 150/151:

Die Gefangenen Alfred Wetzler und Rudolf Vrba flohen 1944 aus Auschwitz und berichteten über ihre Erlebnisse:

Wir wurden da sofort in eine große Baracke geführt. An der einen Seite mussten wir hier das ganze Gepäck abgeben, an der anderen Seite uns völlig nackt ausziehen und unsere Kleider und Wertsachen ab-
5 führen. Nackt begaben wir uns dann in eine benachbarte Baracke, wo unser Kopf und Körper rasiert und durch Lysol desinfiziert wurde ... Die Aufnahme bestand daraus, dass uns die ... erhaltene Nummer auf eine äußerst brutale Art ... an die linke Brust täto-
10 wiert und unsere Personalien aufgenommen wurden ... Zu Essen bekamen wir zu Mittag 1 Liter Suppe aus Steckrüben und am Abend 300 Gramm schlechtes Brot. Die Arbeitsbedingungen waren von einer unvorstellbaren Härte, sodass die meisten von uns,
15 durch das Hungern und durch das ungenießbare Essen geschwächt, es nicht aushielten ... Wir hatten täglich ... 30–35 Tote. Sehr viele wurden von den Aufsehern „die Capos", ohne dass sie sich eine Schuld zukommen ließen, während der Arbeit einfach er-
20 schlagen ... Zweimal wöchentlich ... bestimmte der Lagerarzt die Zahl jener Häftlinge, die durch Vergasung getötet und dann verbrannt werden sollen. Die Selektierten wurden in Lastautos verladen und in den Birkenwald geführt. Jene, die dort noch lebend
25 ankamen, wurden in einer ... großen Baracke vergast und dann in die Grube geworfen und verbrannt. Über die Selektierten wurde ein Buch mit der Bezeichnung „SB" (Sonderbehandlung) geführt.
Zit. nach http://germanhistorydocs.ghi-dc.org/pdf/deu/ German45.pdf (Stand: 9. 2. 2018).

1 Beschreibe die Prozedur, die die Gefangenen durchlaufen mussten (M1). Erläutere den Zweck der einzelnen Schritte im nationalsozialistischen System.

zu S. 160/161:

Verhaltensvorschriften für Deutsche in einer Chemiefabrik (1940–1945):

Haltet klaren Abstand von den Polen. Kein deutscher Mann und keine deutsche Frau darf ... vergessen, dass die Vermischung von deutschem Blut und polnischem Blut ... mit dem Stolz auf das deutsche
5 Volkstum unvereinbar ist ... Laßt Polen nicht mit an Eurem Tische essen ... Bei Feiern und Festen haben die Polen nichts zu suchen ... Wenn Ihr glaubt, durch Geschenke ihre Arbeitsfreudigkeit zu steigern, irrt Ihr Euch. Jede weichliche Behandlung schwächt
10 erfahrungsgemäß ihren Willen zur Arbeit ... Seid stolz auf Eure Überlegenheit in jeder Beziehung. Die Polen sind nicht nach Deutschland geholt worden, damit sie hier ein besseres Leben führen als in den primitiven Verhältnissen ihrer Heimat ... Erfüllt auch
15 sonst keine kleinen Gefälligkeiten. Führt keine unnötigen Unterhaltungen mit Polen, die Deutsch verstehen, sondern sprecht kurz und dienstlich mit ihnen.
Zit. nach http://www.lzt-thueringen.de/files/wangsarbeit_in_ th_ringen.pdf (Stand: 9. 2. 2018).

1 Fasse die Vorschriften zusammen (M2). Nimm Stellung zu Sprache und Inhalt der Verordnung.

zu S. 162/163:

1 Nimm begründet Stellung zur Problematik von „Selfies" in Gedenkstätten oder an Mahnmalen wie beispielsweise dem Holocaust-Mahnmal.

Lösungshilfen zu den Seiten „Wissen und Kompetenzen prüfen"

Kapitel 1: Der Erste Weltkrieg (S. 48/49):

– zum Kasten auf S. 48: individuelle Lösung mithilfe
der entsprechenden Seiten aus dem Kapitel. Es
könnten beispielsweise die Begriffe Blankoscheck,
Materialschlachten und Stellungskrieg sowie die
Versailler Friedensordnung gewählt werden. In
einer Darstellung könnte so der Ausbruch, der
Verlauf und das Ende des Ersten Weltkrieges
charakterisiert werden.

1   Arbeitsschritte „Motive von Feldpostkarten
analysieren", S. 29:
zu 1: Die Postkarte zeigt Soldaten, die in den Krieg
ziehen. Sie scheinen motiviert und euphorisiert
zu sein. Es handelt sich um eine deutsche Propa-
gandapostkarte.
zu 2–6: Im oberen Bereich der Postkarte ist ein
Adler auf einem Felsen abgebildet. Seine Flügel
sind ausgebreitet, sein Kopf nach rechts gewendet,
sein Schnabel angriffslustig geöffnet. Auf seiner
Brust ist die Aufschrift „1914" zu erkennen. Über
ihm befindet sich eine Krone mit Bändern als
Symbol des Kaisers. In der Mitte sind marschie-
rende, singende Soldaten zu erkennen, die sich,
das Gewehr geschultert, in geordneten Reihen
Richtung des linken Bildrandes bewegen (evtl. ist
damit der Westen, also Frankreich symbolisiert).
Die Blickrichtung der Soldaten ist teilweise nach
links und somit teilweise zum Betrachter gerichtet.
Auch winkende Bewegungen sind erkennbar. Am
unteren Ende der Postkarte steht ein Text (siehe
Bildunterschrift auf S. 48). An den Rändern der
Postkarte ist Eichenlaub als Symbol der Stärke mit
schwarz-weiß-rotem Band (Flagge des deutschen
Kaiserreichs) zu erkennen. Im Hintergrund befindet sich eine nicht näher bestimmte Landschaft,
ein Gewitterhimmel und eine Mauer mit Eichenlaub.
zu 7: Die Postkarte wurde 1914 vom Staat herausgegeben, es wird jedoch auf kein bestimmtes Ereignis verwiesen. Es kann aber angenommen werden,
dass sich die Karte auf den Beginn des Ersten Weltkrieges im Juli/August 1914 und die Mobilmachung
bezieht. Über den Künstler erfahren wir
nichts, jedoch scheinen die Soldaten sowie die Zivilbevölkerung die Adressaten der Postkarte zu sein.

zu 8–10: Die Karte soll Begeisterung für den Krieg
erzeugen. Die Bildunterschrift suggeriert die
Rechtmäßigkeit des Krieges („hehr und rein",
„Gott ist mit uns"). Der Text und die abgebildeten
Soldaten sollen euphorisierend und motivierend
wirken.

2   **a)** und **b)** M1: Das französische Schulbuch zeigt
die französische Perspektive: Schuld am Krieg sei-
en Deutschland und Österreich-Ungarn, da diese
ohne Unterlass provoziert hätten, während Englands, Frankreichs und Russlands Politik vom
„Friedenswillen" geprägt gewesen sei. M3: Das
deutsche Schulbuch zeigt die deutsche Perspektive: Schuld am Krieg seien England, Frankreich und
Russland, sie hätten aus verschiedenen und niede-
ren Beweggründen Deutschland „eingekreist" und
zum Krieg gezwungen.
c) Mit der gegenseitigen Schuldzuweisung recht-
fertigten die jeweiligen kriegsführenden Parteien
ihre eigene Beteiligung am Krieg und versuchten
auf diese Weise auch, die Bevölkerung zum Durchhalten zu bewegen und die Entbehrungen des
Krieges zu ertragen.
d) Die Kriegspropaganda durchdrang die gesamte
Zivilbevölkerung. Da auch die Kinder massiv vom
Kriegsgeschehen betroffen waren, weiteten sich
diese Bemühungen auch auf die Schulbücher und
den Unterricht aus. Vor diesem Hintergrund handelt es sich bei den Schulbuchtexten um Propaganda.

3   Kriegerdenkmäler sollten ideologiekritisch untersucht werden, da sie zumeist unmittelbar nach
dem Krieg erbaut worden sind, an den sie erinnern. Sie geben damit nicht nur unmittelbar Rückschlüsse auf den Krieg und seine Opfer, sondern
auch auf die gesellschaftlichen Ansichten und
Denkmuster der jeweiligen Zeit, in der sie entstanden sind. Es kann untersucht werden, wie
die jeweilige Gesellschaft an den Krieg erinnert:
Wird nur an den Krieg und die Gefallenen eines
bestimmten Ortes erinnert, werden diese gar als
Helden verehrt? Hierzu kann auch die verwendete
Symbolik auf dem Denkmal untersucht werden.
Auch die auf dem Denkmal verwendete Sprache
kann darauf hindeuten, wie eine Gesellschaft die

Erfahrungen aus dem Krieg verarbeitet oder ob gewisse historische Begebenheiten aus dem allgemeinen Gedächtnis und somit aus der Erinnerung verdrängt wurden.

4   Aus den ersten beiden Briefen geht hervor, dass der Soldat seine Teilnahme am Krieg als seine Pflicht betrachtet, er ist von der Rechtmäßigkeit des Krieges überzeugt („stolzen Kampf") und bereit, alle Anstrengungen auf sich zu nehmen und den Heldentod zu sterben. Bereits im Brief vom 9.9. scheint er ernüchtert, er berichtet von der „fürchterliche[n] Schlacht" und ist dankbar, noch unverletzt zu sein. Seine im ersten Brief formulierte „Absicht draufzugehen", scheint er aufgegeben zu haben. Im letzten Brief wird deutlich, dass die Euphorie des Anfangs gewichen ist, der Krieg ist für ihn zu einer „Welt des Schreckens" geworden. Somit ist ein klarer Wandel seiner persönlichen Sicht auf das Geschehen erkennbar.

5   a) Individuelle Lösung mithilfe der entsprechenden Seiten aus dem Kapitel. Zu einer „Erzählung im ursprünglichen Sinn" siehe S. 190. In der Lösung könnten beispielsweise die Auswirkungen des Krieges auf die „Heimatfront" dargestellt und das Leben der Frauen und Kinder beschrieben werden. Es könnte dabei auf die herrschenden Versorgungskrisen („Kohlrübenwinter 1916/17") und die damit einhergehenden Entbehrungen im Alltag sowie auf die Veränderungen für Frauen eingegangen werden.
b) Individuelle Lösung mithilfe der entsprechenden Seiten aus dem Kapitel. In der Lösung könnte beschrieben werden, dass die Kindheit zwischen 1914 und 1918 durch eine Abwesenheit der männlichen Familienmitglieder geprägt war. Kontakt zum Vater, Bruder oder Cousin gab es in der Regel nur beim Heimaturlaub oder mithilfe von Feldpostbriefen. Auch in der Schule wurden die Kinder mit dem Krieg konfrontiert. Hausaufgaben oder Spiele hatten oft den Krieg zum Thema. Der Brief sollte in der „Ich-Form" verfasst werden und insbesondere Gedanken und Gefühle der Schreiberin oder des Schreibers zum Ausdruck bringen. Beim Schreiben sollten auch die Hinweise zur „fiktiven Erzählung" auf S. 190 zu Hilfe genommen werden.

6   individuelle Lösung

Kapitel 2: Etablierung, Gefährdung und Zerstörung der Demokratie (S. 84/85):

–   zum Kasten auf S. 84: a) mögliche Kategorien: Verfassung, Belastungen, Kultur, Gefahren der Demokratie; b) individuelle Lösung

1   a) Wahlplakate werden auch als Propagandaplakate bezeichnet, weil sie politische Standpunkte der Parteien verkürzt und plakativ darstellen. Ziel ist es, durch Farbgebung, Symbolik und vereinfachte Texte die Wahrnehmung des Betrachters zu beeinflussen.
b) Arbeitsschritte „Politische Plakate analysieren", S. 67:
zu 1: individuelle Lösung
zu 2–5: Auf dem Wahlplakat der DDP von den Reichstagswahlen vom 20. Mai 1928 ist ein großer, starker halbnackter Mann zu erkennen. Er kniet auf den Umrissen Deutschlands und scheint mit einem großen schwarz-rot-goldenen Schild verschiedene politische Gegner aus Deutschland herauszuschieben. Diese werden im Vordergrund des Wahlplakats sehr klein dargestellt. Es handelt sich um verschiedene Symbole antidemokratischer Parteien, wie das Hakenkreuz (NSDAP), rote Sterne (KPD) oder Armeehelme, außerdem sind Würmer zu sehen. Der Hintergrund des Wahlplakats ist einfach gehalten (weiß). Rechts neben den Umrissen Deutschlands befindet sich der große Schriftzug des Wahlplakats: „Säubert das Reich! Wählt Deutsche Demokraten! Liste 6". Text und Bild stehen auf diesem Wahlplakat in einem ausgeglichenen Verhältnis und sind ungefähr gleich groß.
zu 6: Das Wahlplakat ist zu den Reichstagswahlen vom 20. 5. 1928 entstanden. Entworfen wurde es von Theo Matejko (1893–1946). Auftraggeber war vermutlich die DDP.
zu 7: Die dargestellten Personen sind fiktiv; „Säubert das Reich" bezieht sich dabei auf die Abwehr der Gefährdung der Demokratie durch antidemokratische Kräfte. Der Mann steht vermutlich stellvertretend für die Demokraten. Er ist groß und stark dargestellt, wogegen die Symbole der Antidemokraten klein und passiv abgebildet werden. Auch das Schild mit der deutschen Flagge ist stark und groß abgebildet. Der Text soll die Absicht unterstreichen, dass die DDP die Demokratie stärken möchte und den antidemokratischen Kräften den Kampf ansagt. Die Farbgebung steht ganz im Zeichen der politischen Identifikation. Die Farben der Parteien werden symbolisch verwendet, ebenso wie die Farben der deutschen Flagge.

zu 8: Bildsprache und Tonfall des Wahlplakats sind feindselig gegenüber den antidemokratischen Parteien. Das Wahlplakat wirkt an die demokratischen Wähler appellierend, dass sie die demokratischen Parteien stärken sollen.

zu 9–10: Das Plakat vermittelt die Botschaft an die Wähler, dass durch die Wahl der DDP die Demokratie gestärkt und Deutschland von antidemokratischen Parteien und Kräften befreit wird. Damit sollen besonders Befürworter der Demokratie, aber auch Gegner einzelner antidemokratischer Parteien angesprochen werden.

c) Die Plakate auf S. 66 weisen folgende Gemeinsamkeiten auf: Es werden jeweils fiktive Personen abgebildet. Ein starker großer Mann symbolisiert jeweils die Stärke Deutschlands. Die jeweilige Partei gibt vor, diese Stärke aufrechterhalten zu wollen. Beim Plakat der KPD werden politische Gegner verdrängt und beseitigt. Die Plakate auf S. 66 weisen folgende Unterschiede auf: Sie verweisen nicht auf die Stärke der Demokratie, sondern auf das Ziel, diese zu beseitigen. Fazit: In der Darstellung gibt es viele Gemeinsamkeiten, inhaltlich unterscheiden sich die Plakate stark.

2   **a)** Eigene Recherche im Internet: Das Bruttosozialprodukt oder auch Bruttonationaleinkommen ist die Summe aller Güter und Dienstleistungen in der jeweiligen Landeswährung, die in einer Volkswirtschaft innerhalb eines Jahres hergestellt bzw. bereitgestellt werden. Je höher das Bruttosozialprodukt ist, umso wohlhabender ist das Land und umso stärker wächst die Wirtschaft.

b) Das Diagramm beginnt im Jahre 1926, in dem das Bruttosozialprodukt (Bruttonationaleinkommen) im Vergleich zum Vorjahr um ca. 1 % gesunken ist. Im Jahr 1927 steigt es jedoch um 12,5 %, im Jahr 1928 abermals um 1 %. Ab 1929 beginnt ein Rückgang des Bruttosozialprodukts (Bruttonationaleinkommens). 1929 sinkt es um 5 %, 1930 um 4,2 %, 1931 sogar um 12,1 % und im Jahr 1932 um 5 %. Erst nach 1932 beginnt das Bruttosozialprodukt (Bruttonationaleinkommen) wieder zu steigen. Im Jahr wuchs es um 13,2 % im Vergleich zum Vorjahr.

c) Der Verlauf der Arbeitslosenzahlen ist ähnlich. Auch da beginnen ab 1929 die Arbeitslosenzahlen stark zu steigen. Dieser Trend setzt sich sehr deutlich bis 1932 fort. Der Rückgang des Bruttosozialprodukts ist offensichtlich ein Merkmal einer schrumpfenden Wirtschaftskraft, die auch mit einer zunehmenden Arbeitslosigkeit einhergeht.

3   Individuelle Lösung mithilfe der entsprechenden Seiten und Materialien aus dem Kapitel. In dem Beitrag sollte auf die wirtschaftliche Entwicklung in der Weimarer Republik eingegangen werden. Die Hyperinflation und deren Folgen sollten ebenso dargestellt werden wie die Entwicklungen in den „Zwanzigerjahren". Besonders sollte auch auf die Weltwirtschaftskrise und deren Folge eingegangen werden, die hohe Arbeitslosenzahlen und einen allgemeinen wirtschaftlichen Niedergang nach sich zog.

4   **a)** Der Autor ist der Meinung, dass die heutige Bundesregierung nicht durch Faktoren wie zur Zeit der Weimarer Republik gefährdet ist. Er verweist auf den fehlenden demokratischen Rückhalt in der Regierung Weimars, der von Beginn an nicht vorhanden war, ebenso wie in weiten Teilen der Bevölkerung.

b) In der Position, dass der heutigen Demokratie nicht die Demokraten fehlen, stimmen beide Autoren überein. Georg Fülberth bleibt auf dieser Stufe der Analyse stehen, wogegen Dr. Wirsching neue und andere Gefahren der Demokratie aufzeigt. Er sieht im Nationalismus und Protektionismus immer stärkere Anker für Personen, die mit den sich wandelnden gesellschaftlichen Strukturen überfordert sind. Er appelliert sehr stark daran, dass die heutige Demokratie und Freiheit gegenüber nationalistischen Tendenzen verteidigt werden muss.

Kapitel 4: „Grundlagen und Folgen der nationalsozialistischen Diktatur"

–   zum Kasten auf S. 168: individuelle Lösung, bei der die Mind-Map als Grundlage u. a. die Begriffe „Volksgemeinschaft", Rassismus, Antisemitismus, „Machtergreifung", Machtübernahme, Machtübertragung, Hitlerjugend und Bund Deutscher Mädel aufführen kann; unter Folgen könnten sich in der Mind-Map die Begriffe Eugenik und „Euthanasie", Holocaust, Opposition und Widerstand, Hitlerjugend und Bund Deutscher Mädel, Zweiter Weltkrieg und Vernichtungskrieg, totalitäre Diktatur, Konzentrations- und Vernichtungslager, aber auch Mythen, Lügen und Legenden aus der Zeit des Nationalsozialismus wiederfinden.

1   Arbeitsschritte „Politische Reden vergleichen", S. 117. Anmerkung: Da kein Vergleich der Rede stattfindet, entfallen die Arbeitsschritte 6 und 7:
zu 1: z. B. Wodurch gelingt es dem Redner, beim Publikum eine enorme Zustimmung hervorzurufen?

zu 2: Die Rede wurde von Joseph Goebbels, dem nationalsozialistischen Propagandaminister, am 18. Februar 1943 im Berliner Sportpalast gehalten. Er gilt als Verfasser der Rede.

zu 3: Die Rede wurde im Kontext einer sich verschlechternden militärischen Lage Deutschlands im Zweiten Weltkrieg gehalten. So galt die Niederlage von Teilen der deutschen Wehrmacht in der Schlacht von Stalingrad Anfang 1943 als Wendepunkt des Krieges. Ziel des Redners war es, die Zivilbevölkerung auf einen „totalen Krieg" einzustimmen, der die Kräfte der gesamten Wirtschaft und Gesellschaft vereinnahmen sollte. Die Rede wurde vor treuen Anhängern des NS-Regimes gehalten, die stellvertretend für die gesamte deutsche Bevölkerung stehen sollten. Da die Rede über Rundfunk und Wochenschau verbreitet wurde, richtet sich Goebbels auch an die Zuhörer im Ausland.

zu 4 und 5: In dem vorliegenden Auszug werden der Zuhörerschaft von insgesamt zehn Fragen vier gestellt, die vom Publikum frenetisch [stürmisch] mit „Ja" beantwortet werden. Der Redner fragt vor allem nach der Gefolgschaft, der Treue, dem Einsatzwillen und dem Willen nach einem „totalen Krieg" (Z. 27 ff.). Es wird deutlich, dass er die Zustimmung für eine bedingungslose Fortsetzung des Krieges bei der Zuhörerschaft und damit bei der deutschen Bevölkerung hervorrufen will und dass sich alle diesem Ziel unterordnen sollten. Die Frage nach der Erhöhung der Arbeitszeit, die sich an die Arbeiter und Arbeiterinnen richtet (vgl. Z. 17 ff.), macht deutlich, dass sich auch die gesamte Wirtschaft und Gesellschaft dem Ziel des „totalen Krieges" und Sieges unterordnen sollte.

zu 8: Durch die Betonung der Verantwortung aller, dem „Führer" Gefolgschaft zu leisten und dem immer wieder anklingenden Verweis auf die Ziele und Positionen der Feinde Deutschlands – insbesondere wird in der Rede England hervorgehoben.

zu 9: Das ausgesuchte Publikum, bestehend aus engen Anhängern des NS-Systems (zu sehen in M5 und M6), erfüllte hier die ihm zugedachte Rolle einer „Volksgemeinschaft", die bedingungslos zustimmte und mit blindem Gehorsam Folge leistete. Die direkte emotionale Anrede des Publikums mithilfe klarer Fragen, die Wörter wie „Führer", „deutsches Volk" und „Sieg" beinhalteten, lösten in der überzeugten Anhängerschaft die vom Redner erwarteten Reaktionen aus.

zu 10: individuelle Lösung

zu 11: Das Publikum wirkt bei bestimmten Fragen empört, emotionsgeladen, frenetisch etc.

zu 12: Der Redner wartete die Reaktion des Publikums ab und hielt hier lange Pausen ein. Es wirkt an manchen Stellen, als ob der Redner unmittelbar und spontan auf das Publikum reagierte, ohne sich an sein vorliegendes Manuskript zu halten.

2   Siehe Aufgabe 1. Des Weiteren sollte hier auf die sogenannten „Blitzkriege" im Osten und Westen eingegangen werden sowie den Angriff auf die Sowjetunion 1941 und dessen Folgen.

3   Individuelle Lösung, die berücksichtigt, dass die Erzählung im ursprünglichen Sinn auf Quellen basiert und es einen Zusammenhang zwischen Anfang und Ende gibt (siehe S. 190). Ausgehend von einer Analyse von M2 und M3 könnte wie folgt festgestellt werden: Das Wahlplakat aus dem Jahr 1932, also vor Beginn der Machtausübung der Nationalsozialisten in Deutschland zeichnete das NS-Idealbild der Frau als Mutter, Ehefrau und personifizierten Zusammenhalt der Familie. Um die „Volksgemeinschaft" zu vergrößern, den „Lebensraum im Osten" zu erobern und zu besiedeln, bedarf es im Sinne der nationalsozialistischen Ideologie „arischer" Kinder. Diese zu gebären galt im NS-Staat als eine Hauptaufgabe der Frauen und nicht Emanzipation, Selbstbestimmung und beruflicher Werdegang. Die berufliche Aktivität und deren Nutzen sowie deren Erfordernis kommt jedoch im Plakat M3 deutlich zum Ausdruck. In den Kriegsjahren nach 1939 wich die nationalsozialistische Führung von der Durchsetzung des Idealbildes der Frau in der deutschen Gesellschaft deutlich ab. Die Arbeitskraft der Frau war aufgrund des Krieges und der daraus resultierenden Bindung der Männer an der Front notwendig, um die Kriegs- sowie Rüstungswirtschaft aufrechtzuerhalten. Es handelt sich hier um eine deutliche Veränderung des NS-Frauenbildes, deren Ursache unter anderem in der Kriegsentwicklung lag. Besonders bis 1937 wird aus Quellen das Bemühen des NS-Regimes deutlich, Frauen an die Haushaltsführung zu binden.

4   Individuelle Lösung, die unter anderem die gegenwärtigen Rechte der Frauen wie z. B. Gleichberechtigung und Selbstbestimmung herausstellt sowie auf die Emanzipation von Frauen zur Zeit der Weimarer Republik verweist. Beides muss in Kontrast zum NS-Frauenbild – wie es in M1 deutlich wird – stehen, um den Mythos hervorheben zu können.

Übersicht der Fachmethoden aus Band 5 bis 9

Methoden aus Band 5 bis 8:

• Das Internet nutzen

Suche beginnen
1. Zu welchem historischen Thema suche ich Informationen?
2. Welche Internet-Suchmaschine wähle ich aus?
3. Welche Internethinweise gibt das Schulbuch?

Suchabsicht festlegen
4. Welche Suchwörter helfen mir zur Beantwortung meiner Fragen weiter?

Überblick über das Suchergebnis bekommen
5. Welche Links sind interessant und brauchbar für mich?
6. Welche Links stammen von glaubwürdigen Anbietern?

Ergebnisse ordnen
7. Wie gehe ich mit den Informationen einer Webseite um?

Informationen sichern und auswerten
8. Wie halte ich die gefundenen Informationen fest?

• Gegenständliche Quellen interpretieren

Die gegenständliche Quelle beschreiben
1. Was sind die äußeren Merkmale (z.B. Aussehen, Größe, Gewicht, Material) des Gegenstandes?
2. Wie alt ist der Gegenstand?
3. Wo wird der Gegenstand heute aufbewahrt?

Die Funktion und Bedeutung der gegenständlichen Quelle untersuchen
4. Wie funktioniert bzw. wie bedient man den Gegenstand?
5. Wozu wurde der Gegenstand in der Vergangenheit genutzt?
6. Wem gehörte der Gegenstand?
7. Welche Bedeutung hatte der Gegenstand damals und heute?

Die gegenständliche Quelle interpretieren

8. Welche Aussagen lassen sich mithilfe des Gegenstandes über das Leben der Menschen (z. B. auf Lebensweisen, Alltag, technischer Fortschritt) treffen?
9. Ist der Gegenstand für unser heutiges Leben noch bedeutsam oder wurde er von einem anderen ersetzt?

• Einen Sachtext lesen und verstehen

1. Schritt: Ersten Überblick verschaffen
Welche Überschrift hat der Text?
Wie ist der erste Eindruck von Inhalt und Aufbau des Textes?

2. Schritt: Fragen stellen
Was weiß ich schon über das Thema?
Wer kommt in dem Text vor?
Wo und wann findet das Dargestellte statt?
Worum geht es?
Welche Fragen bleiben offen?

3. Schritt: Schlüsselwörter klären
Welche schwierigen Wörter oder Unklarheiten muss ich klären?
In welche Abschnitte lässt sich der Text gliedern?
Welche Überschriften passen zu den Textabschnitten?

4. Schritt: Inhalt wiedergeben
Gib mithilfe der Überschriften und Schlüsselwörter den Inhalt des Textes wieder.

• Eine Geschichtskarte auswerten

Den Kartentitel auswerten
1. Welche Informationen kannst du dem Kartentitel entnehmen?

Die Kartenlegende entschlüsseln und den Maßstab feststellen
2. Nimm dir Zeit, die Legende genau zu studieren. Sie ist der Schlüssel zum Verständnis der Karte: Wofür stehen die verwendeten Symbole?
3. Welche Bedeutung haben die kursiv gesetzten Namen?
4. In welchem Maßstab ist die Karte angefertigt?

Die Karte lesen
5. Häufig gehst du von vorformulierten Fragen aus, manchmal stellst du selbst Fragen an die Karten.

6. Was ist die Hauptaussage der Karte?

Weitere Fragen zur Karte stellen
7. Karten können nicht alle wichtigen Informationen zu einem Thema aufnehmen, da sie ansonsten mit Symbolen überfrachtet und kaum mehr lesbar wären. Ausgehend von einer Karte ergeben sich deshalb oft Fragen, zu deren Klärung du weitere Hilfsmittel benötigst.

• Eine Bildquelle auswerten

Einzelheiten des Bildes erfassen
1. Welche Personen sind dargestellt?
2. Wie sind sie gekleidet und dargestellt?
3. Welche weiteren Gegenstände oder Tiere sind zu sehen?
4. Wo befinden sich die Personen und Gegenstände?

Zusammenhänge erklären
5. In welcher Beziehung stehen die abgebildeten Personen, Tiere oder Gegenstände zueinander?
6. Findest du Merkmale, die auf bestimmte Eigenschaften, Beruf oder gesellschaftliche Stellung der dargestellten Personen hinweisen?

Zusätzliche Informationen heranziehen
7. In der Bildlegende findest du wichtige Hinweise. Sie gibt dir Auskunft darüber, wer wann für wen warum ein Bild gemalt hat. Manchmal hat das Bild auch einen Titel.
8. Weitere Fragen lassen sich oft durch eine zusätzliche Textquelle klären.

• Eine schriftliche Quelle untersuchen

Die Quelle mit Blick auf eine Leitfrage sichten
1. Eine Leseabsicht festlegen – welche Frage soll mit der Quelle beantwortet werden?
2. Lies den Text gründlich.

Informationen zum Autor und zur Entstehungszeit beachten
3. Wer war der Autor/die Autorin der Quelle?
4. Wann und wo wurde die Quelle geschrieben?
5. Um welche Art von Text handelt es sich (z. B. Tagebuch, Brief, Rede, historisches Werk)?
6. An wen war der Text gerichtet?

Inhalte der Textquelle entnehmen und verstehen

7. Welche Begriffe muss ich klären?
8. Wie ist die Quelle aufgebaut? Finde Überschriften für die wichtigsten Abschnitte.
9. Welche Stellen sind erklärungsbedürftig? Stelle passende Warum-Fragen und versuche sie zu beantworten.
10. Was ist die Hauptaussage des Textes? Beantworte die Leitfrage aus Schritt 1.

Absicht des Autors einschätzen und die Textquelle beurteilen

11. Welche Absicht verfolgte der Autor?
12. Wie zuverlässig erscheinen die Aussagen der Quelle? (Wann lebte der Autor? Wann schrieb er den Text? Wie groß war der zeitliche Abstand zu dem Ereignis?)
13. Welche Meinung vertrittst du zum Inhalt der Quelle? (Sind die Aussagen glaubwürdig, schlüssig, fragwürdig, einseitig, zweifelhaft?)

• Schaubilder verstehen

Einzelne Elemente des Schaubildes erfassen

1. Welche Fachbegriffe werden verwendet und müssen geklärt werden?

Aufbau des Schaubildes untersuchen

2. Wie ist das Schaubild zu lesen?
3. Welche Versammlungen und Ämter gab es?

Inhalt vertiefen und bewerten

4. Was waren die Aufgaben der einzelnen Ämter und Versammlungen?
5. Wie war die Macht im Staat verteilt?
6. Sammle offene Fragen.

• Schriftliche Quellen vergleichen

Ersten Eindruck festhalten

1. Wie ist dein Eindruck nach dem ersten Lesen?

Informationen zu Autoren und Entstehungszeit herausarbeiten

2. Wann sind die Texte geschrieben worden?
3. Wie groß ist der zeitliche Abstand zwischen Ereignis und Bericht?
4. Waren die Autoren Augenzeugen? Wenn nicht: Wen geben sie als Informanten an?

Inhalt der Textquellen zusammenfassen und vergleichen

5. Gib die Hauptaussagen und Schlüsselbegriffe der Texte wieder und vergleiche beide im nächsten Schritt.
6. Welche Informationen stimmen überein?
7. Gibt es Einzelheiten, die nicht in den Texten erscheinen bzw. unterschiedlich genau oder ausführlich wiedergegeben werden?
8. Was wird berichtet, ist es logisch oder enthält es Unstimmigkeiten?
9. Ist ein Urteil oder eine Meinung des Verfassers zu erkennen?

Weitere Informationen sammeln

10. Ziehe weitere Informationen hinzu, z. B. aus Sachbüchern, dem Schulbuch oder dem Internet.

Ergebnisse darstellen und beurteilen

11. Vergleiche die Notizen aus den einzelnen Arbeitsschritten miteinander. Formuliere eine eigene Meinung.

• Ein historisches Urteil bilden

Eine Leitfrage formulieren

1. Welche Frage(n) soll(en) beantwortet werden?

Informationen zur Quelle und deren Inhalt erfassen

2. Wer war der Autor/die Autorin der Quelle/der Darstellung?
3. Wann und wo wurde die Quelle/die Darstellung geschrieben?
4. An wen war der Text gerichtet?
5. Was ist die Hauptaussage des Textes? (Arbeite die Positionen, Argumente und Meinungen zur Leitfrage aus der Quelle/der Darstellung heraus.)

Ein historisches Sachurteil bilden

6. Welches Interesse verfolgt der Autor und wie ist der Inhalt der Quelle/Darstellung zu beurteilen (z. B.: was wollte der Redner erreichen)?
7. Wie würden die Zeitgenossen aus ihrer Zeit heraus die Leitfrage beantworten und wie begründen sie dies?
8. Wie könnte die Leitfrage aus einer anderen Perspektive anhand von weiteren Quellen und/oder Darstellungen beantwortet werden (z. B. unterschiedliche Sichtweisen von Beteiligten)?

Ein historisches Werturteil bilden

9. Wie würdest du aus heutiger Sicht die Leitfrage beantworten?

• Eine schriftliche Quelle analysieren

Quelle und Autor (Verfasser) einordnen

1. Wer ist der Autor der Quelle (Augenzeuge; besondere Beziehungen zwischen ihm und einer der beschriebenen Personen)?
2. Wann und wo wurde die Quelle geschrieben (zeitlicher und örtlicher Abstand zum Ereignis)?
3. Um welche Art von Text handelt es sich (z. B. Brief, Urkunde, Gesetz, Geschichtsbuch)?
4. An wen ist der Text gerichtet?

Textinformationen entnehmen

5. Welche Begriffe muss ich klären?
6. Wie ist die Quelle aufgebaut? Finde Überschriften für die dir wichtig erscheinenden Abschnitte.
7. Welche Schlüsselbegriffe (= wichtige oder wiederholte Wörter) werden verwendet?
8. Was ist die Hauptaussage des Textes? Fasse sie in ein bis zwei Sätzen zusammen. Tatsachen von Meinungen unterscheiden und selbst Stellung nehmen (beurteilen).
9. Welche Absicht verfolgte der Autor?
10. Welche Aussagen des Textes scheinen dir historisch zuverlässig zu sein, welche sind eher individuelle Meinungen des Autors? Aus welcher Perspektive betrachtet der Autor das Geschehen? Prüfe Textaussagen mithilfe anderer Informationsquellen (Schulbuch, Fachbücher).
11. Wie wurde das Ereignis aus damaliger Sicht beurteilt?
12. Welche Meinung vertrittst du zur Quelle?

• Ein Herrscherbild analysieren

Einzelne Bildelemente beschreiben

1. Welche Personen sind zu sehen?
2. Wie sind die Personen dargestellt (z. B. im Profil, von vorn, Größenverhältnisse)? In welcher Position bzw. Bewegung werden sie gezeigt? Welche Gesten sind erkennbar? Was sagt ihr Gesichtsausdruck? Wie sind sie ausgestattet (z. B. Kleidung, Frisur, Standeszeichen, Herrschaftszeichen)?

3. Welche größeren Gegenstände sind erkennbar? Wie ist der Hintergrund gestaltet?

Bildelemente zusammenfügen und erste Deutung vornehmen

4. Wie gehören die Bildelemente zusammen?
5. Was erscheint merkwürdig?

Zusätzliche Informationen hinzuziehen und Bedeutung der Bildelemente entschlüsseln

6. Welche Hinweise gibt die Bildunterschrift (z. B. Entstehungszeit, bestimmter Anlass, Entstehungsort, Künstler, Auftraggeber, Adressaten)?
7. Recherchiere Hintergrundinformationen zu den Symbolen, Gesten und Personen. Lassen sich die bisherigen Deutungen durch andere Quellen bestätigen oder ergänzen bzw. korrigieren?
8. Was wollte der Künstler mit seinem Bild ausdrücken? Ergreift er Partei für eine bestimmte Person oder Auffassung?

Bildaussage formulieren

9. Welche Gesamtaussage lässt sich formulieren? Gibt es mehrere Deutungen?

• Eine Bildquelle interpretieren

Einzelne Elemente beschreiben

1. Was ist dargestellt (Personen, Gegenstände)?
2. In welchen Positionen (Haltungen), in welchen Bewegungen sind sie zu sehen?
3. Wie lässt sich die Situation beschreiben?
4. Was erscheint merkwürdig?

Zusätzliche Informationen hinzuziehen und Bedeutung der Bildelemente interpretieren

5. Welche Hinweise gibt die Bildunterschrift?
6. Welche Bedeutung würdest du der entsprechenden Geste, Gebärde, Handlung oder auch dem Gegenstand heute noch zuordnen?
7. Recherchiere Hintergrundinformationen zu den Symbolen (Bibliothek, Internet).
8. Welche Einzelaussagen ergeben sich aus den Symbolen und Gesten?

Bildaussage formulieren

9. Welche Gegenstände oder Handlungen scheinen besonders wichtig zu sein für die Aussage des Bildes? Woran erkennst du dies?
10. Welche Gesamtaussage lässt sich formulieren? Gibt es mehrere Deutungen?

• Einen Stadtplan auswerten

Erste Informationen herausarbeiten

1. Fertige eine Fotokopie der Stadtpläne an.
2. Welche Stadt ist dargestellt?
3. Wann sind die Stadtpläne entstanden?

Veränderungen in den Stadtplänen untersuchen

4. Finde die alte Stadtmauer im alten Plan und zeichne ihren ungefähren Verlauf in den neuen Plan ein.
5. Welche besonderen Merkmale einer mittelalterlichen Stadt (z. B. Gebäude, Stadtmauer) kannst du auf dem alten Plan erkennen?
6. Markiere den Standort der besonderen Merkmale der mittelalterlichen Stadt im neuen Plan und prüfe, ob sie heute noch existieren.
7. Prüfe im neuen Stadtplan, ob man durch heutige Namen von Straßen oder Plätzen Rückschlüsse auf deren Bedeutung oder ehemalige Bewohner ziehen kann.
8. Wie entwickelte sich die Stadt in den folgenden Jahrhunderten? (z. B.: Gibt es Anzeichen dafür, dass die Stadt gewachsen ist? Gibt es noch einen Stadtgraben?)

Informationen zusammenfassen und deuten

9. Fasse zusammen, was du aus den Stadtplänen über die Stadt erfährst.

• Historische Karten analysieren

Karte und Kartografen einordnen

1. Wann und wo ist die Karte entstanden und veröffentlicht worden?
2. Wer ist der Kartograf? Woher stammt sein Wissen?
3. Ist ein besonderer Anlass für die Zeichnung der Karten bekannt? War es eine Auftragsarbeit?

Kartenelemente beschreiben und deuten

4. Was ist das Thema der Karte?
5. Welche Gebiete/Kontinente werden dargestellt?
6. Ist die Welt maßstabsgetreu abgebildet?
7. Welche Besonderheiten sind in der Karte eingezeichnet (Symbole, landschaftliche Merkmale wie Flüsse, Berge, Orte …)?
8. Wie wird die Karte eingerahmt?
9. Welches Bild von der Welt lässt sich der Kartendarstellung entnehmen?

Mit anderen Karten vergleichen

10. Wie unterscheiden sie sich in Symbolik und Einrahmung? Welche Gemeinsamkeiten gibt es?
11. Welche Gemeinsamkeiten und Unterschiede bestehen in der Gesamtaussage?

• Ein Flugblatt untersuchen und deuten

Angaben zum Bild machen

1. Ist der Künstler bekannt? Wie lautet sein Name?
2. Wann und wo wurde das Flugblatt hergestellt?
3. Wie lautet der Titel und/oder die Bildunterschrift?

Text- und Bildelemente beschreiben

4. Wer oder was wird dargestellt? Beschreibe: dargestellte Personen (Kleidung, Aussehen, Mimik, Gestik), Gegenstände, Hintergrund und Farbgebung
5. Wie ist das Verhältnis der dargestellten Personen? (Größenunterschiede, Gesten, Blickrichtungen)
6. Gibt es einen weiteren Text? In welcher Beziehung stehen Text und Bild zueinander?

Bild- und Textelemente deuten

7. Welche Symbole werden verwendet und wofür stehen sie?
8. Welche Gesten werden verwendet und welche Wirkung wird mit ihnen erreicht?

Aussage formulieren

9. Welche Gesamtaussage hat das Flugblatt?
10. Wie hat das Flugblatt wohl auf Zeitgenossen gewirkt? Wie wirkt es auf dich? (Was ist für einen heutigen Betrachter vertraut, was fremd?)
11. Welchem Zweck diente das Flugblatt? Ergreift der Künstler durch seine Darstellung Partei?

• Eine Exkursion durchführen

Informationen beschaffen

1. Besorgt euch Informationsmaterial im Internet oder bei der Verwaltung der Sehenswürdigkeit.

Exkursion organisieren

2. Klärt, welcher Termin infrage kommt. Beachtet Termine in der Schule und die Öffnungszeiten der Sehenswürdigkeit. Ermittelt Fahrpreis, Fahrzeiten sowie Preise für Eintritt und Führungen.

Inhalte der Exkursion in der Schule vorbereiten

3. Sichtet das Material und entscheidet euch für einige Schwerpunkte eurer Exkursion.
4. Einigt euch auf den Ablauf der Exkursion und darauf, wie ihr eure Ergebnisse dokumentieren wollt.
5. Teilt die Klasse in Gruppen ein, die dann Einzelfragen zu ihrem Thema formulieren.

Exkursion durchführen

6. Verschafft euch gemeinsam einen ersten Überblick, z.B. durch eine Führung.
7. Fertigt Notizen, Skizzen und Fotos oder Videos an. Befragt das Personal der Sehenswürdigkeit. Teilt euch dazu in die vorher festgelegten Kleingruppen ein.

Befunde auswerten und dokumentieren

8. Wertet eure Ergebnisse in der Schule in den Arbeitsgruppen aus und tragt sie der Klasse vor.
9. Dokumentiert eure Ergebnisse wie geplant.

• Philosophische Texte analysieren und vergleichen

Leitfrage formulieren
Formale Aspekte

1. Wer sind die Autoren?
2. Wann und wo sind die Texte veröffentlicht worden?
3. Um welche Textarten handelt es sich?
4. Wovon handeln die Texte?
5. An wen richten sich die Texte?

Inhalt erschließen

6. Was sind die wesentlichen Textaussagen?
7. Wie antworten beide Texte auf die Leitfrage?

Aussagen vergleichen

8. Welche Unterschiede und Gemeinsamkeiten lassen sich feststellen?

Beurteilen (sich in die Menschen der Zeit hineinversetzen und ein Urteil bilden)

9. Welche Ziele verfolgten die Autoren?
10. Wie kann die Leitfrage aus Sicht der beiden Philosophen beantwortet werden?

Bewerten (ein Urteil aus heutiger Sicht mit Blick auf die Leitfrage bilden)

11. Welche Bedeutung hat der „Gesellschaftsvertrag" heute?

• Eine Karikatur analysieren

1. Wie wirkt die Karikatur auf dich?

Einzelheiten beschreiben

2. Welche Personen, Gegenstände und anderen Details lassen sich erkennen? Achte auf den Gesichtsausdruck und die Körperhaltung. Beziehe die Bildunterschrift mit ein.

Zusätzliche Informationen heranziehen

3. Wer ist der Zeichner?
4. Wann und wo ist die Karikatur entstanden?
5. Gibt es einen Titel?
6. Welches Thema hat die Karikatur?

Bildaussage erkennen

7. Welche Bedeutung haben die Personen und Gegenstände?
8. Auf welches Ereignis bezieht sich die Karikatur?

Aussage der Karikatur formulieren

9. Was ist die Botschaft?
10. Was wird kritisiert?
11. Welche Wirkung könnte die Karikatur haben?

• Ein Verfassungsschaubild auswerten

Einzelne Elemente der Abbildung erfassen

1. Welche Fachbegriffe werden genannt?
2. Welche Bedeutung haben Farben, Pfeile etc.?

Formale Aspekte

3. Wie ist das Schaubild zu lesen?

Inhalt erschließen

4. Welche Verfassungsorgane sind dargestellt?
5. Inwiefern ist die Gewaltenteilung dargestellt?
6. Wer kontrolliert wen?
7. Wer darf wen wie oft wählen?
8. Um welche Staatsform handelt es sich?

Aussagen überprüfen

9. Sind die Angaben im Verfassungsschema richtig?

Urteilen

10. Werden Vorteile, Fortschritte und/oder Nachteile, Schwierigkeiten offensichtlich?
11. Worüber gibt das Schaubild keine Auskunft?

• Ein historisches Lied analysieren

Ersten Eindruck festhalten

1. Welche Wirkung hat das Lied auf dich?

Einzelheiten des Liedes erfassen

2. Welchen Titel hat das Lied?
3. Um welche Liedart handelt es sich (z. B. Volkslied, politisches Lied, Liebeslied, Nationalhymne …)? Welche sprachlichen und musikalischen Mittel werden eingesetzt?
4. Welche Informationen, Ideologie* und Anspielungen enthält der Liedtext in den einzelnen Strophen?

Zusätzliche Informationen heranziehen

5. Was kannst du über die Entstehung des Liedes (Komponist, Texter, Entstehungszeit, Entstehungsort) erfahren? Wie verbreitet/bekannt war das Lied?
6. Welchen Bezug zu historischen Ereignissen enthält das Lied? Hat das Lied selbst eine Geschichte?

Aussage formulieren und Absicht deuten

7. Welche Gesamtaussage lässt sich formulieren?
8. Wer waren die Adressaten? Wie hat das Lied vermutlich auf sie gewirkt?
9. Mit welcher Absicht wurde dieses Lied gesungen?
10. Welche Perspektive wird im Lied eingenommen?
11. Beurteile das Lied aus Sicht eines Zeitgenossen.
12. Bewerte das Lied aus heutiger Sicht.

• Eine Statistik auswerten

Formale Aspekte

1. Eine Leitfrage formulieren.
2. Gegenstand: Zeitabschnitt; historisches Ereignis, das dargestellt wird
3. Fundstelle: Ort, Zeit, Urheber der Daten (Institution oder Person, politische/öffentliche Stellung)
4. Adressatenbezug: Wer wird angesprochen?
5. Wie wird das Zahlenmaterial präsentiert? (Tabelle oder Diagramm? Säulen- bzw. Balkendiagramm, Linien- bzw. Kurvendiagramm, Kreisdiagramm oder Stapeldiagramm?)

Inhaltliche Aspekte

6. Jahreszahlen, Spalten- oder Achsenbezeichnungen, Strukturierungshilfen
7. Legende, z. B. die Zuordnung von Farben zu bestimmten Staaten

8. Aussageart des Diagramms: Wird ein Vergleich angestrebt oder eine Entwicklung aufgezeigt? Gibt es Auffälligkeiten?

Aussagekraft bewerten

9. Fasse die Kernaussagen mit eigenen Worten zusammen und erläutere sie jeweils kurz.
10. Setze die Aussagen in ihren historischen Zusammenhang.
11. Bewerte die Aussagekraft der statistischen Daten: Ist die grafische Darstellung angemessen? Wird der Sachverhalt zu sehr vereinfacht? Sind alle Zahlen sicher belegt?

• Eine historische Fotografie analysieren

Angaben zur Entstehung machen

1. Wann ist die Fotografie entstanden?
2. Wo ist sie entstanden?
3. Wer hat in wessen Auftrag fotografiert?
4. Für wen ist die Fotografie angefertigt worden?

Die Fotografie beschreiben

5. Handelt es sich um eine Farb- oder Schwarz-Weiß-Fotografie?
6. Welche Bildtechnik ist zu erkennen (Perspektive, Entfernung, Ausschnitt)?
7. Was ist genau zu sehen?

Die Fotografie deuten

8. Was ist der erste Eindruck?
9. Welche Gesamtaussage lässt sich formulieren?
10. Ist die Fotografie glaubwürdig? Ziehe ggf. weitere Quellen hinzu. Was gilt als sicher belegt, teilweise belegt, vermutlich und unklar?
11. Welche Fragen bleiben offen?

• Ein Historiengemälde analysieren

Das Bild beschreiben

1. Welches Ereignis ist dargestellt?
2. An welchem Ort spielt sich das Geschehen ab? Hat er eine symbolische Bedeutung?
3. Welche Personen sind zu sehen? Welche stehen im Mittelpunkt?

Die Entstehung des Bildes untersuchen

4. Wer hat das Bild gemalt?
5. Wer hat es in Auftrag gegeben?
6. Für welchen Zweck wurde es geschaffen?
7. Welcher Zeitraum liegt zwischen dem Ereignis und der Entstehung des Bildes?
8. Hat der Maler das Geschehen selbst miterlebt?

Das Bild mit der Wirklichkeit vergleichen

9. Suche nach Abbildungen (Fotos, Gemälde, Zeichnungen usw.), die das gleiche Ereignis zeigen, und vergleiche diese miteinander.
10. Ziehe gegebenenfalls schriftliche Quellen heran.

Die Aussage des Bildes erschließen

11. Was wollte der Maler dem Betrachter zeigen? Berücksichtige, ob es Abweichungen zwischen Bild- und weiteren Quellenaussagen gibt.
12. Welche Wirkung wollte der Künstler beim Publikum erreichen?
13. Welche Informationen erhalten wir über das Thema des Bildes hinaus, die z. B. Aufschluss geben über politische und gesellschaftliche Verhältnisse oder über die Kultur?

• Ein Denkmal interpretieren

Beschreibung

1. Um welchen Denkmal-Typ handelt es sich (z. B. Krieger-, Sieges- oder Heldendenkmal, Mahnmal)?
2. Was sind die Hauptbestandteile?
3. Wie groß ist das Denkmal und aus welchem Material besteht es?
4. Welche Elemente, Symbole und Inschriften weist es auf?

Historische Einordnung

5. Aus welcher Zeit stammt das Denkmal?
6. Woran soll das Denkmal erinnern?
7. Ist etwas über den Auftragsgeber und die Finanzierung bekannt?
8. Wie wurde die Einweihung gestaltet?

Deutung der Aussage

9. Welche Absicht wurde mit der Standortwahl verfolgt?
10. Welche Funktion hatte das Denkmal bei seiner Errichtung?
11. Welche Aussageabsichten haben die einzelnen Elemente und Inschriften?
12. Gab es mit der Zeit einen Wandel in der Wahrnehmung des Denkmals, und wie wird es heute beurteilt?
13. Gibt es weitere Quellen, die die Auswertung des Denkmals unterstützen?

Geschichte darstellen: Geschichte erzählen

Wie du Geschichte und vergangene Ereignisse mündlich oder schriftlich darstellen kannst, hast du bereits auf den „Geschichte-darstellen-Seiten" sowie bei den „Geschichte-darstellen-Aufgaben" in den vorangegangenen Bänden kennengelernt. Die Seitenzahlen in dieser Übersicht verweisen auf den vorliegenden Band. Im zweiten Teil sind noch einmal die Inhalte der „Geschichte-darstellen-Seiten", die in den Bänden 5, 6 und 7 eingeführt wurden, abgedruckt.

Geschichte darstellen	*Seitenzahlen in diesem Band*		
Gegenständliche Quellen vorstellen (Steckbrief)	Band 5, s. u.	Eine biografische Skizze erstellen	Band 6, s. u.
Einen Sachtext verfassen (zeitliche Verläufe darstellen)	Band 5, s. u.	Historische Verläufe darstellen (Verlaufsformen in einer Darstellung)	Band 7, s. u.
Die wahre Geschichte? (Nachweisbarkeit prüfen und darstellen)	Band 5, s. u.	Über ein historisches Ereignis erzählen	Band 7, s. u.
		Ein historisches Ereignis nacherzählen	Band 8, s. u.
		Einen Podcast erstellen	Band 8, s. u.
		Einen Comic zeichnen	36
		Eine Rezension verfassen	101

Übersicht der Geschichte-darstellen-Seiten aus Band 5 bis 8:

• Gegenständliche Quellen vorstellen (Steckbrief)

1. Bezeichnung des Gegenstandes
2. Aussehen (Größe, Gewicht, Material)
3. Fundort zu Hause
4. Alter
5. Herstellungsort
6. im Familienbesitz seit
7. frühere und aktuelle Aufbewahrungsorte
8. frühere Verwendung
9. heutige Verwendung
10. Bedienung
11. Bedeutung für Menschen früher
12. Bedeutung für Menschen heute
13. meine Informationsquelle(n)

• Einen Sachtext verfassen (zeitliche Verläufe darstellen)

Eine Leitfrage formulieren
1. Worüber soll der Sachtext informieren?

Informationen sammeln, ordnen und in kurzen Stichpunkten notieren
2. Suche nach Quellen und Darstellungen, die dir Informationen zu deiner Leitfrage liefern.
3. Schreibe dir stichpunktartig Informationen auf, mit denen du die Leitfrage beantworten kannst. Ordne diese nach Wichtigkeit.

Den Sachtext gliedern und schreiben
4. Die Einleitung
   – Stelle das Thema und die Leitfrage(n) vor.
5. Der Hauptteil
   – Formuliere aus den vielen Informationen und Stichpunkten aus dem dritten Arbeitsschritt ganze, zusammenhängende Sätze.
   – Damit der Sachtext verständlich ist, musst du das Geschehene zeitlich ordnen (siehe unten): Was geschah zuerst, was folgte darauf, was geschah gleichzeitig zu einer Handlung/einem Ereignis?
6. Der Schluss
   – Beantworte die Leitfrage(n) aus Arbeitsschritt 1 und erkläre, woher deine Informationen stammen.

Zeitliche Verläufe in einem Sachtext darstellen
Beim Schreiben eines Sachtextes, der über ein historisches Ereignis oder eine Handlung berichtet, helfen dir folgende Begriffe:

– **vorher** (zuerst, davor)
– **nachher** (später, danach, dann)
– **zeitgleich** (zur selben Zeit, gleichzeitig)

• Die wahre Geschichte?
(Nachweisbarkeit prüfen und darstellen)

1. **sicher belegt:**
Informationen, die sicher belegt werden können, lassen sich durch mehrere Quellen von verschiedenen Personen aus verschiedenen Sichtweisen übereinstimmend belegen.

2. **teilweise belegt:**
Teilweise belegbare Informationen sind in einzelnen Quellen zu finden oder werden angedeutet. Es fehlen aber Quellen zu weiteren Sichtweisen von anderen Personen.

3. **vermutlich:**
Informationen, die mit „vermutlich" gekennzeichnet werden, sind so direkt in den Quellen nicht zu finden. Sie können aber aus dem Zusammenhang einer oder mehrerer Quellen abgeleitet werden. Archäologen können auch anhand verschiedener Gegenstände oder des Zustandes von Knochen Vermutungen auf Verwendung eines Gegenstandes oder Lebensweise der Menschen aufstellen. Dabei können Vermutungen auch unterschiedlich sein.

4. **unklar:**
Zu diesen Informationen können keine Aussagen getroffen werden, die sich durch Quellen belegen lassen.

• Eine biografische Skizze erstellen

Eine Leitfrage formulieren
1. Welche Frage(n) soll(en) mithilfe der biografischen Skizze beantwortet werden?

Informationen zur historischen Person sammeln, ordnen und in kurzen Stichpunkten notieren
2. Suche Informationen zu deiner Leitfrage.
3. Schreibe dir stichpunktartig Informationen auf, mit denen du die Leitfrage(n) beantworten kannst.

Die biografische Skizze gliedern und schreiben
4. über das Leben der historischen Person
5. über die Leistungen/das Wirken der historischen Person
6. der Schluss: Hier beantwortest du kurz die Leitfrage(n) aus Arbeitsschritt 1 und erklärst, woher deine Informationen stammen.

• Historische Verläufe darstellen
(Verlaufsformen in einer Darstellung)

Das Thema und den Schwerpunkt finden
1. Wie lautet das Thema der Darstellung?

Informationen sammeln, ordnen und in kurzen Stichpunkten notieren
2. Suche nach Quellen und Darstellungen, die dir Informationen zu deinem Thema liefern.
3. Formuliere Fragen, die du dir selbst zu deinem Thema stellst. Notiere stichpunktartig Informationen, mit denen du deine Leitfragen beantworten kannst

Die Darstellung gliedern und schreiben
4. Einleitung
   – Es ist für einen Leser interessanter, wenn du erklärst, warum sich Leser mit dieser Thematik beschäftigen sollten.
5. Hauptteil
   – Formuliere aus deinen Informationen ganze, zusammenhängende Sätze.
   – Beachte, dass du Verlaufsformen deutlich machst: Was geschah wann und wo? Wie hingen die Ereignisse zusammen und warum geschah es? Achte auf die Chronologie der Ereignisse.
6. Schluss
   – Fasse das Wichtigste kurz zusammen.

• Über ein historisches Ereignis erzählen

Erzählen im ursprünglichen Sinn
Aus Quellen werden Ereignisse entnommen und in einer zusammenhängenden Geschichte erzählt.

Fiktionales Erzählen
Unter Einbeziehung von Fiktionen, also etwas Erfundenem (z. B. aus Sicht einer erfundenen Person), wird das historische Geschehen auf der Grundlage von Quellen erzählt.

• Ein historisches Ereignis nacherzählen

Nacherzählen

Eine bereits dargestellte und rekonstruierte Geschichte (aus Darstellungen, Dokumentationen, historischen Spielfilmen, Hörspielen usw.) wird wiederholend erzählt.

• Einen Podcast erstellen

Das Medium kennenlernen

1. Sucht im Internet nach verschiedenen Podcasts und hört euch diese an.

Das Thema finden und den Schwerpunkt festlegen

2. Wie soll das Thema eures Podcast lauten? Worüber wollt ihr mit eurem Podcast informieren?

Informationen sammeln und gliedern

3. Sucht nach Materialien, die ausreichend Informationen zu dem Thema liefern.
4. Fertigt eine Gliederung für euren Podcast an. Auf welche Aspekte wollt ihr eingehen?
5. Teilt die einzelnen Gliederungspunkte auf die Gruppenmitglieder auf.

Ein Skript für den Podcast erstellen

6. Erstellt zu jedem Gliederungsschwerpunkt eine historische Darstellung. Beachtet dazu die historischen Verlaufsformen.

Einsprechen des Podcast

7. Bevor ihr den Podcast aufnehmt, solltet ihr ihn einmal vollständig durchsprechen.

Aufnehmen des Podcast

8. Nehmt den Podcast auf (z. B. mit einem Smartphone oder Computer) und präsentiert ihn in der Klasse.

Unterrichtsmethoden

Die Kugellager-Methode

- Setzt oder stellt euch paarweise in einem Innen- und Außenkreis gegenüber.
- In einem vorher festgelegten Zeitrahmen tauscht ihr euch mit eurem Gegenüber über ein vorher festgelegtes Thema aus.

- Auf ein vereinbartes Zeichen der Lehrkraft dreht sich der Innenkreis im Uhrzeigersinn zwei Plätze weiter. Dort findet der Austausch mit dem neuen Partner statt.
- Für einen erneuten Partnerwechsel dreht sich auf das Signal der Lehrkraft der Außenkreis gegen den Uhrzeigersinn zwei Plätze weiter.

- Nach mehreren Runden könnt ihr eure Ergebnisse gemeinsam auswerten.

Tipp: Schafft Platz, sodass ihr genug Abstand zu den anderen Paaren habt. Ihr könnt Tische und Stühle an den Rand schieben oder vielleicht auf den Schulhof gehen.

Einen Kurzvortrag halten

- Vorbereitung: Sammle und ordne alle Informationen zu deinem Thema (z. B. in einer Mind-Map).
- Entwickle eine Ordnung für deinen Vortrag: Lege zu jedem Hauptpunkt eine Karteikarte mit den wichtigsten Informationen an und nummeriere die Karteikarten in einer sinnvollen Reihenfolge.

- Überlege dir einen interessanten Einstieg und Schluss für deinen Vortrag.
- Versuche, möglichst frei vorzutragen. Sprich laut, deutlich und nicht zu schnell.
- Schau dein Publikum an. So siehst du auch, wenn es Zwischenfragen gibt.

- Unterstütze deinen Vortrag durch Anschauungsmaterial (Bilder, Grafiken, Gegenstände).

Ein gutes Lernplakat gestalten

- Verwende für das Plakat mindestens die Größe DIN A2, besser DIN A1 (= 8 DIN-A4-Blätter).
- Beschränke dich auf die wesentlichen Informationen.
- Die Informationen auf dem Plakat müssen sachlich stimmen (z. B. richtige Jahreszahlen).

- Das Thema des Plakats muss deutlich zu lesen sein.
- Schreibe in Stichpunkten oder in kurzen Sätzen.
- Unterstreiche Schlüsselbegriffe oder rahme sie ein.
- Verwende für die Schrift einen schwarzen oder dunkelblauen Stift. Andere Farben eignen sich für Pfeile, Linien oder Hervorhebungen.

- Achte auf die Lesbarkeit der Schrift (Größe und Ordnung). Du kannst Hilfslinien mit Bleistift zeichnen und später wegradieren.
- Gliedere deine Informationen durch unterschiedliche Schriftgrößen. Verwende Ordnungszahlen, wenn du eine bestimmte Reihenfolge darstellen möchtest.

4

Eine Mind-Map anfertigen

- Werte Materialien (Bilder, Texte) zunächst aus, bevor du mit der Mind-Map anfängst. Sammle deine Ergebnisse in Stichpunkten.

- Schreibe das Thema in die Mitte des Blattes.
- Überlege dir eine Struktur für die Mind-Map: Finde zunächst Schlüsselbegriffe, die du auf die großen Äste schreibst.

Tipp: Mind-Maps werden meist im Uhrzeigersinn gelesen. Bedenke das bei deinem Aufbau.

- Gruppiere die zugehörigen Stichpunkte, Wörter und Namen. Gehe vom Abstrakten zum Konkreten.
- Beschränke dich auf 4–6 Hauptäste, um die Mind-Map übersichtlich zu halten.
- Mache Verbindungen innerhalb der Mind-Map mit Pfeilen deutlich.
- Arbeite mit Symbolen (z. B. Blitz für Konflikte). Gib den Ästen unterschiedliche Farben.

5

Ein Rollenspiel durchführen

- **Ausgangslage festhalten:** Fertigt eine Situationskarte und mehrere Rollenkarten an. *Situationskarte:* Kurze Beschreibung, welche Situation nachgespielt werden soll. Welche Probleme sind zu lösen? *Rollenkarte:* Je eine für die dargestellten Personen und für die Beobachter. Auf den Karten sind Tätigkeit, Eigenschaften, Verhalten und die Ziele der Personen notiert.

- **Rollen verteilen:** Vorgaben der Rollenkarten beachten, eigene Vorstellungen dürfen aber auch eingebracht werden.
- **Spiel vorbereiten:** Die Spielerinnen und Spieler heften sich ein Schild mit ihrer Rollenkennzeichnung an. Sie besprechen die Situation (Situationskarte) und die Rollen (Rollenkarten) untereinander.
- **Spiel durchführen:** Spielbeobachter machen sich wäh-

rend des Spiels Notizen zu den einzelnen Rollen.
- **Spiel auswerten:** Die Beobachter bewerten das Spiel und begründen ihre Meinung. Wurden die Rollen glaubhaft gespielt? Welche Argumente wurden genannt? Passten sie in die Situation und die Zeit? Was war gut, was könnte verbessert werden?

6

Ein Placemat gestalten (Gruppenarbeit für 4 Personen)

- Findet euch in Vierergruppen zusammen.
- Nehmt ein DIN-A2- oder DIN-A3-Blatt und zeichnet folgendes Schema darauf:

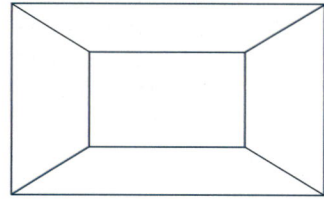

- Legt es auf den Tisch. Vor jeder weißen Fläche sitzt einer aus eurer Gruppe.
- Es wird ein Thema gestellt. Jeder notiert in der festgelegten Zeit (ca. 5 min), was er darüber weiß, wissen möchte und welche Ideen er dazu hat.
- Dreht das Blatt, sodass jeder lesen kann, was die anderen aufgeschrieben haben. Stellt Fragen zum Verständnis (ca. 5 min).

- Entscheidet am Ende als Gruppe, welche der Notizen ihr als Ergebnis in die Mitte des Blattes schreiben wollt. Einigt euch auf 4–6 Stichpunkte (ca. 10 min).
- Präsentiert euer Ergebnis anschließend der Klasse.

Eine Podiumsdiskussion durchführen

- **Rollen verteilen:** Die Teilnehmerinnen und Teilnehmer der Podiumsdiskussion übernehmen eine Rolle und vertreten diese argumentativ in der Diskussion. Eine Person übernimmt die Rolle des Moderators oder der Moderatorin. Der Rest der Klasse beobachtet das Geschehen als Zuschauerinnen und Zuschauer. Sie machen sich zu dem Gesagten Notizen.

- **Podiumsdiskussion durchführen:** Der Moderator eröffnet die Diskussion und stellt die einzelnen Teilnehmerinnen und Teilnehmer vor. Jeder hat die Möglichkeit, ein kurzes Statement abzugeben. Anschließend kommt es zur Eröffnung der Diskussion, bei der die Teilnehmerinnen und Teilnehmer alle weiteren Argumente austauschen. Es dürfen unter Umständen auch persönliche Meinungen in die Argumentation einfließen. Im Idealfall antworten die Teilnehmerinnen und Teilnehmer auf jedes Argument eines anderen Teilnehmers oder einer anderen Teilnehmerin mit einem Gegenargument. Zum Schluss schließt der Moderator die Diskussion und eröffnet den Zuschauern die Möglichkeit, Fragen zu stellen oder ebenfalls kurze Statements abzugeben.

- **Podiumsdiskussion auswerten:** Die Podiumsdiskussion wird gemeinsam bewertet. Sind alle Rollen glaubhaft gespielt? Wurden alle Argumente vorgebracht? Sind die Argumente nachvollziehbar und schlüssig? Gibt es weiteren Diskussionsbedarf oder offene Fragen?

Lexikon

Im Lexikon findest du Fremdwörter, Personen, historische Begriffe und Ereignisse, die in den Texten dieses Buches vorkommen. Viele sind dort mit einem * versehen. Bei Fachbegriffen, die schon vorne im Buch erläutert werden, verweist das Lexikon auf die entsprechende Seite.

A

Achsenmächte, während des Zweiten Weltkrieges Bezeichnung für das Deutsche Reich und seine Bündnispartner, insbesondere Italien und Japan.

Alldeutscher Verband, politische Bewegung, die Ende des 19. Jh. gegründet wurde. Sie vertrat ein starkes Nationalbewusstsein und imperialistische Ziele. Aggressiver Nationalismus sollte die Bedeutung Deutschlands steigern.

Annexion, Bezeichnung für die gewaltsame und widerrechtliche Aneignung, den Anschluss oder die Unterwerfung eines fremden Gebiets oder staatlichen Territoriums.

Antisemitismus, neue Judenfeindlichkeit seit dem 19. Jahrhundert. Sie knüpfte an die religiöse und soziale Judenfeindschaft des Mittelalters an. Neu war das völkisch-rassische Denken: Juden wurden mit scheinwissenschaftlichen Behauptungen als „minderwertig" und gefährlich diskriminiert. Der → rassistische Antisemitismus war Bestandteil der NS-Ideologie.

Appeasement (to appease = beschwichtigen), Politik der Beschwichtigung durch Nachgeben im Konfliktfall. Der Begriff meint besonders die britische Außenpolitik gegenüber Hitler. Großbritannien hoffte, durch Zugeständnisse den Frieden in Europa zu erhalten. Höhepunkte der Appeasement-Politik waren das Münchner Abkommen 1938 und die Hinnahme der deutschen Besetzung der Tschechoslowakei 1939.

Arbeiter- und Soldatenräte, Vereinigung von Arbeitern und Soldaten. Sie übernahmen während der Novemberrevolution ab 9. November 1918 die Macht in deutschen Fabriken und Kasernen. Mit dem Ende der Revolution lösten sie sich auf.

„Arisierung", nationalsozialistischer Begriff: Verdrängung der Juden aus dem Berufs- und Wirtschaftsleben durch Gesetze. Durch die Verordnung zur „Arisierung" (26. April und 12. November 1938) wurde jüdisches Eigentum in „arische Hände" überführt. Es erfolgte ein Zwangsverkauf zu Niedrigpreisen oder entschädigungslose Enteignung. Nutznießer der Arisierung waren die Staatskasse und Nichtjuden.

Atlantik-Charta, am 14. August 1941 von dem britischen Premierminister Churchill und dem amerikanischen Präsidenten Roosevelt beschlossene Erklärung der gemeinsamen Kriegs- und Nachkriegspolitik, die zu einem Grunddokument der UNO wurde. Sie forderte u. a. Verzicht auf Gebietsgewinn, Anerkennung des Selbstbestimmungsrechts der Völker über ihre Regierungsform, Gleichberechtigung im Welthandel, Freiheit der Weltmeere, Verzicht auf Waffengewalt.

Autarkie, bedeutet die wirtschaftliche Unabhängigkeit eines Landes. Es kann sich selbst versorgen und ist nicht von anderen abhängig.

Autonomie, Bezeichnung für den Zustand der Selbstbestimmung. Ein autonomer Staat ist von anderen Staaten unabhängig (Souveränität). Er verwaltet sich selbst und ist in seinen Entscheidungen frei.

autoritäres Regime, Regierungsform, bei der nicht der Wille der Mehrheit zählt, sondern der eines Einzelnen oder einer Gruppe. Anders als in einem → totalitären Staat gibt es noch vom Staat unberührte – meist private – Bereiche. Konflikte werden nicht offen ausgetragen, sondern durch Anordnungen beseitigt oder verdeckt. Meist gibt es eine kleine privilegierte Gesellschaftsschicht (z. B. Offiziere, Unternehmer).

B

Balkan, ein Gebirge in Südosteuropa. Staaten, in denen das Gebirge liegt oder die daran angrenzen, werden als „Balkanstaaten" bezeichnet. Zu ihnen gehören heute Kroatien, Bosnien und Herzegowina, Serbien, Bulgarien, Mazedonien, Albanien und Griechenland.

Bolschewiki und Menschewiki, russisch „Mehrheitler" und „Minderheitler", Fraktionen, die aus der Spaltung der Russischen Sozialdemokratischen Partei 1903 hervorgingen. Die Bezeichnungen sind irreführend, denn die Menschewiki waren viel zahlreicher. Sie wollten eine parlamentarische Demokratie. Die Bolschewiki unter Lenin wollten eine Revolution und waren strikt gegen die Zusammenarbeit mit anderen Parteien. Sie verstanden sich als „Kaderpartei" (Kader = geschulte Führungskräfte) mit strenger Hierarchie. Die Bolschewiki wollten alle Gesellschaftsbereiche durchdringen, um die Massen zum Sozialismus zu führen.

Bolschewismus, politisches System der Bolschewiki in der UdSSR. Kennzeichen: Diktatur einer Parteielite, Terror und ein Unterdrückungsapparat. Seit den 1930er Jahren war der Begriff „Bolschewismus" im Westen negativ besetzt. Man verwendete ihn im Dritten Reich, um den Kommunismus insgesamt zu verurteilen.

Bruttosozialprodukt (Bruttonationaleinkommen), Summe aller Güter und Dienstleistungen eines Landes innerhalb eines Zeitraums – also das gesamte „Einkommen" eines Staates. Es steigt, wenn mehr Menschen Arbeit haben und Leistungen erwirtschaften. Deshalb ist es ein Messwert für wirtschaftlichen Erfolg.

Bündnissystem, Abkommen und Verträge, die dazu dienen, einen Kriegsfall zu verhindern bzw. in einem Kriegsfall den jeweiligen Bündnispartner dazu zu verpflichten, ihm beizustehen oder neutral zu bleiben. Berühmt wurde das Bündnissystem von Reichskanzler Bismarck, das aus wechselnden Bündnissen mit verschiedenen Nationen bestand. Bismarck wollte damit einerseits die Macht des Deutschen Reichs sichern, andererseits den europäischen Mächten die Angst vor einem erstarkten Deutschland nehmen.

„Burgfrieden", ursprünglich Bereich um eine Burg, in der keine feindlichen Handlungen ausgeführt werden durften. In der Politik Zurückstellen innenpolitischer Konflikte und wirtschaftlicher Auseinandersetzungen zugunsten eines gemeinsamen Zieles. Im Ersten Weltkrieg gab die SPD ihre antimilitaristische Haltung auf und unterstützte die Kriegsziele des Deutschen Reichs. Der Regierung war es gelungen zu überzeugen, dass das Kaiserreich sich in einem Verteidigungskrieg gegen Russland befände. Für die SPD war die Zarenherrschaft schon lange ein Symbol für Unterdrückung. Daher stimmten auch sie den zur Kriegsführung benötigten Kriegskrediten zu.

D

Deportation, Zwangsverschleppung von ausländischen Arbeitskräften, politischen Gegnern oder feindlichen Bevölkerungsgruppen, etwa unter Stalin oder in der NS-Zeit.

Deutscher Flottenverein, wurde 1898 gegründet; trat für Weltmachtpolitik Deutschlands ein und versuchte die öffentliche Meinung dafür zu gewinnen. Der Verein war überzeugt, dass eine starke Flotte wichtig sei für die nationale Größe, militärische Stärke und für den wirtschaftlichen Wohlstand. Nach dem Ersten Weltkrieg wurde der Flottenverein 1919 in „Deutscher Seeverein" umbenannt. Er bestand bis zu seiner Auflösung durch die Nationalsozialisten im Jahr 1934.

Diktatur (lat. dictatura), bezeichnet ein Herrschaftssystem, in dem eine einzelne Partei oder eine Person als Führer (Diktator) alles bestimmt. Diktatoren bringen sich meistens selbst gewaltsam an die Macht. In Diktaturen gibt es keine Gewaltenteilung, keine Grundrechte und eine staatliche Überwachung aller Lebensbereiche, oft verbunden mit Einschüchterung und Gewalt. Eine Diktatur ist das Gegenteil einer Demokratie.

Diskriminierung (lat. discriminare = abgrenzen, unterscheiden), Benachteiligung und Herabwürdigung von Gruppen oder Personen aufgrund von Hautfarbe, Geschlecht, Religion, Abstammung, politischer oder sexueller Orientierung, sozialer Herkunft usw. Diskriminierung geschieht z. B. durch Benachteiligung bei der Teilnahme am öffentlichen Leben, bei der Ausbildung, Berufsausübung oder Entlohnung.

Displaced Persons („verschobene Personen"), Begriff der Alliierten im Zweiten Weltkrieg, meint Zwangsarbeiter und KZ-Häftlinge, die 1939–1945 durch Deutschland und seine Verbündeten verschleppt oder zum Verlassen ihrer Heimat gezwungen wurden. Nach dem Krieg wanderten viele jüdische „DPs" nach Palästina aus.

„Drittes Reich", nationalsozialistische Bezeichnung für Deutschland 1933–1945. Der Begriff soll eine Beziehung zu den zwei vorherigen Reichen herstellen: dem Heiligen Römischen Reich Deutscher Nation (962–1806) und dem deutschen Kaiserreich (1871–1918). Das „Dritte Reich" sollte laut NS-Propaganda die deutsche Geschichte vollenden.

DNVP, siehe S. 68

DVP, siehe S. 68

E

Ebert-Groener-Pakt, Vereinbarung zwischen Friedrich Ebert (SPD-Vorsitzender, Mitglied des Rates der Volksbeauftragten) und General Wilhelm Groener, Chef der Obersten Heeresleitung, während der Novemberrevolution 1918. Der Pakt regelte das gemeinsame Vorgehen gegen linksradikale Gruppen, die die Revolution fortsetzen wollten. Groener wollte die Armee schützen, sie möglichst rasch nach Deutschland zurückholen und integrieren. Die SPD wollte eine parlamentarische Demokratie schaffen.

Einsatzgruppen, Sondereinheiten aus Polizei, → Gestapo und SS, unterstellt dem „Reichsführer SS" Heinrich Himmler. In Osteuropa ermordeten sie ab 1939 systematisch die jüdische Bevölkerung, Roma, polnische Intellektuelle, Kranke und Behinderte. Einsatzgruppen hatten eine Stärke von einigen hundert Mann und führten meist Erschießungen durch. Ab 1942 wurden sie durch Vernichtungslager „abgelöst".

„Ermächtigungsgesetz", das nationalsozialistische „Gesetz zur Behebung der Not von Volk und Reich" vom 23. März 1933. Es hob die Gewaltenteilung auf. Die NS-Regierung erhielt dadurch unumschränkte Macht und konnte selbst Gesetze erlassen. Sie war nicht mehr an das Parlament gebunden. Staatliche Willkür wurde möglich.

Erster Weltkrieg (1914–1918), unterschied sich grundlegend von bisherigen Kriegen durch die Zahl der Opfer, das Ausmaß der Zerstörung, die territoriale Ausdehnung, die Millionenheere und den gewaltigen Materialeinsatz. Unmittelbarer Kriegsanlass: Attentat auf den Thronfolger Österreich-Ungarns in Sarajewo. Ursachen des Krieges: machtpolitische Gegensätze und Interessenskonflikte der europäischen Staaten; Rivalitäten zwischen den imperialistischen Großmächten. Hauptkriegsgegner: Mittelmächte (Deutschland, Österreich, Osmanisches Reich) und Entente (Großbritannien, Frankreich, Russland). Der Eintritt der USA auf Seiten der Entente 1917 veränderte das Kräfteverhältnis. Der Krieg endete mit den Pariser Friedensverträgen von 1919/20.

Eugenik (griech. = Lehre von der guten Erbveranlagung), auch „Rassenhygiene" genannt, Theorie vom Ende des 19. Jahrhunderts. Ziel war es, die Fortpflanzung „Erbgesunder" zu fördern (positive Eugenik) und die Fortpflanzung „Erbkranker" zu verhindern (negative Eugenik). Sie wurde von den Nationalsozialisten während der → Euthanasie umgesetzt.

„Euthanasie" (griech. = leichter, schöner Tod), Sterbehilfe, bei den Nationalsozialisten: bewusste Herbeiführung des Todes, Vernichtung angeblich „lebensunwerten" Lebens von Behinderten und Kranken. Während der „Aktion T4" ermordeten deutsche Ärzte über 70 000 Menschen, bis die Tötungen 1941 aufgrund von Kirchenprotesten gestoppt wurden. Im besetzten Osteuropa gingen die Morde an kranken KZ-Häftlingen, auch an Kindern, bis zum Kriegsende weiter.

Exekutive, die ausführende der drei Staatsgewalten (→ Judikative und → Legislative). In einer Demokratie sind dies die vom Volk frei gewählte Regierung und ihre zahlreichen Ausführungsorgane wie die Polizei oder die verschiedenen Ämter.

F

Faschismus, ursprünglich Bezeichnung für das Herrschaftssystem Italiens unter Benito Mussolini; „fasces" = Rutenbündel mit einem Beil, Machtsymbol der höchsten römischen Beamten. Merkmale des Faschismus: antidemokratische, antisozialistische, antikirchliche und nationalistische Einstellung. Die Nationalsozialisten bezeichneten sich selbst nicht als Faschisten, weil sie eine deutsche und keine internationale Bewegung sein wollten. In sozialistischen Ländern nannte man dagegen alle antikommunistischen Parteien und Regierungen „faschistisch".

Freikorps, Freiwilligenverbände ehemaliger Frontsoldaten des Ersten Weltkrieges. Sie sahen durch Kriegsende und Revolution keine Chance für eine gesicherte Zukunft. Freikorps bekämpften im Auftrag des „Rates der Volksbeauftragten" und der Reichsregierung die linksradikalen Aufstände von 1923. Ihre Mitglieder wurden allmählich in die Reichswehr überführt.

Föderalismus, Bundesstaat mit weitgehender Eigenständigkeit der einzelnen Staaten, z. B. Bundesrepublik Deutschland, USA, Republik Österreich, Schweiz.

Führer, vom → Faschismus und Nationalsozialismus geprägter Begriff, meint im Dritten Reich die Person Adolf Hitlers. Der „Führer" vereint in sich die oberste vollziehende, gesetzgebende und richterliche Gewalt und kennt keine Gewaltenteilung; er bedarf keiner Legitimation und verlangt unbedingten Gehorsam. Seine Person wird kultisch verehrt. Der „Führerstaat" funktioniert nach dem „Führerprinzip": Autorität wird in der Staats- und Parteiorganisation von oben nach unten ausgeübt, Verantwortung nach oben abgegeben.

G

Generalstreik, schärfste Form des Streiks. Ein Großteil der Arbeitnehmer legt die Arbeit nieder und stoppt so das wirtschaftliche Leben eines Landes. Dadurch wird der Streik zum wirkungsvollen politischen Druckmittel.

Gestapo, Geheime Staatspolizei, nationalsozialistische Behörde zur Verfolgung von Regimegegnern, Juden und anderen Opfern, gegründet 1933. Sie war maßgeblich auf Spitzel und Verräter in der Bevölkerung angewiesen und beteiligte sich ab 1941 an den Massenmorden der → Einsatzgruppen.

Gleichschaltung, siehe S. 119

H

Hindenburg, Paul von (1847–1934), im Ersten Weltkrieg Generalfeldmarschall, übte ab 1916 die oberste Regierungsgewalt aus; in der Weimarer Republik 1925 zum Reichspräsidenten gewählt. Er entschied mit Notverordnungen am Parlament vorbei und ernannte 1933 Adolf Hitler zum Reichskanzler. Seine militärischen Erfolge sind umstritten, er gilt als Wegbereiter der Diktatur.

Hitler-Stalin-Pakt, Nichtangriffspakt vom 23. August 1939 zwischen dem Deutschen Reich und der Sowjetunion. Hitler wollte damit die Sowjetunion als Kriegsgegner ausschließen. Die Sowjetunion sagte zu, wichtige Erze und Rohstoffe zu liefern, die Deutschland für die Kriegsführung benötigte. In einem geheimen Zusatzprotokoll verständigten sich beide Länder über die Aufteilung Polens im Kriegsfall.

I

Ideologie, Denkrichtung und umfassende Deutung gesellschaftlich-politischer Verhältnisse und historischer Entwicklungen. Die Deutung ist einseitig und verzerrt; sie dient den Interessen bestimmter Gruppen und soll bestehende Verhältnisse begründen und rechtfertigen.

Imperialismus, Herrschaft eines industrialisierten Staates über weniger entwickelte Länder. In der Epoche des Imperialismus (1880–1914) betrieben die Großmächte aggressiven Nationalismus und Expansion. Imperiale Herrschaft wurde direkt oder indirekt ausgeübt, also durch Besetzung oder Kontrolle von einheimischen Regierungen.

Infanterie, Bezeichnung für eine militärische Truppeneinheit (Regiment), die aus zu Fuß kämpfenden Soldaten besteht.

Inflation, siehe S. 60

J

Juden(tum), Bezeichnung für die jüdische Religion, Tradition, Philosophie und die Gesamtheit der Juden; erste monotheistische Religion. Die Heilige Schrift der Juden ist die Thora (hebr. = Lehre). Das sind die fünf Bücher Mose, die dem Volk der Juden von Gott übergeben wurden. Der Ort des jüdischen Gottesdienstes ist die Synagoge.

K

Kapitalismus, Wirtschafts- und Gesellschaftsordnung, bei der private Unternehmer nach Gewinn streben. Ihnen gehören Fabriken oder Land. Der Markt bestimmt über Angebot und Nachfrage, Preise und Löhne. Anders in der sozialen Marktwirtschaft: Hier greift der Staat regulierend ein.

Klasse, große Gruppe einer Gesellschaft mit jeweils übereinstimmenden Lebenschancen auf dem Arbeitsmarkt, z. B. Arbeiter.

Klassengesellschaft, Begriff aus dem 19. Jahrhundert, den man in Verbindung mit dem Sozialismus gebraucht. Man versteht darunter eine Gesellschaft, die sich in eine besitzende und eine besitzlose Klasse teilt. Die Besitzenden nannte man Kapitalisten, die Besitzlosen Proletarier.

Koalition (lat. = Vereinigung), politischer Zusammenschluss von zwei oder mehr Parteien, um gemeinsam zu regieren. Sie ist nötig, wenn eine Partei allein keine Mehrheit erreicht.

Kolonialismus, Errichtung von Handelsstützpunkten und Siedlungskolonien in wenig entwickelten Ländern, vor allem außerhalb Europas, seit dem Ende des 15. Jahrhunderts; später Inbesitznahme der Länder durch die überlegenen Staaten. Der Kolonialismus hatte vor allem wirtschaftliche und militärische Ziele.

Kommunismus, siehe S. 37

konservativ (lat. conservare = bewahren), Bezeichnung für politische und soziale Bewegungen seit dem 19. Jahrhundert. Konservative wollen den gegenwärtigen Zustand der Gesellschaft erhalten oder einen älteren wiederherstellen. Sie glauben an Autorität, Traditionen, Privateigentum und akzeptieren oder rechtfertigen Ungleichheit. In der Weimarer Republik galt z. B. die DNVP als konservativ (siehe S. 49), in der Bundesrepublik die CDU. Gegensätzliche Bewegungen sind → Liberalismus und → Sozialismus.

Kontroverse, Bezeichnung für eine Meinungsverschiedenheit oder eine Auseinandersetzung zu einer übergeordneten Frage.

Konzentrationslager, zur Zeit des Nationalsozialismus (1933 bis 1945) ein Lager, in dem Gegner des nationalsozialistischen Regimes und Angehörige von minderwertig erachteten Völkern oder auch politische Gegner unter menschenunwürdigen Bedingungen gefangen gehalten wurden. Viele wurden in den Lagern planmäßig getötet.

KPD, siehe S. 68

L

Liberalismus, ist eine Einstellung, die großen Wert auf Freiheit in Staat und Gesellschaft liegt. Der Mensch und seine Rechte stehen im Vordergrund. Der Staat soll die Bürger schützen und die Ordnung aufrechterhalten. Liberale setzen sich für Gewaltenteilung, einen Rechtsstaat und Pressefreiheit ein.

M

Markt, Ort, an dem Waren und Dienstleistungen (z. B. Friseurbesuch, Taxifahrt) gegen Zahlungsmittel getauscht werden. Angebot und Nachfrage bestimmen Preise und Löhne. Der Staat kann regulierend eingreifen, indem er z. B. Höchstpreise oder Mindestlöhne festsetzt.

Materialschlacht, Bezeichnung für eine Schlacht, in der große Mengen an Kriegstechnik (Waffen, Munition, Panzer, Flugzeuge) zum Einsatz kommen. Durch die technische Entwicklung um 1900 gab es im Ersten Weltkrieg zum ersten Mal große Materialschlachten. Sie zeichneten sich durch eine lange Dauer (Stellungskrieg) und sehr hohe Opferzahlen unter den Soldaten aus.

Mechanisierung, Einsatz technischer Hilfsmittel, um anstrengende oder gefährliche Arbeiten durch Maschinen ausführen zu lassen und mehr zu produzieren. Die menschliche Arbeitskraft wird ersetzt durch Maschinen.

Menschenrechte, Idee seit der Aufklärung im 18. Jahrhundert, dass jeder Mensch unantastbare Rechte besitzt: Recht auf Leben, Glaubens-, Meinungs- und Versammlungsfreiheit, freie Wahl des Wohnorts, persönliche Sicherheit und Eigentum; Recht auf Widerstand bei Verletzung der Grundrechte. Im 20. Jahrhundert kamen soziale Rechte wie das Recht auf Arbeit und Bildung hinzu.

Menschewiki → Bolschewiki und Menschewiki

Militarismus, Vorrang militärischer Werte und Ideale in einer Gesellschaft: Glaube an das „Recht des Stärkeren" und die Unvermeidbarkeit von Kriegen als Mittel der Politik. Rüstungs- und Verteidigungspolitik haben Vorrang. Militärische Tugenden wie Gehorsam und Disziplin bestimmen die Erziehung.

Mittelmächte, Bezeichnung für ein Militärbündnis der kriegführenden Parteien im Ersten Weltkrieg, Deutsches Reich und Österreich-Ungarn. Diese Bezeichnung rührt von der geografischen Lage dieser beiden Staaten in der Mitte Europas her. Später schlossen sich dem Bündnis noch Bulgarien und das Osmanische Reich an.

MSPD (Mehrheitssozialdemokratische Partei Deutschlands), Name der Sozialdemokratischen Partei Deutschlands (SPD) von 1917 bis 1922. Die SPD hatte sich 1917 wegen der Kriegspolitik im Ersten Weltkrieg in zwei Flügel gespalten: → USPD und MSPD.

N

Nationalsozialismus, rechtradikale politische Bewegung und Ideologie, die 1933 in Deutschland zum Aufbau einer Diktatur und zum Verlust demokratischer Freiheiten führte. Kennzeichen: extremer Nationalismus, Streben nach „Lebensraum" für die Bevölkerung, Glaube an einen „Führer", Rassismus und Antisemitismus.

Notverordnung, durch die Weimarer Verfassung garantiertes Recht des Reichspräsidenten, ohne Einwilligung des Parlaments Regierungsverordnungen mit Gesetzeskraft zu erlassen, die einzelne Grundrechte vorübergehend außer Kraft setzen können.

P

Panslawismus, Bewegung im 19. Jh., die den kulturellen und politischen Zusammenschluss aller slawischen Völker anstrebte. Russland nutzte den Panslawismus, um seinen Einfluss auf dem → Balkan auszuweiten.

Parlament (franz. parler = reden), Bezeichnung für eine Volksvertretung, die aus einer oder zwei Kammern besteht. Das erste Parlament entstand in England im ausgehenden 13. Jh. als eine Folge der Magna Charta von 1215. Die Königsmacht wurde durch diese Versammlung eingeschränkt.

Parlamentarismus, Bezeichnung für eine demokratische Regierungsform. Im Parlamentarismus ist die Regierung dem Parlament verantwortlich.

Parlamentarische Demokratie, Republik mit einem gewählten Präsidenten als Staatsoberhaupt. Die Gesetzgebung liegt beim Parlament. Die Regierung wird vom Präsidenten ernannt, muss aber im Parlament Mehrheiten gewinnen, um ihre Politik umzusetzen.

Partei (lat. pars = der Teil), politischer Zusammenschluss von Menschen mit ähnlichen Zielen und Wertvorstellungen, die sie gemeinsam durchsetzen wollen, z.B. Liberale oder Sozialisten.

Pogrom (russ. = Krawall, Zerstörung), ursprünglich Judenverfolgungen in Russland; heute gewaltsame Ausschreitung gegen jede Minderheit, besonders gegen Juden, oft verbunden mit Plünderung und Mord.

Präsidialkabinett, Bezeichnung für eine Regierung in der Endphase der Weimarer Republik, die allein vom Vertrauen des Reichspräsidenten abhängig war. Der Reichspräsident konnte Notverordnungen als Gesetze erlassen (Artikel 48). Wenn das Parlament die Rücknahme der Notverordnung verlangte, konnte er den Reichstag auflösen (Art. 25) und Neuwahlen herbeiführen.

Propaganda, siehe S. 29

Proletarier/Proletariat, durch Karl Marx geprägter Begriff, er meint die Klasse der Lohnarbeiter in einer industrialisierten Gesellschaft. Sie besitzen nichts außer ihre Nachkommen (= lat. proles), verfügen über keine Produktionsmittel wie Maschinen oder Fabriken und müssen vom Verkauf ihrer Arbeitskraft leben.

Protektorat, ein Staat, der unter „Schutzherrschaft" eines anderen Staates steht.

R

Rassismus/Rassenlehre, Einteilung und Bewertung von Menschen aufgrund ihrer äußeren biologischen Merkmale (Hautfarbe) oder ihrer Abstammung. Bestimmten „Rassen" werden bestimmte Eigenschaften zugeschrieben. Sie gelten als höher- oder minderwertig. Die eigene „Rasse" wird verherrlicht, andere aggressiv abgelehnt. Rassisten schüren Angst vor der „Vermischung" oder „Überfremdung" der Bevölkerung. Seinen Höhepunkt fand der Rassismus im nationalsozialistischen Rassenwahn.

Reichsarbeitsdienst (RAD), halbjährlicher Arbeitsdienst in der NS-Zeit, ab 1935 für alle Männer zwischen 18 und 25 Jahren verpflichtend; ab 1939 auch für Frauen. Die Männer dienten meist in Bau- und Instandsetzungstrupps für die Wehrmacht, die Frauen übernahmen karitative Aufgaben oder halfen in der Landwirtschaft.

Reichsnährstand, nationalsozialistische Organisation; darin wurden im Zuge der → Gleichschaltung alle Bauern, Landwirtschaftsbetriebe und -verbände zwangsvereinigt. Als oberste Behörde regelte sie alle Bereiche der Landwirtschaft, z.B. Produktion, Vertrieb und Preise. Die Bauern sollten so viel produzieren, dass das Reich nicht von Einfuhren aus dem Ausland abhängig war (Autarkie).

Reparationen (lat. reparare = wiederherstellen), Entschädigung und Wiedergutmachung in Form von Geld oder Sachleistungen, die ein Staat einem anderen zahlen muss, z.B. nach einem verlorenen Krieg.

Republik (lat. res publica = Staat), Staatsform, in der eine Verfassung die Herrschaft regelt. Man verwendet den Begriff meist im Abgrenzung zur Monarchie, bei der die Erbfolge den Herrscher bestimmt. Eine Republik muss keine Demokratie sein. Es gibt verschiedene Formen der Republik, in denen z.B. das Parlament oder ein Präsident mehr Macht haben.

Republik, Staatsform, bei der die Macht vom Volk oder von Teilen des Volks ausgeübt wird. Der Gegensatz ist die Monarchie.

Rückversicherungsvertrag, ein 1887 abgeschlossenes geheimes Neutralitätsabkommen zwischen dem Deutschen und dem Russischen Reich.

Runen, Zeichen, die von den Germanen als Schrift genutzt wurden.

S

SA (Sturmabteilung), nationalsozialistische Kampforganisation, 1920 von der NSDAP zur Sicherung ihrer Parteiveranstaltungen gegründet. Vorbilder der SA kamen aus dem faschistischen Italien. Sie rekrutierte ihre Mitglieder überwiegend aus → Freikorps und Bürgerwehrverbänden. Nach 1921 wurde sie zur paramilitärischen Organisation umgeformt. Nun übte sie Gewalt und Terror gegen politischer Gegner und Juden aus. Nach der Machtübernahme Hitlers wurden SA-Männer als Wachpersonal in den ersten Konzentrationslagern eingesetzt.

Schlieffen-Plan, ein Plan des deutschen Generals Schlieffen im Ersten Weltkrieg. Im Plan war vorgesehen, dass die deutschen Truppen 1914 zu Kriegsbeginn rasch nach Westen vorstoßen sollten. Erst im Anschluss daran sollten die Truppen gegen Russland kämpfen.

Schutzhaft, beschönigende Bezeichnung der Nationalsozialisten für die unrechtmäßige Inhaftierung von Gegnern in Konzentrationslagern ab 1933. SA und SS verwendeten die „Schutzhaft" als Instrument des Terrors gegen sogenannte „Volksfeinde".

SD (Sicherheitsdienst), Geheimdienst der NSDAP, unterstand dem „Reichsführer SS" Heinrich Himmler. 1931 als Spionagedienst gegründet, beteiligte er sich ab 1939 aktiv an den Morden der → Einsatzgruppen.

Selbstbestimmungsrecht der Völker, Grundsatz des Völkerrechts: Anspruch einer Nation oder Bevölkerungsgruppe auf Unabhängigkeit. Das Selbstbestimmungsrecht wurde 1918 von US-Präsident Woodrow Wilson in seinem 14-Punkte-Programm formuliert und später von der UNO aufgegriffen.

Shoa (Holocaust), siehe S. 151

Sowjet (russ. = Rat), Bezeichnung für spontan gewählte Arbeiter- und Soldatenräte. Das Rätesystem ist eine Herrschaftsform der direkten Demokratie. Ein Arbeiterrat einer Stadt fasst z. B. Beschlüsse und führt sie zugleich aus. Bewaffnete Arbeitermilizen und Polizisten dienen als ausführendes Organ. Eine Gewaltenteilung gibt es nicht. Das Rätesystem hatte mit dem Bolschewismus ursprünglich nichts zu tun. Erst durch Lenins Motto „Alle Macht den Räten" benutzten die Bolschewiki die Räte zum Aufbau der „Diktatur des Proletariats".

Sozialismus, siehe Seite 37

SS (Schutzstaffel), nationalsozialistische Kampforganisation, gegründet 1925 als kleine Eliteeinheit zum Schutz Hitlers und anderer NSDAP-Funktionäre. 1934 übertrug Hitler ihr die alleinige Zuständigkeit für alle Konzentrationslager. Sie wurde zum Instrument des NS-Terrors. Später stellte sie mit der „Waffen-SS" eigene Truppenverbände auf – als Gegenpol zur Wehrmacht. Die SS war verantwortlich für eine Vielzahl grausamer Kriegsverbrechen in besetzten Ländern.

T

totaler Krieg, Vernichtungskrieg, der sich auch gegen die Zivilbevölkerung des Feindes richtet. Dafür werden alle Kräfte und Mittel des gesamten Volkes mobilisiert.

totalitärer Staat/Totalitarismus, wissenschaftlicher Begriff: eine totalitäre Herrschaft hebt die Trennung von Staat und Gesellschaft auf; der Staat greift in alle Bereiche des öffentlichen und privaten Lebens ein. Eine Ideologie benennt die Ziele des Staates, denen sich alle Individuen unterordnen müssen. Eine Einheitspartei kontrolliert sämtliche Lebensbereiche und steuert zentral die Wirtschaft. Widerstand wird gewaltsam unterdrückt. Als totalitäre Staaten gelten das Dritte Reich und die Sowjetunion unter Stalin. Die Theorie des Totalitarismus wird von manchen Forschern kritisiert, weil sie aus ihrer Sicht zwei ganz unterschiedliche Regime gleichsetzt und ihre Funktionsweise nicht ausreichend erklärt.

Triple Entente, war ein Militärbündnis zwischen Großbritannien, Frankreich und Russland. Es wurde 1907 geschlossen und entwickelte die vorhergehenden Bündnisse Entente cordiale 1904 (zwischen GB und F) und Zweiverband 1894 (zwischen R und F) weiter. Im Ersten Weltkrieg war die Triple Entente Gegner der Mittelmächte.

U

USPD (Unabhängige Sozialdemokratische Partei Deutschlands), war eine Abspaltung der Sozialdemokratischen Partei Deutschlands (SPD), – die zu dieser Zeit als → MSPD bezeichnet wurde. Die sozialistische Partei wurde während des Ersten Weltkrieges gegründet und existierte bis 1931.

V

Verfassung, Gesetzesdokument, das den Aufbau eines Staates festlegt. Die Verfassung bestimmt über Machtverteilung im Staat, Staatsgebiet, Rechte und Pflichten der Bürger. Eine Verfassung steht über anderen Gesetzen und ist oft nur schwer änderbar.

Völkerbund, erste internationale Organisation zur Sicherung des Weltfriedens, bestand 1920–1946. Vorläuferorganisation der UNO.

Völkermord, Bezeichnung für ein Verbrechen, bei dem eine bestimmte Volksgruppe oder eine ethnische Gruppe ermordet wird.

„völkisch", ein nationalsozialistischer Begriff. In der rassistischen NS-Ideologie wurde das deutsche Volk als eigene Rasse angesehen und „völkisch" bedeutete hiernach deutsch.

„Volksgemeinschaft", zentraler Begriff der Nationalsozialisten. Sie verstanden darunter eine „Blut- und Schicksalsgemeinschaft", in der alle Standesgegensätze, Parteien und Einzelinteressen aufgehoben werden sollten. Die Gemeinschaft sollte sich dem Willen des „Führers" unterordnen. Ausgeschlossen von der „Volksgemeinschaft" waren politische Gegner (Sozialisten, Kommunisten) und alle, die aus ideologischen und rassistischen Gründen ausgegrenzt wurden, z. B. die Juden.

Volksgerichtshof, Sondergericht der Nationalsozialisten für die Verurteilung politischer Gegner. Es sprach Urteile im Sinne der NS-Ideologie, ohne objektive Beweise und ohne angemessene Verteidigung für die Angeklagten.

W

Weimarer Koalition, als Weimarer Koalition bezeichnen Historiker das Bündnis aus Sozialdemokraten (SPD), liberalen Demokraten (DDP) und Zentrumspartei/Bayerische Volkspartei (BVP), das in den Anfangsjahren der Republik (1919–1921) regierte und eindeutig für die parlamentarische Demokratie eintrat.

Weltwirtschaftskrise, Krisenjahre nach 1929 und ihre wirtschaftlichen und politischen Folgen. Auslöser: geplatzte Börsenspekulationen von Kleinanlegern in den USA. Auswirkungen: hohe Arbeitslosigkeit, Elend und Not, politische Radikalisierung in der Weimarer Republik. Die Krise wurde durch soziale Reformen und Beschäftigungsmaßnahmen unter US-Präsident Roosevelt teilweise gelöst („New Deal").

Z

Zweiter Weltkrieg (1939–1945), Auslöser war Hitlers aggressive Expansionspolitik und sein Ziel „Lebensraum im Osten". Der Krieg begann am 1. September 1939 mit dem Überfall auf Polen und endete sechs Jahre später mit der Kapitulation Deutschlands am 8./9. Mai 1945 bzw. am 2. September mit der Kapitulation Japans. Der Zweite Weltkrieg war der verlustreichste Krieg in der Geschichte der Menschheit. Circa 65 Millionen Menschen starben, unter ihnen viele Zivilisten. Zu den schlimmsten Verbrechen gehörte der Holocaust, der sechs Millionen Juden das Leben kostete.

Register

Die mit einem * versehenen Begriffe
werden im Lexikon näher erklärt.

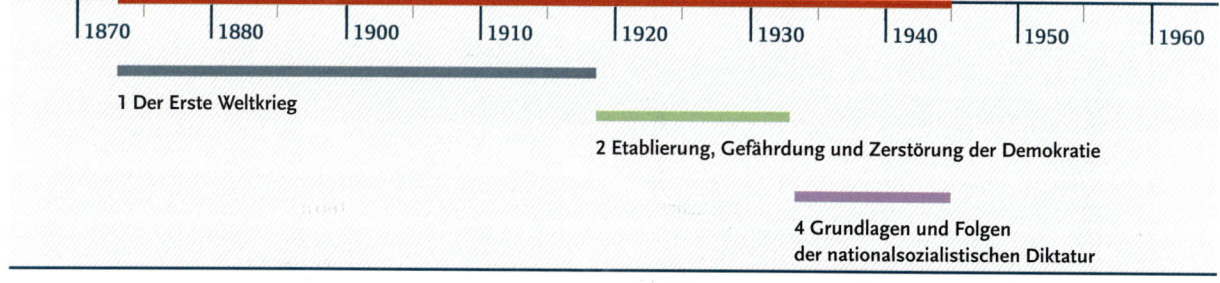

1 Der Erste Weltkrieg

2 Etablierung, Gefährdung und Zerstörung der Demokratie

4 Grundlagen und Folgen
der nationalsozialistischen Diktatur

Chronologische Übersicht

Um die Geschichte zu ordnen, haben Historiker die Vergangenheit in große Zeitabschnitte – Epochen genannt – eingeteilt. Aus der Sicht der Europäer hat sich die Einteilung in die drei großen Epochen **Antike**, **Mittelalter** und **Neuzeit** durchgesetzt. Außereuropäische Kulturen teilen die Vergangenheit aus der Sicht ihrer Geschichte ein.

1 Der Erste Weltkrieg

1873	Dreikaiserabkommen
1878	Berliner Kongress
1879	Gründung des Zweibund
1882	Gründung des Dreibund
1890	Flottenbauprogramm Wilhelms II., Entlassung Bismarcks
1912/1913	Balkankriege
1914	Attentat von Sarajewo, Beginn Erster Weltkrieg
1917	Kriegseintritt der USA, Oktoberrevolution in Russland
1918	Ende des Ersten Weltkrieges
1919	Versailler Friedensordnung, Gründung des Völkerbundes

2 Etablierung, Gefährdung und Zerstörung der Demokratie

1918	Novemberrevolution, doppelte Ausrufung der Republik
1923	Ruhrbesetzung, Hyperinflation, Hitlerputsch
1923–1929	Gustav Stresemann Außenminister
1925	Hindenburg wird Reichspräsident, Konferenz von Locarno
1926	Aufnahme Deutschlands in den Völkerbund
1929	Weltwirtschaftskrise
1930–1933	Präsidialkabinette, Aufstieg der NSDAP

4 Grundlagen und Folgen der nationalsozialistischen Diktatur

Januar 1933	Beginn der NS-Diktatur: Hitler wird Reichskanzler, Deutschland verlässt den Völkerbund, Beginn der Verdrängung der Juden aus dem Berufs- und Wirtschaftsleben
Februar 1933	Reichstagsbrand
März 1933	Neuwahlen, Ermächtigungsgesetz, erste KZs, Gleichschaltung der Länder
April 1933	Boykott jüdischer Geschäfte, Entlassung jüdischer Beamter
Juni 1933	Verbot und Auflösung aller Parteien
1934	Tod Hindenburgs, Hitler wird „Führer und Reichskanzler"
1935	Nürnberger Gesetze, Wiedereinführung der Wehrpflicht
1936	Hitlerjugend wird Staatsjugend, Olympische Spiele in Berlin, Vierjahresplan zur Aufrüstung
1938	Reichspogromnacht, Anschluss Österreichs und des Sudetenlandes
1939	Besetzung der „Rest-Tschechei", Hitler-Stalin-Pakt, Überfall auf Polen und Beginn Zweiter Weltkrieg
Juni 1941	Überfall auf die Sowjetunion
Herbst 1941	Beginn der Deportationen der europäischen Juden aus allen Gebieten unter deutscher Kontrolle in die Konzentrationslager
1942	Wannsee-Konferenz
1943	Niederlage der Wehrmacht bei Stalingrad
Juli 1944	Attentat auf Hitler
1945	Selbstmord Hitlers, Kapitulation, Atombomben auf Japan

Europa heute

Alb. = Albanien
And. = Andorra
BH. = Bosnien und Herzegowina
K. = Kosovo
Li. = Liechtenstein
Lib. = Libanon
Lux. = Luxemburg
Mc. = Monaco
Mol. = Moldawien
Mt. = Montenegro
Mz. = Mazedonien
Slw. = Slowenien
SM. = San Marino

500 km

Atlantischer Ozean

Europäisches Nordmeer

Barents-see

Island
Reykjavik

Färöer-Inseln

Irland
Dublin

Groß-britannien
London

Nordsee

Norwegen
Oslo

Schweden
Stockholm

Ostsee

Finnland
Helsinki

Estland
Tallinn

Lettland
Riga

Litauen
Wilna

Weiß-russland
Minsk

Russland

Dänemark
Kopenhagen

Nieder-lande
Amsterdam

Belgien
Brüssel

Lux.

Frankreich
Paris

Loire

Deutsch-land
Berlin

Elbe

Rhein

Li.

Polen
Warschau

Oder

Russland

Ukraine
Kiew

Dnjepr

Don

Wolga

Moskau

Russland

Schweiz
Bern

Bern

Österreich
Wien

Tschechien
Prag

Slowakei
Bratislava

Ungarn
Budapest

Mol.
Chisinau

Mc.

Italien
Rom

Korsika

Sardinien

Po

SM.

Slw.

Kroatien

BH.
Sarajevo

Mt.

K.

Serbien
Belgrad

Mz.

Alb.
Tirana

Rumänien
Bukarest

Donau

Bulgarien
Sofia

Griechen-land
Athen

Donau

Schwarzes Meer

Bosporus

Türkei
Ankara

Zypern
Nikosia

Kreta

Mittel-meer

Sizilien

Malta

Tunesien

Algerien

Marokko

Baleares

Spanien
Madrid

Tajo

Portugal
Lissabon

And.

Kaspisches Meer

Georgien

Armenien

Aser-baidschan

Iran

Irak

Tigris

Euphrat

Syrien

Lib.

Türkei

Kasachstan

Aral-see

Usbekistan

Turk-menistan

Ural

Ural

Ob

Wolga

Wolga

Exkursionsziele in Sachsen-Anhalt

Legend:
- NS-Gedenkstätte
- Synagoge
- Museum über jüdisches Leben

Map labels:

Niedersachsen

Salzwedel

A l t m a r k

Stendal

Gedenkstätte
Feldscheune Isenschnibbe
Gardelegen

Colbitz-
Letzlinger
Heide

Branden-

Berlin

Wolfsburg

Synagoge
Haldensleben

Potsdam

Brandenburg

Braun-
schweig

KZ-Gedenkstätte
Beendorf

burg

Wolfen-
büttel

Hohes
Holz

Magdeburg

Sachsen-
Anhalt

Oschersleben

Huy

Schönebeck

Zerbst

Fläming

Mahn- und
Gedenkstätte
Wernigerode

Berend Lehmann Museum
für jüdische Geschichte
und Kultur
Halberstadt

Gedenkstätte
für Opfer der
NS-„Euthanasie"
Bernburg

Roßlau

Wittenberg

Denkmal am
jüdischen Friedhof
und Synagoge
Wörlitz

Gedenkstätte
KZ Lichtenburg
Prettin

Gedenkstätte
für die Opfer des
KZ Langenstein-
Zwieberge

Staßfurt

Dessau

Aschers-
leben

Köthen

Bitterfeld-
Wolfen

Mulde-
stausee

H a r z

Museum
Synagoge
Gröbzig

Großer
Goitzschesee

Eisleben

Gedenkstätte
„Roter Ochse"
und Synagoge
Halle

Sangerhausen

Merseburg

Leipzig

Sachsen

Geiseltal-
see

Thüringen

F i n n e

Weißenfels

Naumburg

Erfurt

Jena

Zeitz

20 km

Bildquellen

Carlos Borrell Eiköter, Berlin: S. 12;
S. 14; **S.** 17; **S.** 18; **S.** 23; **S.** 43; **S.** 46;
S. 52; **S.** 82; **S.** 106; **S.** 147; **S.** 151;
S. 166; **S.** 205, **S.** 206, **S.** 207

Hans Wunderlich: S. 27

Elisabeth Galas, Bad Breisig: S. 53;
S. 56; **S.** 57; **S.** 60; **S.** 70; **S.** 119; **S.** 142;
S. 150; **S.** 159

Cover: Arnd Wiegmann/Reuters/
Corbis, 2005/

S. 3 o. akg-images, u. ullstein bild/The
Granger Collection; **S.** 4 o. bpk/Staatli-
che Museen zu Berlin – Kunstbiblio-
thek Fotograf: Dietmar Katz/ © VG
Bild-Kunst, Bonn 2018, u. bpk/Kunst-
bibliothek, SMB, Photothek Willy Rö-
mer/Willy Römer; **S.** 5 bpk/Bayerische
Staatsbibliothek/Heinrich Hoffmann;
S. 6 Vgl. **S.** 10/11, Vgl. **S.** 52/53, Vgl.
S. 148/149; **S.** 7 Vgl. **S.** 72/73, **S.** 8
Vgl. **S.** 36, Vgl. **S.** 81, Vgl. **S.** 98/99;
S. 9 Vgl. 46/47, Vgl. **S.** 168/169;
S. 10/11 akg-images/Fototeca Gilardi;
S. 13 M2 Bridgeman Images, M3 bpk/
Kunstbibliothek, SMB/Dietmar Katz,
M4 bpk; **S.** 14 M2 INTERFOTO/Samm-
lung Rauch; **S.** 16 M1 INTERFO-TO/
Sammlung Rauch; **S.** 17 M2 bpk, M3
bpk/Kunstbibliothek, SMB; **S.** 19 M3
akg-images; **S.** 22 M1 ullstein bild/
The Granger Collection; **S.** 24 M1 bpk/
Deutsches Historisches Museum/Se-
bastian Ahlers; **S.** 25 M2 & M3 akg-
images; **S.** 26 M1 ddp images; **S.** 28 M1
INTERFOTO/TV-Yesterday, M2 picture
alliance/Lux-in-Fine/L; **S.** 30 M1 akg-
images; **S.** 31 M2 The Metropolitan
Museum of Art/ Harris Brisbane Dick
Fund, 1928/ lizenziert nach CC0 1.0
Universal (CC0 1.0), M3 bpk; **S.** 32 M2
bpk/British Library Board; **S.** 33 M3
akg-images / Jean-Pierre Verney, M5
mauritius images / Glasshouse / Circa
Images; **S.** 34 M1, M2 & M3 UBISOFT
GmbH, Düsseldorf; **S.** 35 M6 UBISOFT
GmbH, Düsseldorf; **S.** 36 M1 UBISOFT
GmbH, Düsseldorf; **S.** 38 M1 Bridge-
man Images/Granger; **S.** 40 M1 Cornel-
sen/Steffi Jahn, **S.** 42 M2 akg-images;
S. 44 M1 akg-images; **S.** 46 li. INTER-
FOTO/Sammlung Rauch, re. INTERFO-
TO/Sammlung Rauch; **S.** 47 li. akg-
images, re. akg-images; **S.** 48 M2
Heimatwissenschaftliche Zentralbiblio-
thek des Landkreises Bad Kreuznach
(HWZB); **S.** 50/51 akg-images/ © Es-
tate of George Grosz, Princeton, N. J. /

© VG Bild-Kunst, Bonn 2018; **S.** 53 M3
INTERFO-TO/Granger, NYC; **S.** 54 M1
bpk/Staatliche Museen zu Berlin –
Kunstbibliothek Fotograf: Dietmar
Katz/ © VG Bild-Kunst, Bonn 2018;
S. 56 li. INTERFOTO/Friedrich; **S.** 59
M2 bpk, M3 mit freundlicher Geneh-
migung der Bibliothek der Friedrich-
Ebert-Stiftung, Bonn; **S.** 61 M2 akg-
images, M4 imago stock&people/
United Archives International; **S.** 62
M1 bpk/Heinrich Hoffmann; **S.** 63 Mi.
bpk/Heinrich Hoffmann; **S.** 64 M1
akg-images/Karl Arnold/ © VG Bild-
Kunst, Bonn 2018; **S.** 65 M5 mauritius
images/Alamy; **S.** 66 M1 bpk, M2 bpk;
S. 69 M2 action press/ULLSTEIN
BILD/ullstein – Archiv Gerstenberg,
M3 Bridgeman Images, M4 bpk, M5
akg-images; **S.** 70 M1 bpk/Kunstbib-
liothek, SMB, Photothek Willy Römer/
Willy Römer, M2 bpk; **S.** 71 M4 akg-
images, M6 bpk/Nationalgalerie, SMB,
Verein der Freunde der Nationalgale-
rie/Jörg P. Anders/ © VG Bild-Kunst,
Bonn 2018; **S.** 73 M3 Deutsches Histo-
risches Museum / S. Ahlers, M4 akg-
images; **S.** 74 M1 bpk; **S.** 75 M3 ull-
stein bild; **S.** 76 M1 akg-images; **S.** 77
M4 SZ Photo/Scherl; **S.** 78 M1 action
press/ullstein/Archiv Gerstenberg;
S. 81 M1 dpa Picture-Alliance/Boris
Roessle; **S.** 82 li. INTERFO-TO/Fried-
rich, re. bpk/Heinrich Hoffmann; **S.** 83
SZ Photo/Scherl; **S.** 84 M1 akg-images;
S. 86/87 Cornelsen/Stefan Weißhampel; u. bpk/Kunstbibliothek, SMB,
Photothek Willy Römer/Willy Römer;
S. 89 M3 KOMPLETT-MEDIA Verlag;
S. 90 M1 Stresemann-Gesellschaft e.V.;
S. 91 M4 akg-images / © VG Bild-
Kunst, Bonn 2018; **S.** 92 M1 Bert Bos-
telmann; **S.** 94 M1 akg-images; M2
ZDF/Martina Kucabová; **S.** 96 M1 Foto: Jun Meiser; **S.** 98 M2 ZDF/Tobjörn
Karvang; **S.** 100 M1 imago stock& peo-
ple/Future Image; **S.** 104/105 SZ Photo; **S.** 107 M2 akg-images, M3 action
press/REINHARD KLAWITTER, M4
bpk/Bayerische Staatsbibliothek;
S. 108 M1 bpk/Coll. Borowski/adoc-
photos, M2 akg-images; **S.** 110 M1 pic-
ture-alliance/ZB; **S.** 112 M2 akg-images; **S.** 113 M3 bpk/Theodor Eisenhart,
M4 ullstein bild; **S.** 115 M3 akg-images; **S.** 118 M1 bpk; **S.** 120 M1 akg-
images/Paul Herrmann/ © VG Bild-
Kunst, Bonn 2018, M2 akg-images/
Erich Lessing; **S.** 122 M1 Deutsches

Historisches Museum/S. Ahlers, M2
bpk; **S.** 123 M3 SZ Photo/Scherl;
S. 124 M1 & M2 bpk/Bayerische
Staatsbibliothek/Heinrich Hoffmann;
S. 125 M3 bpk/Heinrich Hoffmann;
S. 126 M1 akg-images; **S.** 127 M2 akg-
images; **S.** 129 M5 bpk/Staatsbiblio-
thek zu Berlin/Dietmar Katz; **S.** 130
M1 © 2005 Constantin Film Verleih
GmbH/ Olga Film, M2 akg-images, M3
© 2005 Constantin Film Verleih GmbH/
Olga Film; **S.** 132 M1 bpk; **S.** 133 M4
bpk/Bayerische Staatsbibliothek/
Heinrich Hoffmann; **S.** 135 M1 bpk/
Kunstbibliothek, SMB/Knud Petersen;
M2 Dokumentationszentrum Prora
(Baugilde 1936).; M3 picture-alliance/
ZB; M4 bpk/Kunstbibliothek, SMB/
Knud Petersen; **S.** 136 M1 dpa Picture-
Alliance/dpa/Jens Wolf, M2 Stiftung
Gedenkstätten Sachsen-Anhalt /
Gedenkstätte für Opfer der NS-
„Euthanasie" Bernburg; **S.** 138 M1
Bridgeman Images; **S.** 140 M1 mauriti-
us images/alamy stock photo/Paul
Fearn; M2 dpa Picture-Alliance/ZB/
dpa/Frederik Wolf; **S.** 142 M2 Deut-
sches Historisches Museum Berlin;
S. 144 M1 akg-images; **S.** 147 M1 akg-
images/De Agostini Picture Lib.; **S.** 149
M4 akg-images; **S.** 150 M2 bpk; **S.** 153
M3 picture-alliance/AP Photo; **S.** 154
M2 akg-images/George (Jürgen) Wit-
tenstein; **S.** 156 M1 SZ Photo/Scherl;
S. 157 M2 mauritius images/United
Archives; M3 SZ Photo/Rue des Archi-
ves; **S.** 158 M2 ddp images/Ho/dapd;
S. 160 M1 epd-bild/Hans-Jürgen Bau-
er; M2 SZ Photo/dpa; M3 Deutsches
Historisches Museum, Berlin; **S.** 161
M4 akg-images; **S.** 163 M3 Visum/
Thomas Langreder, M4 Picture-Alli-
ance/ZB/dpa/Jens Wolf; M5 Picture-
Alliance/AP Photo; **S.** 168 M2 bpk;
M3 INTERFOTO/Mary Evans/Library
of Congress; **S.** 169 M5 SZ Photo/
Scherl, M6 dpa Picture-Alliance/ZB/
dpa/Berliner Verlag; **S.** 170 M2 li. & re.
© Mémorial de Verdun – Jean-Marie
Mangeot; **S.** 171 M2 picture-alliance/
HIP, M3 akg-images; **S.** 172 M1 Maik
Birkholz; **S.** 173 M2 bpk/ © VG Bild-
Kunst, Bonn 2018; **S.** 174 M1 Deut-
sches Historisches Museum, Berlin (BA
105603), M2 bpk / Kunstbibliothek,
SMB/ © VG Bild-Kunst, Bonn 2018;
S. 174 M3 picture alliance/dieKLEI-
NERT.de; **S.** 175 M2 imago stock&
people/Wolf P. Prange